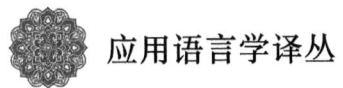
应用语言学译丛

语言：从意义到文本

〔加〕伊戈尔·马尔丘克 著

方昱 译

刘海涛 审校

Igor MEL'ČUK
LANGUAGE: From Meaning to Text
Moscow & Boston 2016

© The Commercial Press, 2019 (the year of publication)
The copyright of the Simplified Chinese edition is granted by the Author.

《应用语言学译丛》

编委会名单

顾　问	桂诗春　冯志伟　Gabriel Altmann　Richard Hudson
主　编	刘海涛
副主编	何莲珍　赵守辉
编　委	董燕萍　范凤祥　封宗信　冯学锋　郭龙生　蒋景阳 江铭虎　梁君英　梁茂成　刘美君　马博森　任　伟 王初明　王　辉　王　永　许家金　许　钧　张治国 周洪波

中文版序

致中国读者

亲爱的朋友：

　　如果你正阅读本文，说明你对我提出的意义-文本理论感兴趣，而这一理论便是此书的主题。我非常希望你们能从这本书获取更多的知识，并尽可能容易地掌握这些知识。为此，我想说明意义-文本理论的主旨以及这一理论从产生到发展至今的脉络。我会重申书中提及的一些要点，正如亚里士多德所说，"重复是学习之母"。

1. 意义-文本理论的起源

　　意义-文本理论是研究自然语言的科学方法，是语言学家认识、描述语言的方式。忽略技术上的细节，其本质可概括为以下三点。

1.1　语言 ={ 意义 } ⇔ { 文本 }

　　我相信没人会质疑**说话便是借助文本传达意义**这一说法。但令人不解的是，语言学往往避开研究这一问题。意义-文本方法所遵循的基本信条便是：

　　自然语言是一个意义和文本相对应的系统，而且必须依此进行研究。

　　这里需要说明几条附加前提：1）研究、描述语言必须从意义到文本，而不是从文本到意义，即从言语产生的角度，而不是从言语理解的角度；2）如何形式化描述意义表达是一项中心任务；3）要考虑的主要是两个基本语言单位：最大为句子，最小为单词。

更多信息参见第二章第三节。

1.2 语言描述 = 形式功能模型

如果语言是储存于说话者大脑中的一组对应规则，语言学家便无法直接观察，因此研究和描述语言的唯一方式便是建立功能模型：

语言学是一门科学，旨在构建自然语言的形式化功能模型。

再次强调，我们必须认可与模型的形式和组织方式相关的附加前提，这些附加前提都可以在本书中找到。

更多信息参见第二章第二节。

1.3 语言学家的工具 = 定义完整的概念

为构建形式化功能模型，需要明晰的概念，而不能依据那些未被充分理解、意义模糊的概念。所以，构建形式化语言模型前需建立一个系统，这个系统包含一套完全形式化的、连贯的语言概念。每种概念都需依据之前定义过的概念或一些无须定义的概念进行定义。形态学（Mel'čuk 1993-2000，2006）需要这样一个系统，句法学和语义学从某种程度上来说也需要。具体请参阅本书中的论述。

语言学需配备一个包含形式化概念和相应术语的连贯系统。

更多信息参见第五章第二节。

2. 意义-文本理论的来源

我认为意义-文本理论的来源至少与两种脑力活动密切相关：机器翻译和莫斯科的语义学派。接下来我将依次介绍。

2.1 机器翻译

借助计算机程序实现文本翻译这一思想兴起于20世纪50年代初期。1954年1月7日，纽约约克敦海茨的IBM总公司里，语言学家保罗·加文

（Paul Garvin）和程序员彼得·谢里丹（Peter Sheridan）借助一台IBM电脑，演示了从俄语到英语的翻译过程，这是世界上首次俄英机器翻译。这个翻译系统只应用了一部250词的词典和一个非常简单的算法，以今天的标准来看非常简单，但它证明机器翻译是可行的。这里我不再深挖机器翻译更早期的历史，因为哈钦斯（Hutchins 2000）已经提供了非常详尽的数据和参考文献。这里，我只想简单说明一下我在其中的位置。

美国机器翻译实验后几个月，同年3月，受阿列克谢·李雅普诺夫（Alexey Lyapunov）教授之邀，我同他的研究生奥尔加·库拉金娜（Olga Kulagina）一起参与构建法俄机器翻译系统。李雅普诺夫是苏联计算机科学的创始人、促进者，多数时候为军队效力，因为苏联最早一批计算机用于计算向美国一些城市发射弹道导弹的轨迹。这一职位使他免受共产党"哲学家"的攻击，这些"哲学家"将计算机科学视为"美国帝国主义者开发的有毒精神信条，用来征服全世界的自由公民"。但李雅普诺夫依靠军事精英的支持，积极推进苏联科学界的计算机化、数学化进程。

库拉金娜和我马上开始了我们的工作。1956年初，第一个法俄机器翻译系统运行（Kulagina & Mel'čuk 1956）。两年后，匈牙利语-俄语翻译系统草图发表（Mel'čuk 1958）。这样，我便成了最早一批研究机器翻译的学者之一[①]。

由于众多原因，后来我放弃了这一领域，但我从中学到的知识让我受益匪浅，比如对应、精确的公式、论证和描述的合理构架。计算机告诉我什么是好的语言学！

2.2 莫斯科语义学派

20世纪50年代后期，我的同事、之后的朋友、合作者亚历山大·佐尔科夫斯基（Aleksandr Žolkovskij，现为洛杉矶南加利福尼亚大学的文学教

[①] 我想我现在应该是仍在世的年纪第二大的机器翻译研究者，最年长的是悉尼·兰姆（Sydney Lamb）。

授)受聘于传奇的机器翻译实验室[①]，开始了一项名为"语义因素"的研究。语义因素也可称为语义成分，可对复杂的意义进行形式化描述。由此产生了一系列重要研究成果：Žolkovskij et al. 1961、Žolkovskij 1964a-c。我被这一研究方法的逻辑性和深度打动，于是也投身于这个新领域。因此开始了与佐尔科夫斯基教授的合作并取得了丰硕成果（Žolkovskij & Mel'čuk 1965，1966，1967），这些成果直接催生了意义-文本方法（Mel'čuk & Žolkovskij 1970，Mel'čuk 1974）。不久后，阿普列相（Yuri Apresjan）也加入了我们，我们一起编写了俄语《详解组合词典》（Mel'čuk & Zholkovsky 1984 [2016]，参见第五章第四节）。现在，这一词典编纂事业在莫斯科仍颇具生命力，阿普列相及其团队成功推动了它的发展。

  语义研究和词典编纂的经历给予了我研究语言意义的动力和必要知识。据此我可以提出与自然语言相关的完整观点：意义-文本方法，而且我也做到了。

  最后，我想表达我对中国的诚挚谢意：首先是刘海涛教授，是他发起了整个翻译工作；其次是译者方昱；最后还要感谢商务印书馆。

参考文献

Apresyan, Ju. D., Mel'čuk, I. A., Žolkovsky, A. K. 1969. Semantics and Lexicography: Towards a New Type of Unilingual Dictionary［语义学和词典编纂：一种新型单语词典］. In: F. Kiefer, ed., *Studies in Syntax and Semantics*, Dordrecht: Reidel, 1-33.

Hutchins, W.J. 2000. *Early Years in Machine Translation. Memoirs and Biographies of Pioneers*［机器翻译早期发展史——先驱者回忆录和传记］. Amsterdam/Philadelphia: John Benjamins.

Kulagina, O.S. & Mel'čuk, I.A. 1956. Mašinnyj perevod s francuzskogo jazyka na russkij［法俄机器翻译］, *Voprosy jazykoznanija*, No. 5, 111-121.

Leont'eva, N.N. 2009. Kak ja okazalas' v mašinnom perevode (vospominanija o rannem periode LMP)［我是如何开始机器翻译的（机器翻译实验室创立回忆录）］. Vestnik RGGU, Serija jazykoznanija, No. 6, 28-37.

[①] 这个实验室由维克托·罗森茨魏希（Victor Rosenzweig）创立和管理，其历史本身就是一个复杂的传说，充满神话、轶事和传奇色彩。它对现代俄罗斯语言学的发展发挥了重要作用。（参见 Uspenskij 2002 和 Leont'eva 2009）

Mel'čuk, I.A. 1958. O mašinnom perevode s vengerskogo jazyka na russkij［论匈牙利语到俄语的机器翻译］. *Problemy kibernetiki*, vol. 1, 222-264.

Mel'čuk, I.A. 1974. *Opyt teorii lingvističeskix modelej "Smysl ⇔ Tekst". Semantika, Sintaksis.* ［意义-文本语言模型理论概要——语义、句法］. Moskva: Nauka.［Reprinted: 1999, Moskva: Škola «Jazyki russkoj kul'tury».］

Mel'čuk, I. 1993-2000. *Cours de morphologie générale*［普通形态学教程］, vol. 1-5. Montréal: Les Presses de l'Université de Montréal / Paris: CNRS Éditions.

Mel'čuk, I. 2006. *Aspects of the Theory of Morphology*［形态学理论］. Berlin/New York: Mouton de Gruyter.

Mel'čuk, I.A. & Žolkovskij, A. K. 1970. Towards a Functioning Meaning-Text Model of Language［介绍语言的意义-文本功能模型］. *Linguistics,* No. 57, 10-47.

Mel'čuk, I. & Zholkovsky, A. 1984. *Explanatory Combinatorial Dictionary of Modern Russian*［现代俄语的详解组合词典］. Vienna: Wiener Slawistischer Almanach.［2nd edition: 2016, Moskva: Jazyki slavjanskix kul'tur.］See also http://olst.ling.umontreal.ca/pdf/Melcuk_Zholkovsky_1984.pdf.

Uspenskij, V.A. 2002. Pamjati Viktora Jul'eviča Rozencvejga (28.11.1911-21.10.1998)［Jul'eviča Rozencvejga 纪念文集］. In: Uspenskij, V.A. 2002. *Trudy po ne matematike*, tom 2, Moskva: OGI, 1310-1317.

Žolkovskij, A．K．1964a. Predislovie［前言］. *Mašinnyj perevod i prikladnaja lingvistika*, vol. 8, 3-16.①

Žolkovskij, A．K．1964b. O pravilax semantičeskogo analiza［语义分析的规则］. *Mašinnyj perevod i prikladnaja lingvistika*, vol. 8, 17-32.

Žolkovskij, A．K．1964c. Leksika celesoobraznoj dejatel'nosti［目的论活动的词汇］. *Mašinnyj perevod i prikladnaja lingvistika*, vol. 8, 67-103.

Žolkovskij, A．K．, Leont'eva, N. N. & Martem'janov, Ju. N. 1961. O principial'nom ispol'zovanii smysla pri mašinnom perevode［论意义在机器翻译中的实质性应用］. In: *Mašinnyj perevod*, vol. 2, Moskva: Institut točnoj mexaniki i vyčislitel'noj texniki AN SSSR, 17-46.

Žolkovskij, A．K．& Mel'čuk, I. A. 1965. O vozmožnom metode i instrumentax semantičeskogo sinteza［论语义合成的可行方法和工具］. *Naučno-texničeskaja informacija*, No. 5, 23-28.

Žolkovskij, A．K．& Mel'čuk, I. A. 1966. O sisteme semantičeskogo sinteza. I. Stroenie slovarja［语义合成系统 I. 词典结构］. *Naučno-texničeskaja informacija*, No. 11, 48-55.

Žolkovskij, A．K．& Mel'čuk, I. A. 1967. O semantičeskom sinteze［论语义合成］. *Problemy kibernetiki*, vol. 19, 177-238.

---

① 这篇文章以及佐尔科夫斯基所有文章的英文译稿见 V. Rosenzweig, ed. 1974. *Machine Translation and Applied Linguistics*［机器翻译及应用语言学］, *Volumes 1 and 2*. Frankfurt am Main: Athenäion Verlag.

目 录

致谢 ··· i
作者前言 ·· ii

第一章　问题的提出 ··· 1
  1.1　何为自然语言，如何去描述？ ························· 1
  1.2　基本概念 ·· 5
  1.3　本书结构 ··· 11
  1.4　本书局限 ··· 12

第二章　语言学中的功能模型 ································· 14
  2.1　学习和描述的工具——模型 ·························· 14
  2.2　功能模型 ·· 16
  2.3　意义-文本模型：整体语言功能模型 ················ 18
    2.3.1　引言 ·· 19
    2.3.2　意义-文本理论的三个假设 ················· 19
    2.3.3　意义-文本模型的主要形式特征 ··········· 26
    2.3.4　意义-文本方法的两个中心概念：言内意义和释义 ····· 28
    2.3.5　意义-文本方法的普遍特征 ················· 31

第三章　一种具体的意义-文本模型 ·························· 34
  3.1　语言表达的深层和表层 ······························· 34
  3.2　意义-文本模型中的语言表达 ······················· 36
    3.2.1　引言 ·· 36
    3.2.2　句子的语义结构 ······························ 39

		3.2.3 句子的深层句法结构 ………………………… 44
		3.2.4 句子的表层句法结构 ………………………… 51
		3.2.5 句子的深层形态结构 ………………………… 55
		3.2.6 句子的表层形态结构 ………………………… 56
		3.2.7 世界的言前表达：概念表达 ………………… 57
	3.3	意义-文本模型的模块 …………………………………… 60
		3.3.1 介绍 ……………………………………………… 60
		3.3.2 语义模块 ………………………………………… 61
		3.3.3 深层句法模块 …………………………………… 66
		3.3.4 表层句法模块 …………………………………… 69
		3.3.5 深层形态模块 …………………………………… 72
		3.3.6 表层形态模块 …………………………………… 73
第四章	两个主要的语言学现象建模：词汇选择和词汇共现 …… 74
	4.1	词汇选择建模（聚合关系）：语义分解 ………………… 75
	4.2	词汇共现建模（组合关系）：词汇函数 ………………… 79
	4.3	词位的纵聚合和横组合的联系 …………………………… 90
第五章	意义-文本语言学 …………………………………………… 97
	5.1	意义-文本语言学和语言描述方向：从意义到文本 …… 97
		5.1.1 第一个例子：西班牙语的半元音 …………… 97
		5.1.2 第二个例子：俄语中的双主格句 …………… 99
	5.2	意义-文本语言学和语言概念装置 ……………………… 103
		5.2.1 引言 …………………………………………… 103
		5.2.2 语言符号 ……………………………………… 104
		5.2.3 单词 …………………………………………… 116
		5.2.4 格，作格结构，语态 ………………………… 120
	5.3	意义-文本语言学和言内意义描述 ……………………… 127
	5.4	意义-文本语言学和词库：详解-组合词典 [= ECD] …… 136
		5.4.1 引言 …………………………………………… 136

		5.4.2	ECD 的三个主要性质	137
		5.4.3	ECD 中的词项：三个主要的区	139
		5.4.4	俄语 ECD 中的两个词项	146
	5.5	意义–文本语言学和自然语言的依存		155
		5.5.1	语言依存的三种类型	155
		5.5.2	句法依存标准	157

总结 …… 163

附录 …… 164
    附录 I：语音表 …… 164
    附录 II：英语中的表层句法关系 …… 167
    附录 III：一个句子中两个词位间三种依存类型的可能组合方式 …… 178
    附录 IV：东亚/东南亚语言中对应欧洲语言被动语态的结构 …… 180

注释 …… 200
参考文献 …… 212
缩写词和符号对应表 …… 218
词汇表（主题和人名索引） …… 220
语言索引 …… 242

致　　谢

本书根据科舍廖夫（A. Koshelev）的建议写成。一方面，他给了我些许压力，另一方面，他也为我提供了指导和建议。而在写作初期与贝克（D. Beck）、约姆迪恩（L. Iomdin）、约尔丹斯卡亚（L. Iordanskaja）、卡亨（S. Kahane）、米利塞维奇（J. Milićević）和波勒盖何（A. Polguère）的多次讨论也非常重要。和以前一样，约尔丹斯卡亚审阅了本书初稿，并提出了修改意见；二稿由伊恩·麦肯齐（Ian Mackenzie）审阅，我们根据他的评论和建议做了很多修改，使得本书有了显著改进。之后刘海涛、马丁·马克·奥德哈（Máirtín Mac Aodha）、亚斯米娜·米利赛维奇（Jasmina Milićević）、波勒盖何等又审阅了此书。最后，贝克编辑了书稿，他的专业性保证了本书的品质。

当然，上文提到的这些同事和朋友对书中的错误不承担任何责任。

作者前言

亲爱的读者，我特别想通过你手中的这本小书向你们介绍一门科学，一门对理解世界和人类至关重要、但目前大家知之甚少的科学。这门科学便是**语言学**，一门关于人类语言的科学。

至此我突然意识到，至少有三个问题急需回答：

- 为什么进入正文之前我要先陈述自己的写作目的？这是因为一本书不可能涵盖一门科学的全部内容。首先，从理论角度来说，我认为语言学需要一个复杂的概念体系，这个体系包括很多形而上的东西，需要几卷书才能说清。其次，从实际角度来看，语言学需要处理很多事情：世界上仍在使用的语言约有7000多种，此外还有一些已经消亡的语言，如拉丁语、古希腊语、古教会斯拉夫语、赫梯语、巴比伦语、圣经希伯来语、古汉语、胡里安语、苏美尔语等[1]。每种语言都是一个庞大而复杂的系统。因此，本书自然不可能包括所有这些内容。

- 为什么语言学对理解世界和生活在地球上的人类如此重要？这是因为理解、描述一切事物都需要思维工具——语言。但这一工具本身尚未得到很好的理解。毫不夸张地说，人类的语言、思维和心理是研究得最少、解释得最少的，它们是科学探究的最后一块前沿阵地。语言学如此重要，是因为如果没有它所研究的对象——语言，其他科学乃至整个人类都无法生存。

- 为什么大家对语言学知之甚少？一个非常简单的原因——我们在小学和高中阶段根本没有学过语言学。拼写和语法规则折磨着各年龄段的学生，尽管它们都与语言学有关，却不能称为语言学。之所以这样说有两方面的原因：首先，每个人都自然而然会说母语，正如每个人都会走路、吃饭、睡觉一样。因此，我们觉得语言没什么好研究的。其次，正因如此，语言学出现还不到100年，是最年轻的科学之一。语言学以人类语言为研究对象，与历史学、社会学、哲学、神学、文学一样，被当作人文科学的一部分。但事实上，语言学应该和生理学、医学一样，归入自然科学的范畴。说它属于自然科学，也就意味着语言学有很多复杂交错的理论和形式，可以广泛运用到大多数富于变化的现象中。本书不可能涉及各个层面；因此，我不得不将本书的任务减到最小。下列三个话题以及与此相关的语言学分支尽管有趣，但不在本书讨论范围内。

"**时间中的语言**。"这个问题包含两层意思。首先是历时语言学，研究语言的发展以及彼此间的历史联系（语言关联），还有人类语言的历史；第二，孩子学习语言的过程、老人语言的衰退、成人的外语习得，等等。

"**社会中的语言**。"这里指社会语言学，研究语言和说话者之间的关系（语言在不同社会阶层、不同年龄人群中的使用；语言接触；语言政策和语言规划；语言和口头艺术）。

"**大脑中的语言**。"神经语言学研究语言在大脑中如何进行化学－生理编码；心理语言学研究说话者语言行为的感知。

但本书并不是完全忽略上述三个分支而只介绍共时语言学。本书只运用一种语言学方法，即**意义－文本方法**。说得更具体一点，我将关注意义－文本类型的语言模型。读者们此时可能有这样的疑问："何为意义，何为文本？语言在这两者间扮演怎样的角色？"请耐心一点，你们将会在本书中找到答案。

我将尽力让所有受过教育的读者都能看懂我的阐述，而不仅仅只有语言学家，同时，我还尽量保持本书的严谨性和专业性。换句话说，我希望鱼和熊掌可以兼得；但这样做的结果可能让这两拨人都不是很满意。然而，除了合理的折中，我没有其他选择。

第一章　问题的提出

首先我将在1.1中介绍两个概念：人类语言的本质和我们所拥有的描述语言的方式，简单介绍这些是为后续章节做铺垫。接着在1.2中呈现这本书的架构以方便读者阅读。最后在1.3中指出本书存在的不足。

1.1　何为自然语言，如何去描述？

很多人问过这个问题，答案也多种多样。然而，我还是想再次回答这个问题，因为我要给出的答案，据我目前所知，还未被广泛接受，至少还没有以一种清楚的、准确的形式被接受。

每个人都能从直观上感知何为语言，却很难用语言表述出来：语言是抽象的，很难直接观察，只有当其通过具体表现形式（如听说活动）表示时才能被观测到。因此，我们对语言的讨论只能基于对语言具体表现形式的观察进行。

假设我想通过语言传递某种信息或表达某种观点，这一过程是怎样的？

- 首先我，即说话者*，需要某种"信息"或"观点"。这些"信息"或"观点"虽不同于说话者使用的语言，却与语言紧密相关，我们也可以称其为**言内意义**（linguistic meaning），这一意义属于言前行为。意义是言语行为的基础：因为如果我不知道想说什么，我便不会说话。

☞ 这里所说的"说话者"指言语行为的执行者，也就是那个我们所要研究的说话对象，任何说话的人都可以称为"说话者"。

---

* 出于简单考虑，这里不考虑写作，因为其地位不及口语表达。

- 然后，说话者根据自己之前的想法来组织表达。这一表达也可称作**（语言）文本**（linguistic text）。表达即说话。说话是言语行为的基础：没听到话语前是不可能理解的。

我作为说话者的职责到此结束。接下来便是听众——比如说，你们，我的读者——你们扮演的便是与说话者相反的角色：首先，你们得接收我的文本；然后，你们要从中提取意义。随后你们要处理意义，并将这一信息融入自己的知识库，这一过程属于语后行为。然而，语言的运作完全由说话者的行为决定，听众甚至可以不出席。

接下来介绍两个最基本的假设，它们是下文的基础。

假设1

> 自然语言是一种逻辑装置，也就是一套储存在说话者头脑中的规则，使其能说话并理解话语。

- **说话**（speaking）包括两个步骤：(1) 寻找所有可以表达 'σ' 意义的文本；(2) 选择符合该情景的最合适的文本。这两个步骤，我们称之为**语言合成**（linguistic synthesis）。

- **理解话语**（understanding speech）则包括两个相反的过程：(1) 寻找文本传递的所有意义；(2) 选择最适合语境的意义。这个过程叫作**语言分析**（linguistic analysis）。

 记住：说话者并不一定完全遵循上述过程。语言合成和语言分析仅仅是一种形式化描述说话者行为的方式。

现在我们来看自然语言的定义。

定义1：自然语言

> **自然语言**（natural language）**L** 是意义与文本的具体对应[2]，这种对应关系存在于说话者的头脑中，语言学家是观测不到的。

这一定义非常重要，虽简单易懂却又常被误解。这里我们通过一个比喻来解释。

首先,语言就像一台绞肉机,放入整块肉(≈意义)便会产出碎肉(≈文本)。如果绞肉机是肉块-碎肉转换机,那么语言就可以被看作意义-文本转换器。这个比喻有些粗糙,因为绞肉机不能反向运转,即无法让碎肉变为整块肉,比如想让一个汉堡变为一整块肉是不可能的。但是意义既可以转化为对应的文本,同时,也可以在某一时刻从该文本中重新提取出来。

将语言和译者比较也许更为合适。翻译是将一种语言 L_1 译为另一种语言 L_2。译者首先需要阅读一定量 L_1 的文本并理解它们,这一过程中他对输入文本进行**语言分析**。这样,他便得到一整块意义,随后将这一意义用 L_2 表达出来,这一过程便是**语言合成**。原语不受影响,反向转化才有可能。语言和译者很相似:在不损坏意义或文本的前提下,完成合成和分析的过程。

这仅仅是一个比喻!并不是说译者和语言完全按照这一描述来工作的。

最后要介绍的这个比喻最能揭示本质。一名教师带着讲课提纲来到教室:提示卡上写着各种公式、图解、关键点和重要的例子。提示卡上的信息本不相关,甚至都不能称作自然语言,但其表示授课内容。这位教师会不时看看自己的笔记,在心里构建语言意义,然后通过课堂讲述呈现出来。从语言意义到语言文本,教师完成了语言合成的过程。他的听众,从听课到理解,完成了一个反向过程,即语言分析。

注意:句子的**信息内容**(informational content)与其**言内意义**并不等同。二者间的区别将会在后文中做具体讨论(参见2.3.4)。

因此,如果有一种语言 L,其意义和文本间有某种特别联系,我们就得接受假设2。

假设2

> 语言学家研究语言 L 的目的是构建一套规则系统,这套规则具体指明了语言 L 说话者的意义和文本之间的联系。

这套规则系统便是语言 L 的**功能模型**（functional model），说得更明确一点，是语言 L 的意义-文本类型的模型：即意义-文本模型 [=MTM]。

将此模型分为两个子模型更为方便：词库，包含一套**独立**规则，每个规则处理**一个词汇单位**（lexical unit）[=LU]；语法，包含一套**通用**规则，每个规则处理**一类**语言单位。

- **词库（lexicon）**。语言 L 的词库是该语言词汇单位的有序集合。一个词汇单位构成了一个独立规则，这个规则指明了在某些特定情境下（=词汇单位共现的描述），所指（=词汇意义）与能指（=词汇单位的词干）之间的对应关系，词汇单位有以下两种类型：

  – **词位**（lexeme），或者定义明确的单词（参见5.2.3定义10）；比如：TABLE$_{(N)}$¹ 'piece of furniture...'（桌子：一种家具），TABLE$_{(N)}$² 'list of pieces of information arranged in rows or columns...'（表格：以行和列的形式表示信息的列表），SLEEP$_{(V)}$ I.1 'rest one's mind and body...'（睡觉：休养身心），SLEEP$_{(V)}$ I.2 'have enough beds for n people to sleep in'（睡：住的下 n 个人），SLEEP$_{(V)}$ II 'have sex with Y,...'（睡觉：和某人发生性关系）。本书中，词位用小号大写英文字母表示，辅以上标数字以区分不同意义。

  – **习语**（idiom），或非组合性固定表达；如 ⌈BALL-PARK FIGURE⌉ 'rough estimate'（大致估算），⌈JUMP DOWN [N$_Y$'s] THROAT⌉ 'criticize or scold Y over hastily'（急匆匆批评某人），⌈ALL THUMBS⌉ 'clumsy'（笨拙地）。习语用半方括号表示。

  一种自然语言的词库大约包括一百万个（=10^6）词汇单位³（意义-文本方法中词库的特殊功能介绍参见5.4）。

- **语法（Grammar）**（语义学+句法学+形态学+音系学）。语言 L 的语法是该语言规则的有序集合。一种语言的完整语法大约包括 1000 条（=10^3）规则；这一数据源于我对各种语言的句法和形态的认知。

1.2 基本概念

我们在开篇就已简单提到过意义和文本，在接下来的章节里，我们将援引更具体的语言学例子，让读者更好地理解这些概念。我们将介绍四个基本概念：信息内容、言内意义、语言文本和语言。

我们来看英语、俄语和韩语的三个同义句。这些句子有相同的信息内容和基本相同的言内意义，但表达却千差万别！

☞ 为了让我的表述更容易理解，我将尽量简化语言表达和规则，并尽可能保留它们的本质，尽管有些形式上会有不同。所有相关的概念只做了大致描述，若要了解更详细的描述，读者可以参考相关章节或书末的词汇表。

信息内容

（1）A ghoulish scene in a Northern city: a homeless beggar is found dead after a very cold night.

（发生在一个北方城市的悲惨场景：一个无家可归的乞丐死在寒夜里。）

言内意义

（2）'one-1 → beggar ← 1-die-2 → cold2'

（'一个 -1→乞丐←1- 死 -2→寒冷 2'）

☞ 'cold2'表示名词寒冷（COLD）的一种特别意义：'温度低'。

我们在本书中所说的**言内意义**实际上是言内意义的一种**表达**（representation）；这种表达称为**语义结构**（semantic structure）。一个语义结构对应一个形式表达，即对应一个**图**（graph），该图的节点是某语言中单词的**意义**。通常，意义放在单引号内，因此，对于英语单词 die，其意义可表示为'die'（死）。该图的边标注了**谓词**（predicate）**论元**（argument）的位置信息。我们将会在3.3.2中进行阐释，现在，只要稍有了解就够了。**谓词**为其他意义打开了一个缺口，这些意义是谓词的**论元**；因此，'die'是一个拥有两个论元的谓词，也就是说，拥有两个**论元位置**（argument positions), X 和 Y：'X dies from Y'（X 因 Y 而死），但是'one'（一个）只有一个论元位置：'one X'。

我们可以这样理解这句话：*The beggar died from the cold* [='cold2']（乞丐死于寒冷）。尽管这句话不太符合表达习惯，但语法上是正确的，也是可以理解的。

语言文本

（3）a. 英语 *The beggar+Ø froze to death+Ø*.（乞丐冻死了）
     SG   freeze-PAST SG

b. 俄语 *Nišč + ij zamërz + Ø + Ø*
   beggar SG.NOM dead.freeze-PERF PAST MASC.SG

直译为'Beggar dead.froze'.（乞丐死了. 冻）

c. 韩语 *Kəči + ka el + e   cʰuk + ess + ta*
   beggar SUBJ freeze CONV die PAST DECLARATIVE

直译为'Beggar freezing died'.（乞丐冻死了）

☞ 符号"+"表示组成词形的**语言符号**（linguistic signs）之间的界限，也就是**语素**（morphs）的界线，这一基本元素符号将在 5.2.2 中讨论。在英语中，-Ø 表示**零后缀**（zero suffix），不包含表示复数形式的 -s。俄语句子中，第一个 -Ø 表示一般过去时后无后缀，不用像元音那样在后面加上 -l；第二个 Ø 表示不用像阴性和中性单数名词那样加上 -a 和 -o。韩语句子中的 CONV 表示非限定动词，类似于英语中的 -ing 形式，SUBJ 是一个可以用作句子主语的语法格。

这三篇短文，每篇只有一句话的长度，以不同的方式表示出（2）的意思。因此：

— 英语和俄语都表示出死了几个乞丐，在本例中是一个。韩语则隐含传递了这一信息（当受害者超出一人时，有时可借助后缀 -tɨl 表示）。

— 英语还以定冠词 **the** 表示定指性，这个乞丐是上文中已经提过的那位。

— 韩语在主动词后加了后缀，使得这个句子变成了一个陈述句。

— 俄语和韩语通过语法格突出句子的主语：俄语中使用了**主格**

（nominative）（= 命名之格），韩语中则用了**主语格**（subjective）（= 标记句法主语的格）。

所有这些细节都必须考虑进去，这样才能保证将（2）转为（3a）、（3b）和（3c）。为使我的任务更为简单，同时也为了降低读者的阅读难度，我们这里只讨论例（3）中几个句子的句法结构。

（4）例（3）句法结构

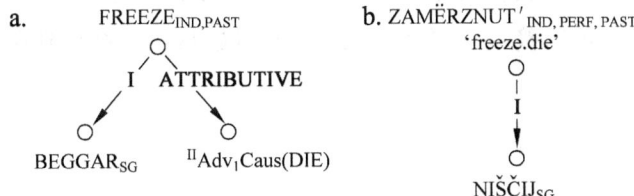

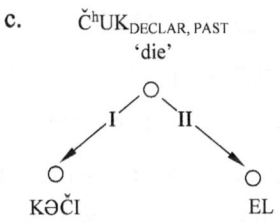

注释

1. 罗马数字 I 和 II 表示**深层句法论元**（deep-syntactic actants）：简单来说，I 代指句法主语及其变体，II 表示"实力最强的宾语"，即直接宾语，当然一个句子中不仅仅只有直接宾语。
2. 在（4a）中，短语 *to death* 通过**词汇函数**（lexical function）$^{II}Adv_1Caus$，即'[这]导致死亡'表示，这个短语是动词 FREEZE 的修饰语（词汇函数在 4.2 中详细解释）。
3. 在（4c）中，动词 EL'冻'是动词 ČʰUK'死'的句法论元 II（'X 因 Y 而死'）。
4. 这三种语言利用三种逻辑可能的词汇表达来连接'死'和'冻'：
   （4a），'freeze to.death'，这里'冻'由句法主导词位（FREEZE）表达，而'死'则通过句法依存（to death）表示。
   （4b），'freeze.die'，这里'冻'和'死'用一个派生动词（ZA+MĚRZNUT'）表示。
   （4c），'die by.freezing'，这里'冻'通过句法依存（ele）表示，而'死'则通过句法主导词位（ČʰUK-）表示。

这三种已经是所有可能的方式了！法语中会说 *mourir de froid*，即'死于寒冷'，与韩语表达方式类似；德语与俄语的表达方式差不多，使用派生动词 ERFRIEREN（由 FRIEREN 变化而来）。

（4）中的树图就是我们所说的**深层**句法结构，要想完全了解其形式，我们还需要更多的知识（参见 3.2.3）。现在我们尚不需要全部了解。

我想强调的是，本书对句子所做的句法分析依照的是**依存语法**（dependency grammar）（参见5.5），而不是人们更为熟悉的短语结构语法。依存语法更符合我们研究方法的本质：从意义到文本，即实现从语义网络到依存树再到形态字符串的转化。

（4）中的句法结构已经可以转为真实例句，即使是一个尚未完全理解的读者也可以完成。这一过程从本质上来说就是将单词按照线性顺序组合，并在需要的时候进行屈折变化。我可以不考虑这些细节，只研究从例（2）到例（4）的转换——更准确地说，只考虑从语义结构到深层句法结构的转换。

‖ 描述这一例句的规则因语言而异。

语言

一种自然语言就是一种逻辑装置，可以将意义转化为各种表达该意义的文本（反向亦可）。这一装置由一系列形式规则组成，这里列举一些规则，这些规则能实现（2）⇔（4）的相互转化。这些规则可归为两类：(ⅰ) 一类规则处理语言 L 的**独立**词汇单位，这些词汇单位构成了 L 的**词库**，(ⅱ) 一类规则处理语言 L 的某类词汇单位和组成语言 L **语法**的更小的语言符号，如语素和形态操作（参见1.1节末）。词库和语法的**交界**（interface）便是句子的深层句法结构，如（4）中所示。

‖ 语言 L 是 L 中的词库和语法的总和。

下面，我们将讨论这三种语言。每种语言只讨论五条规则，大约只占总量一百万的0.0001%。

词库：词汇语义规则

意义-文本方法认为语言 L 的词库储存于《详解-组合词典》中（*Explanatory-Combinatorial Dictionary*）[ECD]，参见5.4。接下来我将说明 ECD 是如何表示上文中提到的三种语言的动词意义'X freezes（冻）'和'X dies from Y（死于）'以及名词意义'beggar（乞丐）'的。（语义论元'X'和'Y'在这三种语言中是相同的。）

英语	俄语	韩语
'寒冷2←1-影响-2→X' ⇔ FREEZE，动词	'寒冷2←1-影响-2→X' ⇔ MËRZNUT'，动词	'寒冷2←1-影响-2→X' ⇔ EL，动词
X ⇔ I 1. N	X ⇔ I 1. N_{NOM}	X ⇔ I 1. N_{SUBJ}
约束1 如果'X←1-死', 那么冻-ATTR→$^{II}Adv_1Caus$ （死）	约束1 如果'X←1-死', 那么ZAMËRZNUT'	约束1 如果'X←1-死', 那么Č^{h}UK-II→EL
'X←1-死-2→Y' ⇔ DIE，动词	'X←1-死-2→Y' ⇔ UMERET'，动词	'X←1-死-2→Y' ⇔ Č^{h}UK，动词
X ⇔ I | Y ⇔ II 1. N | 1. 于N	X ⇔ I | Y ⇔ II 1. N_{NOM} | 1. *ot* '于' N	X ⇔ I | Y ⇔ II 1. N_{SUBJ} | 1. V-e
约束1 如果'Y'='寒冷', 那么冻-ATTR→$^{II}Adv_1Caus$ （死） $^{II}Adv_1Caus$: *to death*	约束1 如果'Y'='寒冷', 那么ZAMËRZNUT'	
'乞丐' ⇔ BEGGAR，名词	'乞丐' ⇔ NIŠČIJ，名词	'乞丐' ⇔ KƏČI，名词

注释

1. 阿拉伯数字1和2表示第一和第二语义论元，罗马数字 I 和 II 则表示深层句法论元，$^{II}Adv_1Caus$ 表示一种词汇函数，我们在上文中已经提到。⇔ 表示对应，ATTR 指一种深层句法联系，我们将在3.2.3中具体解释；阴影指一个规则的语境。

2. 在一个语义结构中，加下划线的义素表示**交际主导**（communicatively dominant）义素，如果将该语义结构简化，交际主导义素便可表示整个结构。因此，'寒冷2←1-影响—2→X'表示 "X受到寒冷的影响"，而不表示"影响X的寒冷"。见3.2.2，图2。

3. '死亡'这个意义在语言的词库中占据重要地位，其原因显而易见。因此，死因（'死亡'的第二个语义论元 Y）常常会使用一些惯用语表达，也必须反映在相应词项中。因此，词位 DIE（死）的词项有如下约束条件：

《如果'Y'='寒冷2'，那么 冻—ATTR→$^{II}Adv_1Caus$（死）》；

通过这一规则我们知道'死于寒冷'用英语表示为 *freeze to death*。俄语词典中，UMERET' 有相似的约束，指明'死于寒冷2'与派生动词 ZAMËRZNUT' 相对应。UMERET' 的词项还包括更多的约束：

Y = '外界物理因素'   ://*pogibnut'*   '死于暴力'
Y = '淹没在水中'   ://*utonut'*   '溺死'
Y = '缺少空气'   ://*zadoxnut'sja* '窒息'
Y = '从高处坠落'   ://*razbit'sja*   '从高处坠落致死'

语法

语法语义规则

语法语义规则保证了**义素**（semantemes）（或义素组合）与**语法素**（grammemes）之间的对应关系。义素是语言的语义单元，简单来说，就是其词汇单位的意义，而语法素表示各种曲折变化，比如单数/复数，现在时/过去时/将来时，等等。

英语义素'one'（一个）（= 俄语'odin'，韩语'han'）的实现

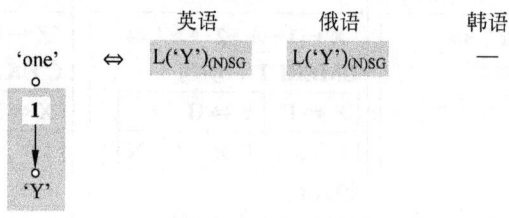

结构语义规则

结构语义规则将语义依存映射到深层句法依存中。

语义依存1的实现

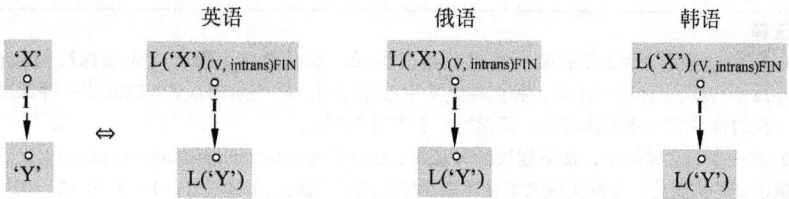

如果一个谓词义素'X'由一个限定形式的不及物动词L（'X'）表示（"L"表示一个具体的词汇单位），'X'的语义论元1便是这个动词的深层句法论元 I，即句子的主语。

☛ 这里语义论元1在这三种语言中均对应不及物动词的深层句法论元 I。然而，有些语言中某些及物动词的对应关系为语义论元1 ⇔ 深层句法论元 II：比如，'彼得呕吐'在俄语中表示为：'彼得←1—呕吐' ⇔ PETJA ← II—RVAT' ⇔ $Petja_{ACC}\ rvët$ 意为'这个使彼得呕吐'，这里 PETJA 是直接宾语。

现在，我们回到语言作为一套规则的概念，我将展示如何将语言规则应用到最初的语义结构中，形成对应的句子。首先，我以英语为例。

目前，意义-文本模型尚**不涉及规则应用的实际程序**[4]，因此，所有语言规则的制定都应遵循一个原则，即使其能以任何顺序应用。首先来看第一条英语词汇规则，将规则 'cold2（寒冷）←1-affect（影响）-2→ X' ⇔ FREEZE（冻）应用到（2）的语义结构中，可以得到

（i）'X' ←1-冻

在（2）中，'X[←2-影响-1→冷]' 表示 '乞丐'，并有 '乞丐←1-死'。因此，满足约束1，即当 'Y' = '寒冷2' 时，那么冻—ATTR→ $^{II}Adv_1Caus$（死），这样便可得到（ii）：

（ii）冻—ATTR→ $^{II}Adv_1Caus$（死）

将 X = 乞丐代入，根据语义依存1，可以得到（iii）：

（iii）乞丐← I—冻—ATTR→ $^{II}Adv_1Caus$（死）

加上限定、第一人称和过去式，并从 DIE（死）的词项中获取 $^{II}Adv_1Caus$（死）的具体值，我们便得到（iv）——这就是（3a）表示的句子：

（iv）*The beggar froze to death.*（乞丐冻死了。）

读者现在应该可以将这些规则应用到俄语和韩语句子中，从而对这个语言功能模型，即 MTM 有更为清晰地认识。

至此，我们已经了解了这三种语言的一小部分。这就是现代语言学的任务：将这些部分融合到语言的整体模型中。建立这些模型正是现代语言学的一项主要目标。

1.3 本书结构

本书章节结构如下：

根据假设1和假设2，第二章将介绍"功能模型"的概念。

第三章将简单描述意义-文本模型。我将介绍语言表达式表现方式的不同层级，简称为**语言表达**（linguistic representations），举例说明这些表达，并介绍从层级 *n* 表达转换为层级 *n*+1 表达的规则，这些规则组成了 MTM 的各个模块。

第四章研究自然语言中不可观测的语义现象和可观测的共现之间的联

系，以便完善意义-文本方法的建模方法。更准确说来，我将探讨词汇函数的概念。

第五章将展示建立在自然语言的功能模型基础上现代语言学的发展趋势，即意义-文本语言学。意义-文本语言学的主要特点是不仅仅研究和描述可观察的语言表达和单元，而且关注说话者的**产出过程**，即从语言表达式的意义出发，产出实际形式的过程。这里我们将提出意义-文本框架的两个研究话题。

本书有三个附录：语音表、三种依存类型的可能组合方式以及本书中提到的所有语言的清单及语言所属语系。此外，本书还包括一个索引，实际上是一个简单的词汇表，对本书所用术语进行简短解释。这个词汇表可以帮助读者查阅陌生概念。

⚠️ 书中所有术语第一次出现（很多甚至后来出现的）都加粗并加了下划线。这些术语都可以在索引中找到，记住去那里寻求帮助！

补充说明见尾注，已按数字序号表明；一些小的注释参见脚注。

1.4 本书局限

鉴于本书只是对语言学的科学性做一个简要介绍，我们尽量避开一些专业性太强的知识，所以一些局限不可避免：

- 我无法提供所有必要的参考文献，因为这本小书无法承载这么多。而且，我也不会将意义-文本方法与其他语言学理论、模型和方法做比较。意义-文本模型出现于20世纪60—70年代的莫斯科，是我和佐尔科夫斯基（Žolkovskij）、阿普列相（Jurij Apresjan）还有约尔丹斯卡亚共同提出的。我的很多思想和建议与这些同事、朋友不谋而合，这绝非偶然。
- 我也无法系统、连贯地介绍所有相关概念和形式描述，因为这样会增加篇幅，会让这本小书变成几卷专著，这样一来，一些非专业读者便无法读完（第五章列举了一些用意义-文本方法做的深入研究）。我尝试在尾注中增加了一些额外解释，这样正文中的注释便可减到最小。同时，我也尝试借助具体例子和索引来解释。我无法进行严密的演绎逻辑阐述，所以必然会有一些重复和表达不清的地方。书中一些对业外人士很难的概念可能对语言学家来说已是老生常谈，同时，语言学家可能也会反对一些他认为过度简单化的概念。然而，我没有其他选择。

- 希望任何一位受过训练的语言（英语）教师都能看懂此书，因为本书受众并不仅仅限于语言学家。因此，我所列举的例子绝大多数是英语。只有所讨论的问题无法或找不到足够的英语例子时，我才会使用其他语言。

第二章 语言学中的功能模型

本章我们讨论三个主要问题：建模是一种研究方式（2.1），一种具体的模型——功能模型（2.2），最后是一个更加具体的模型——语言学功能意义-文本模型（2.3）。

2.1 学习和描述的工具——模型

模型在所有科学中都扮演着至关重要的角色。如果因为某种原因，研究者无法直接通过实验观察事物或现象 P 的内部结构，他便需要求助于 P 的模型。人类语言便是如此，因为语言也无法直接观测。从外部研究 P 的特性，研究者构建 P 的模型 M（P），并尽可能使 P 和 M（P）之间的相似度达到最大。有了建立好的 M（P），他便能检测 M（P）的内部结构了。如果发现 P 和 M（P）的某个特性非常相似，便可以将从 M（P）中得到的结果应用到 P 中。同理，如果 P 太复杂或者已知关于 P 的数据太难处理或太不清楚，研究者也可以转而研究 P 的近似模型，因为这个模型可以让研究者建立 P 的重要规律，当然，这些规律的发现也与它们在多大程度上反映在该模型中有关。宇宙学、地球物理学、分子生物学、原子物理学、气象学、神经学和社会学的研究均是如此。从某种意义上来说，科学研究就是模型的建立。

举个简单的例子。地球物理学家渴望了解液态的地核到底了发生了哪些变化。了解这点非常有必要，因为地核所发生的变化会对地球磁场产生决定性影响。然而，由于不适宜的温度和压强，科学家无法进入地球内核进行直接观测，因此，他们不得不压制自己的好奇心，只研究地球内核中一些可观测到的现象。然而，他们还是能够依据这些原始事实数据，对其内部结构提出假设。他们假定了一个结构，就目前已知的物理定律来看，决定了我们可以观察到的现象。科学家也以同样的方式研究大爆炸开始后的太阳内部结构或宇宙的历史。

如果无法对某些事物或现象的内部结构进行直接观测，那么解决问题的唯一方式就是构建模型。

从伽利略起，建模就促进了现代科学的发展。罗森布鲁斯和威纳（Rosenblueth & Wiener）于1945年清楚论述了建模对于所有科学学科的必要性。20年后，奥格（Auger 1965：4）重申了他们的观点："没有哪个科学家可以不依靠模型，尽管很多科学家反对其他人利用此种方式，甚至有时候也不允许自己使用"。

从这点来看，语言学与其他科学，特别是与其他理论科学没有什么区别。一种自然语言 L 是一个非常复杂的系统，这个系统由储存在说话者头脑中的规则构成。这个系统无法直接观察；至少像我这样的语言学家是无法直接观察的，因为我们不知道怎么打开人的头骨，也不知道怎么将电极植入人脑*。因此，我们不得不求助语言模型，除此之外没有其他的方式了。

现代共时语言学的任务便是构建人类语言模型。尽管这项任务从未明确指明，但现代科学家基本上是朝着这个目标努力的：他们不断构建语言模型。

20世纪50年代后期，语言学家开始了解建模的思想。这一思想有两个来源：

- 乔姆斯基学派的转换-生成语法，因为语言 L 的形式语法正是通过这种方式建立的，所以语言学研究的主要工具便是语言 L 的模型[5]。
- 另一来源是20世纪60年代早期席卷全球的机器翻译研究。机器翻译系统需要语言事实的形式表达且至少要有两种语言，这种形式表达便是语言模型或片段。

---

* 神经科学家可以直接观察大脑中的语言现象。在这一领域，已经取得了一些重要成就，我们也可以预测不久的将来会有更多成果（想要了解现代神经病学方法对语言学的研究，特别是对语义的研究可参考 Krifka 2011）。神经语言学概述参见 Ahlsén 2006。

同期第一个为自然语言建立模型概念的理论提纲形成；因此，纳格尔等人（Nagel et al. 1962）非常认真地考虑了语言建模。后来，莫利诺（J. Molino 1985：29）写道："形态学——与语言其他部分乃至整个语言系统一样——只有通过建模才可描述。"现在，模型在现代语言学中已经得到广泛应用。因此，我的提议获得很多人的认可：这些模型是语言学研究发展趋势的一个组成部分。

现在的问题是：哪种语言模型才是最合适的？

2.2　功能模型

为了更好地理解我们现在所说内容，我们首先需要解释"模型"（MODEL）这一名词的模糊意义和不确定性。它的三个意义相互联系，我们可以通过以下三个例句说明：

（5）a. *The painter's model was his wife.* 这位画家的模特是他的妻子。

　　　b. *a paper model of a plane* 纸飞机模型

　　　c. *Bohr-Rutherford model of the atom* 波尔的原子模型

☞ 这里不再考虑 MODEL 作为名词的其他用法，比如丰田模型（*Toyota model*），依据瑞典模型（*follow the Swedish model*）或者模范百万富翁（*model millionaire* vs. *millionaire model*）[O. Wilde（王尔德）]等。

名词 MODEL 的这些用法指向了同一情景：有两个实体 X 和 Y，其中 X 由某人创造，并具备给定语境中 Y 的某些相关特征。如例（5）中的实体包括：一幅呈现某人 Y 的画 X；一个代指飞机 Y 的玩具 X；描述原子 Y 的数学等式 X。我们在这里看到的是一个二元非对称关系，即 'be a model [of]'（是……的模型）。为更好理解 'be a model'，我们来看下面三个解释。

- 首先，我们来看模型这一术语的两个基本意义。画家的模型为某一实体 Y（通常是一个人或宠物），而这位画家的作品 X 则是呈现 Y 的一幅画。但是，飞机和原子的模型则与前一个例句相反：Y 是要建模的实体，X 是人工构建的 Y 的模型。[6]本书中的模型只有第二种用法：Y 的模型是"**由研究者创造的模型 X**，用于表示实体 Y，以便更好观察和研究 Y"。

- 第二，我们来看表达式 X, model of Y（X，Y 的模型）。其不同表达方式之间有一个重要区别：*the model of a plane*（飞机模型）指的是一个实物，而 *Bohr-Rutherford model of the atom*（波尔的原子模型）则代表一套符号表达式——一个等式系统。因此，我们必须区别具体（=实在）和抽象（=象征）模型。本书中的模型无一例外，都属于**符号表达式的抽象系统**。

- 第三，一个飞机模型会让人联想到一架飞机——至少是一架真实飞机的形态，尽管这架飞机无法飞行，类似这样的模型是结构模型。Y 的结构模型是依据对实物 Y 结构的直接观察得到的，如可以测量并重构 Y 的各个部分。但是波尔的原子模型并没有体现一个原子的结构，它只表达了原子的特征或者运行方式，类似这样的模型称为功能模型。在语言学中，我们只讨论语言的**功能模型**。

现在，我将进一步定义语言 L 的抽象功能模型。

定义2：Y 的功能模型

> 当且仅当 X 由研究者根据对 Y 的观察构建且尽可能准确地反映了 Y 的特征，这样的一套规则 X 才是**实体或事实 Y 的功能模型**（functional model of the entity or fact Y）。

☞ 值得一提的是，赵元任（Chao 1962）提供了语言学中关于模型这一术语的40多种解释；因此，非常有必要对这个术语做一个准确的定义。

只要研究者对所研究实体的功能或特征感兴趣，一个功能模型就可以满足研究者的需要；这对语言和语言学同样适用。从这个角度来看，语言学有两个重要特征：

1）功能模型 X 将实体 Y 表示成一个"黑匣子"，也就是表示成一个研究者可从外部观察和操作的物体（至少在某种程度上可观察、可操作），却不能打开其内部观察它的运行方式。

2）功能模型 X 不能保证对 Y 的描述完全准确和正确，只能尽可能接近事实。我们是根据观察到的某些现象（Y 可观测到的特征），推断可能的原因，从而建立功能模型的。然而，我们都知道，一个现象产生的原因可能很多。因而，某些得到确认的现象可能是由相互排斥的原因引起的。这是功能模型的缺陷。而其优点是：

我们对实体 Y 的研究越多，了解更多特征细节，就能越接近其真实状态。一个独立现象可能是由很多不同原因引起的，由很多现象组成的复杂结构系统更可能是由一套复杂的原因系统引起的。换句话说，我们观察的现象越复杂，可能的原因便越少。就功能模型而言，这意味着虽然一个观测事实可能可以用几个假定的描述来解释，但一组观测事实可能只有一个解释。

尽管如此，在研究功能语言模型时，研究者须谨记以下两条。首先，一个好的反例足以推翻一个功能模型，也就是说，可用反例证明该模型的缺陷：在波珀（K. Popper）看来，一个功能模型**证伪非常简单**（easily falsifiable）。一方面，这使得功能模型成为语言学合理且重要的研究工具；但另一方面，我们不可能完全证明一个功能模型的正确性，语言学家也不得不接受这一点，因为所有的模型都是基于假设建构的。其次，物理学和其他自然科学与语言学间有一个本质区别：

> 物理学是以宇宙基本物理学理论为支撑的，所以物理学家提出的所有模型都必须符合这一理论。这一原则排除了很多可能模型，使得存在的模型更为可信。语言科学并没有相似的理论，这是因为人脑或者精神行为没有基本理论，无法为语言模型提供一个坚实的框架。所以，现有语言模型的可靠性远远比不上物理学模型。

了解了语言模型的局限性后，现在，我可以进入本书的中心内容：一个具体的功能语言模型——意义-文本模型。

2.3 意义-文本模型：整体语言功能模型

本节是第二章的重点。2.3.1介绍本节主要内容，2.3.2介绍意义-文本方法的三个基本假设，2.3.3介绍意义-文本模型的五个形式特性，2.3.4介绍该方法的两大支柱：言内意义和释义；2.3.5简单介绍书中其他部分将涉及的内容。

2.3.1 引言

1964 年，我和佐尔科夫斯基在莫斯科开始了意义-文本模型 [=MTM] 的研究，继而，阿普列相加入了我们（Žolkovskij & Mel'čuk 1965, 1966, 1967; Apresjan et al. 1968, Apresyan et al. 1969; Mel'čuk 1974, Mel'čuk 1973）。后来更多同事陆陆续续加入了我们的研究。这里我只介绍自己的研究：Mel'čuk 1981, 1988, 2012, 2013, 2015。

首先，我将介绍这个模型的理论框架：意义-文本语言理论。为了让我的介绍更加简单，我将使用很多缩略词和符号，具体可参考缩写词表。同时读者可以从本书后的附录中找到陌生术语的解释。

2.3.2 意义-文本理论的三个假设

意义-文本方法基于以下三个假设研究自然语言：
- 假设 1 指明了描述对象，体现了我对自然语言的总体看法。
- 假设 2 指明了描述的预期结果，体现了我对语言学研究的看法。
- 假设 3 指明了语言与其描述之间的联系，体现了我对自然语言基本特征的看法，这些特征的描述应简短、明确。

假设 1：自然语言是"意义-文本"对应关系

> **自然语言**是有限的规则系统，这些规则指明了一组无限但可数的意义和一组无限但可数的文本之间多对多的关系。

（只要组成元素能以自然数标出，一组元素就**可数**；这也保证了这些元素的可分离性。）

在 MTM 中，言内意义用形式化、具有象征意义的样式表示，称为**语义表达** [=SemR]，语言文本以相应的形式化、具有象征意义的样式表示，称为**语音表达** [=PhonetR]。因此，假设 1 可以重写为：

(6) $\{SemR_i\} \Leftrightarrow \{PhonetR_j\} \mid i, j > 0$

PhonetR 是一种标音法，我在此不再介绍，相信大家基本都了解。如：

国际音标 IPA[= International Phonetic Alphabet；
参见 http://en.wikipedia.org/wiki/International_Phonetic_Alphabet]
或
美国音标 APA [= American（ist）Phonetic Alphabet；
参见 http://en.wikipedia.org/wiki/Americanist_phonetic_notation]

当然，每种语言都需要一套自己的标音符号，而这些符号应取自一个共同的集合。

SemR 是语义表达。从其内容来看，每种语言各不相同，但从形式上来看，它又是通用的。我在后文中还将具体介绍。

语言 L 正确的语义表达是依据语义成分的组合性质，用非常简单的**形式语法**表示。这些语义表达是语言 L 在 MTM 中的输入，而其输出则是正确的语音表达。

通俗来说，**文本**（从术语角度来看）是话语的外在形式，指语音或图表，而**意义**则是话语的内在形式，指精神。在一个严密的表述方式中，一个句子 S 的意义是一组与 S 同义的句子 S_i 的不变式，即 S 的释义。这组句子的不变式是这组句子相同成分的集合。在我们的讨论中，一组同义句的语义不变量通过这组句子中的一个句子体现，这个句子需要满足一系列条件，并以一种特别的方式表达出来。（对 SemR 的详细介绍见 3.2.2）

假设 2：描述语言的主要工具是意义-文本模型。

上文（6）中的 $\{SemR_i\} \Leftrightarrow \{PhonetR_j\}$ 是借助一个逻辑装置（规则系统）实现的，这套规则便是一个意义-文本模型。

MTM 以语言 L 中任何可能的语义表达作为输入，以相应的语音表达作为输出；这一过程便是**语言合成**。MTM 完成语言合成的过程应该与语言 L 说话者相同，即该模型重现的文本必须尽量契合说话者本身想表达的意思。当然，一个 MTM 还须完成相反的过程——**语言分析**，即将语音表达作为输入，产生对应的语义表达。

从形式上来看，意义 ⇒ 文本与文本 ⇒ 意义完全对等。然而，建立 MTM 的语言学家和这个模型的使用者却并不这样认为。

> 说话者在言语行为中排第一位，是言语行为的必要参与者，而听话者是可选的，应该排第二位。说得更准确一点，承载意义的语言产生过程（语言合成）比语言理解过程（语言分析）更重要。说话者的言语活动比听话者更具有语言学特征。

说话者想通过文字表达某种意义，只要求他具备一定的语言知识和能力。然而，听话者需具备其他技能，因为他还需处理很多歧义文本。为了获得文本的意义，他不仅需要掌握这门语言，还需要渊博的知识和逻辑能力，才能保证他理解"文本意义"。我们从语言本身就能看出说话者比听话者更重要，这里列举几个例子：

- 任何一种语言都有一个动词表示"产生话语"，即"说话"，但是，我还没有发现哪种语言专门有一个动词表示"理解话语"。要表达理解话语，所有语言所使用的动词与理解其他事物的动词都是一样的。（偶尔会使用其他一些动词，如"听到""知道"或"能够"，但这些动词不仅仅表示理解语言。）

- 要表达"说某种语言 L"，通常有固定表达，但是要表达"理解语言 L"，通常非常随意。比如，法语中有词组 *parler français* 〈*anglais*, *russe*, ...〉，表示"说法语〈英语，俄语……〉"，这便是一种固定搭配。这里名词 FRANÇAIS 前没有冠词，做副词的用法。但词组 **comprendre frança*（理解法语）则不符合语法（语言表达式 X 前的"*"表示 X 是不正确的），正确的表达应该为 *comprendre le français*。短语"理解法语"中，名词 FRANÇAIS（法语）前必须要有定冠词，因为这个词组并不是一种固定表达方式。

- 自然语言都是以自我为中心的，很多语言符号都是从"我"的角度来表达的，也就是从说话者的角度来表述的。但是语言符号基本没有从"你"的角度，即听话者（在某一言语行为中，说话称"你")的角度来表述的。这种自我中心体现在词汇和语法的很多不同方面,有很多证据,这里我只列举一些。

词汇中的语言自我中心

以下三个例子体现出词汇的自我中心。

1)**指示词**(R. Jakobson):我"那个说我的人"(=说话者),这里"说话者所指地点",今天"说话者所指时间",妈妈(不加任何定语)即指"说话者的妈妈",等等。指示词的意义必定直接指向说话者。

2)**情感词**,传达说话者对所指物的态度。这里我列举一些带有种族划分意义的贬义词("种族诋毁"):

阿拉伯人	*raghead*	日本人	*Jap*
中国人	*Chink*	犹太人	*kike*
法国人	*frog*	巴基斯坦人	*Paki*
德国人	*Kraut*, *Hun*	波兰人	*Polack*
意大利人	*wop*	俄罗斯人	*Russky*
意大利人、西班牙人或葡萄牙人	*Dago*	西班牙人	*Spic*

名词 CHINK 到底表达了什么意思?"中国人,**我讨厌中国人、对其评价极差**"(Chinese person, **I hating and/or having a low opinion of the Chinese**)。粗体部分表明说话者对所有中国人毫无依据的判断,这使得这个名词非常具有攻击性[7]。另一个类似的例子是中性词 PROSTITUTE 和攻击性词 WHORE、HARLOT、STRUMPET 的区别,前者仅指明了一种行业,而后者则表明说话者讨厌妓女,对其评价非常之低('prostitute, **I hating and/or having a low opinion of the prostitutes**')。

每种语言都有一套这样的"宣传语",其意义可以这样解释:"[X,]我讨厌 X"("[X,] **I having a negative attitude towards Xs**")。[8]

3)**信号的词汇化表达**(signalative lexical expressions),要么表明说话者对其所说情形的态度,要么表明对自己话语(内容和形式)的态度:WOW!、OH MY GOSH!、UNFORTUNATELY、TO TAKE AN EXAMPLE 等,

这些都是**词汇化**的信号表达。

语法中的语言自我中心

4）在很多语言中，动词第一人称单数（动词的动作执行者是说话者）在语义和形式上有很多特征。

第一人称单数语义特征

每种语言都有施为动词。一个**施为动词**（performative verb），说得更普遍一点，一个施为言语表达要想表达某一动作，必须且仅需以第一人称单数现在时表达。因此，想表达发誓，只需说 *swear*；如果你有权利宣布一对新人正式结婚，只需要说 *I declare you husband and wife*（我宣布你们正式结为夫妇），诸如此类。一个施为动词词组只能使用第一人称单数现在时：如果你说 *I swear*，便已经表示发誓这一动作，但是如果你说 *I swore*（我发过誓）或者 *He swears that he'll come*（他发誓自己一定会来），你仅仅是为了描述某个人说了什么。

第一人称单数形式特征

- 阿留特语在支配动词后添加后缀来表示直接宾语，包括其语态、时态、人称和数，但如果主语是第三人称，而直接宾语为第一人称单数时，则需通过前缀表示。因此，

    "他暴打了我们俩"　　⇒　*na+tkəplə+**mək***

    "他暴打了我们好多人"　⇒　*na+tkəplə+**lamək***

    "他暴打了你"　　　　⇒　*na+tkəplə+**ɣət***

    "他暴打了你们俩"　　⇒　*na+tkəplə+**tki*** 等

    但是表达：

    '他暴打了我'　　　　⇒　***ina**+tkəpl+i* 等

- 在班图语系中，动词第一人称单数的否定前缀与其他人称和数的否定前缀不同。在斯瓦希里语中，动词的否定形式都要借助前缀 **h(a)-**，将其置于主语名词类别标语前。但如果是第一人称单数，则借助 **si-** 来表示否定及第一人称单数主语（例如 **ha-** + **ni-** ⇒ **si-**）：

    "你阅读"　　　　　　⇒　*u+Ø+som+a*

"他们阅读"	⇒	wa+ku+som+a
"我们准备阅读"	⇒	tu+ta+som+a
"你没读"	⇒	h+u+Ø+som+a
"他们没读"	⇒	ha+wa+ku+som+a
"我们不准备阅读"	⇒	ha+tu+ta+som+a 等

但是

"我阅读"	⇒	ni+Ø+som+a
"我之前读过"	⇒	ni+ku+som+a
"我将阅读"	⇒	ni+ta +som+a 等
"我不读"	⇒	**si**+Ø+som+i
"我没读"	⇒	**si**+ku+som+a
"我不准备读"	⇒	**si**+ta+som+a 等

5）如果一个动词表示一种心理或生理状态（"害怕""确定""冷""需要"），日语中必须使用第一人称单数、陈述语气、现在时，因为从日语的角度来看，只有我自己知道我是否害怕或确信某件事情，我是否觉得冷或者我是否需要什么东西："我害怕 / 我冷 / 我需要 ⇒ *Watasi+wa kowai / samui / hosii*"。然而，"太郎害怕 / 太郎冷 / 太郎需要" ⇒ * *Watasi+wa kowai / samui / hosii*。[9] 其他人称或复数形式应该借助后缀 **-gar**。'看起来好像'：*Tarō+wa kowa+gat+te i+ru*，其意思为"太郎看起来好像害怕有"。

6）在任何一种语言中，**插入语**（parenthetical constructions）都有自己的特点，因此不能忽略。如（众所周知，艾伦适合这项工作）*Alan, as is known, is good for this job* vs.[①] **Alan, as is not known,** *is good for this job* 或 **Alan (as is known?)** *is good for this job*。这是因为插入的成分并不是一种描述：它并没有显示出一种特别的言外情形，仅仅传达了说话者的某种心理状态，此句中为某种信念。插入语暗示了"我"（=说话者）。换句话来说，插入语是**信号**，这点我们已在上文第三条中介绍过。但这里我们更应

---

① "vs." 是 versus 的缩写形式，意为"与……相对，与……相比"。——译者

该从**语法**而非词汇角度去理解,因为它们自由构成了句法结构。

诸如此类例子还有很多,但至此我们提供的例子足以表明说话者的地位优于听话者,这表明我们选择的语言描述方向:从意义到文本是恰当的。

注意

说话者的重要性不仅仅体现在第一人称单数的突出地位上。有些语言中,由于等级地位和礼貌等原因,第二人称单数地位更加重要。但是记住第二人称单数——也就是听话者——是由说话者指明的,完全是说话者的创造。

假设3:句子和词汇是语言描述的基本单元

> 要实现 {SemR$_i$} ⇔ {PhonetR$_j$} 的对应关系(参见2.3.2(6))需要借助语言表达的两个中间量:
>
> **句法表达** [= SyntR],反映句子的具体特征;
>
> 和
>
> **形态表达** [= MorphR],反映单词的具体特征。

(这里的"单词"应理解为**词形**(wordform),也就是一个定义明确、语法形式明晰的单词;参见 Mel'čuk 1993—2000, vol. 1: 167及以下诸页和 2012: 30。)

句子和单词分别是最大和最小的言语实体。所有语言中都有这两个部分,因此它们是**普遍存在的**。同时,它们是自主的:只有它们被说话者视作符合语法规则的实体。

- **句子**。根据语言韵律的定义,句子是语言符号的最大复合体,语言规则在句子层面发挥作用。超越句子层面,这些规则便失去了作用。句法结构、句子构建、词序、词汇共现、一致性和支配,所有这些现象都可以在一个句法框架中描述。
- **单词**。词汇是说话者语言直觉的最小语言符号。单词主要反映了屈折、派生以及音素**变换**(alternations)等规则(如 *sing ~ sang*, *foot ~ feet* 或 *life ~ lives*)。

为了尽可能准确地反映句子和单词的特征,意义-文本理论提出了两个中间量：句法和形态。（句子和单词两个层级与以往研究一脉相承，就我所知，为所有语言学派所尊崇。）

从假设1到假设3，我们可以看出MTM遵循下面通用结构：

(7) 意义-文本模型通用结构

$\{SemR_i\} \Leftrightarrow \{SyntR_k\} \Leftrightarrow \{MorphR_l\} \Leftrightarrow \{PhonetR_j\}$

  语义学 句法学 形态学 +

            音系学

☞ 主要成分或模块的名称以粗体标出。

2.3.3　意义-文本模型的主要形式特征

意义-文本模型有以下五个形式特征。

1) MTM不是一个生成系统：它不会生成任何东西（从数学角度来看，生成表示"通过其构成元素的特征确定某一集合"）。它更像一个等价（传递）系统：将语义表达与所有可能表示其意义的语音表达联系起来。反过来亦是如此：建立每一种语音表达与所有可能的语义表达的对应关系。**MTM建立了这种对应关系**。说得更具体一点，MTM建立了语言相邻表达之间的对应关系：

- 这个模型以层级n的表达R(n)作为其输入，正如一个人用调料去制作蛤蜊浓汤，或者一个建筑师根据图纸建造房子。
- 这个模型将最初的表达R(n)与层级$n+1$上所有可能的表达R($n+1$)$_i$联系起来，依照R(n)来构建R($n+1$)$_i$，但不改变R(n)。
- 这个模型最后会从R($n+1$)$_i$中选择一个最适合说话者表达语境的表达方式。

因此，MTM也不是一个转换系统，因为第一个表达并未受到影响。MTM如同一个普通说话者一样，既没有参与构建一系列语法正确的句子，也未辨别符合语法规则和不符合语法规则的句子。说话者只是表达了自己的想法，即他将自己要表达的意思放到具体的文本中，传达给听话者。

MTM 亦是如此：它将一种具体意义放入对应文本中，或执行该过程的相反过程。这就是为什么 MTM 可以称为传递模型。

但我们不能因此认为 MTM 不允许转换。这里所说的转换如果应用到某个具体层级的语言表达，可以在同一水平上产生一个对等的表达。事实上：

- MTM 经常在语义和句法层用到**释义**（paraphrase）转换。比如：

语义结构的对等转换

'John died of starvation'　　　≡ 'John starved to death'（约翰饿死了）

'John crossed the street on foot'　≡ 'John walked across the street'
　　　　　　　　　　　　　　　（约翰穿过大街）

'rains are common in this region'　≡ 'rains happen frequently in this region'
　　　　　　　　　　　　　　　（这个地区经常下雨）

深层句法结构的对等转换

APOLOGIZE　　　　　　　　≡ OFFER AN APOLOGY（道歉）

REMEMBER FOREVER　　　　≡ NEVER FORGET（永远记住）

BUY A BOOK FOR 10 DOLLARS ≡ PAY 10 DOLLARS FOR A BOOK
　　　　　　　　　　　　　　　（花十美元买了一本书）

- **转换**（alternation）在形态学中非常常见。有意义的如：$sing \sim sang$（唱歌）、$spring \sim sprang$（涌出）、$foot \sim feet$（脚）和 $louse \sim lice$（虱子），无意义的如 $leaf \sim leaves$（树叶）和 $wife \sim wives$（妻子）。

2）MTM 是一个多模块系统，包含六个独立机制（＝子模块，参见3.1 表1）。每一种机制都有自己的架构。它们独立运作，通过相应语言表达联系在一起，这些表达便成了接口。一个语言表达 R（n+1）是模块 n 的输出，同时也是模块 n+1 的输入。但是 MTM 的每个模块都是独立于其他模块建立和描述的，只有这样才能在最大程度上反映模块中语言成分的具体特征。

3）MTM 是一个通用且完整的系统，其目的是从整体上描述语言 L。MTM 的所有模块，包括语言 L 的词库和语法，都必须彼此协调，这是因为它们在文本合成过程中会紧密协作。

4）MTM以释义为基础，即以同义句为基础。说话者的语言能力指他们根据给定意义'σ'构建文本T_i（'σ'）的能力，即构建能表达此项意义的所有句子，并从这些句子中选择一个最符合具体语境的句子（释义及其在语言模型中的作用具体参见Milićević 2007和Mel'čuk 2012：第8、9章）。

5）MTM以语义为导向：这一模型假定一个语言描述，这个语言描述是由一组句子的语义表达出发得到的。如下文所述，这个语义表达，是一组符合语法的同义句的不变量。

2.3.4 意义-文本方法的两个中心概念：言内意义和释义

言内意义在我们的框架中非常重要，其概念如下。比如句子（8a）呈现了一个简单的数学问题：

(8) a. *A schoolkid Mike bought two exercise books, and another schoolkid, Al, bought three; how many exercise books do Mike and Al have together?*

（一个学生迈克买了两本练习册，另一个学生阿尔买了三本练习册；他们俩共有几本练习册？）

如果从测试题的角度来理解这句话，学生可以将其改写为公式（8b）：

b. 2 + 3 = ?

然而，公式（8b）不是句子（8a）的言内意义。虽然在英语中，我们可以使用意义 MEANING 这个单词，并且某种程度上可以将公式"2+3=？"视为句子（8a）的意义。然而，我这里并不是要介绍意义 MEANING 这个英语单词，而是要解释术语**言内意义**：这个术语表示"仅依靠某人的语言知识，便能从某一语言表达中提取信息"。如果仅仅依靠英语，不可能实现（8a）⇔（8b）的转变，因此，（8b）不能视为（8a）的言内意义。

同类数学问题我们还可以用其他英语例句表示：

（9） a. *Mike, a young schoolkid, purchased two exercise books, and his pal Al—three exercise books; how many exercise books do the boys possess?*

b. *A young student called Michael bought exercise books in the quantity of two, while another boy, by the name of Alex, —in the quantity of three; what is the total number of their exercise books these boys bought?*

c. *Michael, a young student, has two exercise books, while his friend Alex has three; calculate the quantity of exercise books both kids own.*

d. *A couple of exercise books were acquired by a young schoolboy Mike, and three more by his classmate Al; give the number of all the exercise books bought.*

（以上四个句子表示的中文意思均为：一个叫作迈克的学生买了两本练习本，他的同学阿尔买了三本练习本，他们一共拥有多少本练习本？）

变换单词及其组合方式，便可以获得很多同义句。这些句子中的每一语义块都有好几种表达方式：

Mike ~ Michael 和 *Al ~ Alex*	：4 种变体
*young/little/*Λ（小）{*schoolkid ~ schoolboy ~ student ~ boy ~kid*}（学生）	：15 种变体

☞ 符号 Λ 表示空集（= 'nothing'，'zero'）

called ~ by the name of ~ Λ（名叫）	：3 种变体
buy ~ purchase ~ acquire（购买）	：3 种变体
have ~ possess ~ own（拥有）	：3 种变体
two ~ couple ~ pair ~ in the quantity of two（两个）	：4 种变体
three ~ in the quantity of three（三个）	：2 种变体
give ~ tell ~ calculate（计算）	：3 种变体
number ~ quantity ~ how many（数量）	：3 种变体

这些变体的组合就有

$4 \times 15 \times 3 \times 3 \times 3 \times 4 \times 2 \times 3 \times 3 = 116\,640$ 种可能，

这里可能还有其他变体。所有这些句子除了熟练掌握英语外,无须任何其他资料和知识。因此,所有句子,包括(8a),都拥有相同的言内意义。它们都是同义句,每个句子都是对其他句子的释义,尽管外观看起来有所差异,它们之间唯一相同的便是意义:这个意义就是它们共有的不变量。为了可以形式化处理这一不变量,我们需要通过一个定义完好的符号标记法从形式上来表示。我们将在下文中介绍这一标记法:**语义网络**(semantic network)。现在,我们假设这一系列同义句可以通过其中一个最简单、最明确的句子来表示,即:

(10) *A schoolboy named Michael bought two exercise books, another schoolboy named Alex bought three exercise books; say what is the number of exercise books that Michael and Alex bought.*

(10)以一种特殊的方式形式化、象征化地(参见3.2.2)表达了(8a)和(9)中一系列同义句的言内意义。言内意义在说话者的头脑中编码,当然不是以拉丁字母或某种其他语言,而是借助与语义表示法**同形**(isomorphic)的电子的、化学的配置方式。

(8b)中的算术(即非语言)表达式也可以用英语来表达(*What is two plus three?* 2加3等于几),这个数学式传达了我们现在讨论的这些同义句的主要信息。这个式子故意没有传递全部信息,而是只表示了使用者认为完成任务必要且充分的信息。语言表达式的信息内容,即人脑中对真实世界的不连续的映像,叫作**概念表达**(conceptual representation)。

‖ 一个概念表达通常会对应几种言内意义。

因此,(8b)还可以通过另一组同义句传达完全不同的言内意义,比如:

(11) a. *Kate has three kids, and her sister Luce two; how many kids do both sisters have?*

b. *Kate is the mother of three children, while her sister Luce has two daughters; compute the number of kids the two sisters have.*

c. *Kate gave birth to three kids, and Luce, her sister, to two; what is the quantity of kids both of them have together?*

（以上三个句子表示的中文意思均为：凯特有三个孩子，她的姐姐露西有两个孩子，她们俩一共有几个孩子？）

接下来，当我们提到意义时均指言内意义。

2.3.5 意义-文本方法的普遍特征

至此，我可以开始介绍意义-文本模型更具体的特征。同时，我还将关注由 MTM 引申出来的一种特别的语言方法——意义-文本语言方法，这些内容将在第三、第四、第五章具体介绍。

亲爱的读者！我必须提醒你们，接下来的章节要比之前的章节专业性更强。这是因为在语言学中，我们不可能使用一种自然语言去描述另一种自然语言。与任何一门自然科学一样，语言学也需要一种形式化的概念体系和相应术语。换句话来说，需要一种特殊的元语言。只有这种元语言可以保证等量描述，保证彼此间轻松地相互转化。

然而，形式化往往会让不习惯的人望而却步。为使那些受过教育但不是语言学家的读者尽快熟悉，我将带大家入门。说得更确切一点，我将用任何一个好的演讲者都会用到的方法："首先，告诉观众我将演讲的大纲；然后进行表述；最后让观众回想之前说了些什么。"因此，我会以最简单、最近似的术语来解释你们将会阅读到的内容。我已经在 1.2 中说过这一目的，这里只是再强调一遍；正如大家所知，重复是学习之母。

第三章将介绍一种特殊的意义-文本模型。

- 首先将介绍句子的**语言表达**（linguistic representations）：
  - 语义表达以一种形式化方式表示某个句子 S（包括 S 同义句）的意义；
  - 句法表达从单词和单词关系的角度表示 S 的结构；
  - 语音表达表示句子 S 的发音。

我们由句法层开始，讨论两个相互独立的分层：深层句法层和表层句法层；更高层（更接近文本）的情况同理：深层形态层和深层语音层（＝音素层）vs. 表层形态层和表层语音层（＝语音层）。深层与语义有关，保留了所有相关的语义特征；表层则与文本有关，反映了所有相关的形式特征。

- 两个相邻层级表达的**转变**（transition）通过意义-文本模型的模块实现。每个模块输入一个表达，并输出临近层级对应的表达（当然保留相同意义），反之亦然。
- 所有实现语言合成的步骤都要经过具体检验。

第四章介绍描述自然语言的两个主要维度：

– 聚合关系轴，表示说话者从几个可能的语言单位中选择最合适的一个，这里的语言单位可以是单词、语法意义或句法结构；

– 组合关系轴，表示说话者根据语言 **L** 的语法规则组合所选单元，生成句子。

换句话说，说话者的语言合成过程可以简化为两个步骤：**选择**所需单位和**组合**所选单位。因此，**词汇选择**（lexical selection）和**词汇共现**（lexical cooccurrence）还需更具体的讨论。我试着通过语言图示，解释如何通过可以观察到的词汇共现现象帮助我们验证无法观察到的意义。

我还将介绍**词汇函数**（lexical function）[=LF]。词汇函数是描述限制性词汇共现的主要方式，*utmost pleasure*（莫大的愉快）、*high pressure*（高压）、*heavy rain*（暴雨）、*deep despair*（绝望）、*huge success*（巨大的成功）、*strong coffee*（浓咖啡）等都是限制性词汇共现。这些词组中的形容词意为"某名词的高水平"，是该名词的函数。

第五章将讨论四个问题。

- 根据两个例子，讨论**意义-文本方法的优点**。根据意义-文本方法，我们将研究以下语言现象，并从合成角度对其进行描述。
  – 西班牙语中的滑音（滑音既没有元音特征，也没有辅音特征）：[i̯] *bien*"（副词）好"和 [u̯] *bueno*"（形容词）好"；

- 俄语双主格无动词结构：*Kukuruza*$_{\text{NOM}}$ *segodnja–èto kolbasa*$_{\text{NOM}}$ *zavtra* 意为'Corn today—this [is] sausage tomorrow 今天玉米——这是明天的香肠'。
- 语言学中一个**严密概念体系的重要性**。这里将介绍三组语言学概念，这三组概念在语言学研究中有非常重要的地位：符号/单词、语态和作格结构。
- 一种新型**单语词典的中心地位**，即《详解-组合词典》*Explanatory-Combinatorial Dictionary* [= ECD]。我们将以两个俄语的词项为例。
- **语言依存**。这里将介绍三种依存关系，特别是句法依存，这也是本书中技术性最强的一部分。

记住书末有按字母排序的词表；因此，亲爱的读者，如果你遇到一个陌生术语，如'（glide）滑音或（suppressive）抑制'，不要惊慌，深呼吸，查看词表就好了。

第三章　一种具体的意义-文本模型

为了进行更细致地描述，这里我将介绍一种具体的意义-文本模型，这个模型我已经研究了近半个世纪。3.1 区分了语言表达的深层和表层；3.2 介绍了一个句子所有层级上的语言表达；3.3 借助一些规则介绍了 MTM 的各个模块。这样，我们便可以向读者展示语言合成的所有步骤：从产生具体意义，到生成某个对应文本。（要了解意义-文本模型的更多细节，特别是想了解句子的语义表达，可参见 Mel'čuk 2012。）

3.1　语言表达的深层和表层

除语义层外，语言表达 [-R] 的所有层级都可以分为两个子层级：深层 [=D-] 和表层 [=S-]。每个深层，深层句法层、深层形态层、深层语音层指向意义，用来描述相应层级上所有与语义相关的特征。每个表层，表层句法层、表层形态层、表层语音层，则指向文本，用来描述相应层级上与形式相关的特征。

了解了"深层和表层"之分，我们便可推知每个句子都应该有七个表达。现在，我们便可以更清楚地呈现意义-文本模型的结构：

（12）意义-文本模型详细结构

$\{SemR_i\} \Leftrightarrow \{DSyntR_{k1}\} \Leftrightarrow \{SSyntR_{k2}\} \Leftrightarrow \{DMorphR_{l1}\} \Leftrightarrow$
　　语义学　　　深层　　　　表层　　　　深层
　　　　　　　句法学　　　句法学　　　　形态学

$\{SMorphR_{l2}\} \Leftrightarrow \{DPhonR_{j1}\} \Leftrightarrow \{SPhonR_{j2}\}$
　　表层　　　　音系学
　　形态学

除两个语音层外,(12)中各语言表达均无须多做说明[10]。
- DPhonR 指**深层语音表达**(deep-phonic representation)[DPhonR = PhonolR]:它只能反映与语义相关的语音特征。
- SPhonR 指**表层语音表达**(surface-phonic representation)[SPhonR = PhonetR]:它反映了语言 **L** 中产生具体声音的发音特征。

图1以图表的形式传递了与(12)相同的信息。它展示了意义-文本模型所有模块及各模块与语言表达的**对应关系**:这些模块和表达都纵向表示出来,由最深层(语义层)向上越来越接近表层(语音层)。

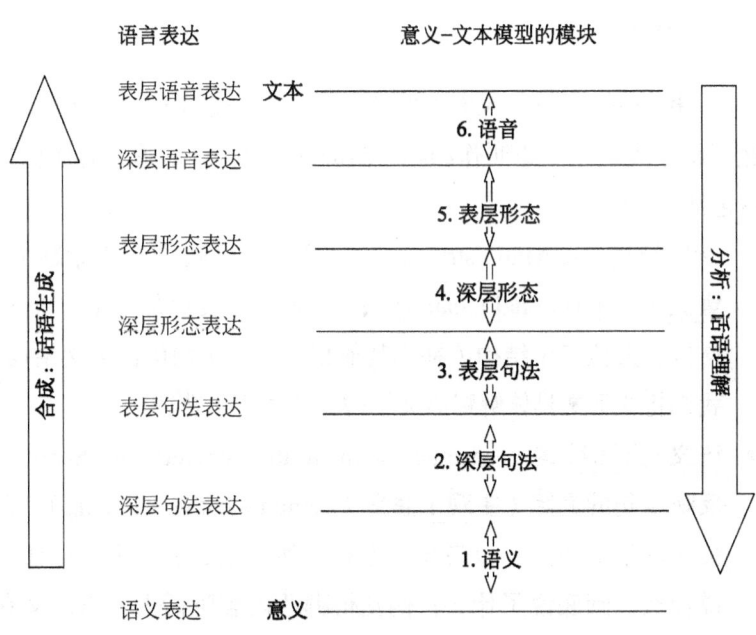

图1:意义-文本模型语言表达和模块层级

意义-文本模型包含六个模块;如果我们不考虑深层和表层区别,便可以与语言学中的四个主要分支相对应:

semantics(meanings)+ syntax(sentence)+ morphology(word)+ phonology(sound)

语义学(意义)+ 句法学(句子)+ 形态学(单词)+ 语音学(声音)

每一模块是依据其输入表达来命名的。因此，语义模块以语义表达为输入，构建所有与该语义表达意义相同的深层句法表达；接着，运用深层语义模块中的规则，将深层句法表达变为相应的表层句法表达；等等。

3.2 意义－文本模型中的语言表达

3.2.1概述语言表达；随后介绍语音表达前的几种基本结构：3.2.2介绍语义结构，3.2.3介绍深层句法结构，3.2.4介绍表层句法结构，3.2.5介绍深层形态结构，3.2.6介绍表层形态学结构；最后3.2.7介绍概念表达。

3.2.1 引言

从图1我们可以看出，MTM假定一个句子（或句子的一个部分）有七个表达。每个表达由一组叫作**结构**（structure）[=-S] 的形式客体构成。语义表达包括四个结构：

- **语义结构**（semantic structure）[= SemS] 反映语句的**命题（客观）意义**（propositional meaning）；它是语义表达的核心，是其基本结构，其他三个结构（补充其他相关信息）均依据语义结构构建。我们将在下文具体解释语义结构，这里不再赘述。

- **语义-交际结构**（semantic-communicative structure）[= Sem-CommS] 反映语句的**交际（主观）意义**（communicative meaning）。它通过最初的语义表达，以隐喻的方式表达说话者的意图：比如，他想说什么，到底说了什么；他觉得哪些内容听话人知道，又有哪些内容听话人不知道；哪些内容应作为前景，哪些内容应作为背景。这一结构由几组对立功能构成："述位～主位""已知～新知""前景～背景"等（Mel'čuk 2001）。因此，例（13a）和（13b）虽然拥有相同的意义结构，但意义-交际结构却并不相同，这点我们可以从（14a）和（14b）中看出：

（13） a. *John built the cabin last year.*（约翰去年建了这个小屋。）

　　　b. *The cabin was built (last year) by John.*（这间小屋是约翰去年建的。）

（14）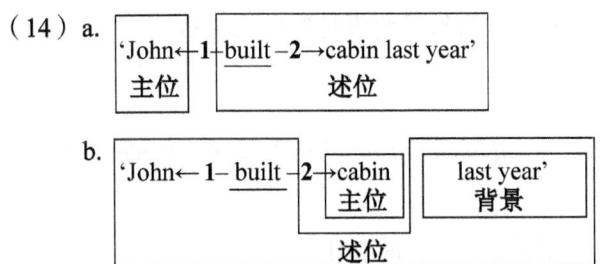

- 修辞结构 [= RhetS] 反映了说话者的风格或表达目标：中立、正式、讽刺、诗意还是通俗；平心静气地表达、富有感情地表述抑或让人发笑等。
- 指称结构 [= RefS] 将语义表达的元素，即义素与超语言领域的指示对象相联系（语言符号的指示对象见 5.3.2）。*更具体说来，指称结构表明了：

（i）某个义素的指示状态（参见 Padučeva 1985：79）；

（ii）如果其具有指示功能，那么指示对象是什么；

（iii）义素结构的指称相同（指称相同的义素有相同的指示对象）。

严格说来，指称结构表示的信息与语言无关，但能确保语言表达的正确性。我们通过以下四个例子说明。

例 1：陈述句与条件句

（15） a. *John is looking for a student who **can** run computer programs.*

（约翰在找一个会运行电脑程序的学生）

vs.

b. *John is looking for a student who **could** run computer programs.*

（约翰在找一个可能会运行电脑程序的学生）

如果说话者假设存在这样一个学生（最初语义表达中的"学生"有一个指示对象），（15a）的表述就是合适的，如果说话者并没有假设这样一个学生的存在，就用（15b）表述。

---

* 这些联系当然不会具体到真实的物质对象，即不会表示真实世界中的实物和事实，而是指内心的想法，在本书中我们可以称之为概念表达。但这一区别并不是很重要。

例2：俄语中，形容词作为句子谓语时的长尾与短尾（E. Padučeva 的发现）

(16) a. *Podobnye dovody očen′ ubeditel′ny*［短尾］/**očen′ ubeditel′nye*［长尾］

（这一类型的论据非常有说服力）。

vs.

b. *Èti dovody očen′ ubeditel′ny*［短尾］/*očen′ ubeditel′nye*［长尾］

（这些论据非常有说服力）。

如果主语没有一个具体、独立的指示对象，而是指一类实体，便不可用长尾形容词作系动词，如（16a）。

例3：俄语中，动词 LJUBIT′ '爱' 与动词 NRAVIT′SJA '喜欢'（T. Bulygina 的发现）

(17) a. **Ja ljublju ètot sup*（我爱这个汤）

［这一陈述描述特定实体；正确的表达方式应该是 *Ètot sup mne nravitsja* '我喜欢这个汤'］.

vs.

b. *Ja ljublju takoj sup*（我爱这种类型的汤）

［这一陈述描述了一组实体］.

这种情况下，动词 LJUBIT′ '爱' 的直接宾语需要为非指示性实体，即表示一类实体。

例4

(18) *When **Tchaikovsky** arrived in the United States, the name of the **composer** had been widely known.*（柴可夫斯基到达美国之时，这个作曲家的名字已经家喻户晓了。）

互指的两个成分已用粗体标出。

其他层级上的语言表达类似：每一种表达都包括一组结构。因而整体来看情况是非常复杂的。这里不做全面介绍，接下来，我将只介绍每种表达中的基本结构。

3.2.2 句子的语义结构

语义表达由四个部分构成（基本结构已用黑体标出）：

语义表达 SemR =〈**语义结构 SemS**；语义交际结构 Sem-CommS；修辞结构 RhetS；指称结构 RefS〉

语义表达的核心是语义结构 [= SemS]，表示一组同义句的意义。从形式上看，它是一个带有标签的网络，即一个相互连接的、有向的标记图（有编号的边线连接带有标签的一组节点），也可以叫作**网络**（network）。

➤ 语义网络的节点标记了语言 L 语义单位的名称，即义素。**义素**（sememe）是语义完整的词汇单位的意义；本书中的义素指英语单词的意义。义素又可分为语义谓词、类谓词和语义名称。

在逻辑语义学和语言语义学中，语义**谓词**（predicate）指只有根据其他意义（**论元** argument）才能推断的意义，也就是说该意义是和其他意义捆绑在一起的。因此，我们不可能单独去解释'sleep'（睡觉）：我们只能说明'X sleeps'，这里的'X'睡觉的人，便是谓词'sleep'（睡觉）的论元。谓词可以通过潜在论元数量进行区分：'sleep'（睡觉）是一元谓词，'see'（看见）是二元谓词（'X sees Y'），'communicate'（交流）是三元谓词（'X communicates Y to Z'），'compare'（比较）是四元谓词（'X compares Y with Z according to W'）。自然语言中，谓词最多可以拥有六个论元：比如，'X exiles Y from Z to W for misdeed P for the time T'（这是根据经验建立的，参见 Apresjan 2010: 303）。一个谓词可以表示：一个事件、一种动作、一种状态、一种性质、一种关系等。提到语言单位，也就是谓词性义素或表示谓词性义素的词位，其相应谓词的论元便叫作这个义素或词位的**语义论元**（Sem-actants）。换言之，"谓词 σ 的论元"便是"义素或词位 L（σ）的语义论元。"

这一术语的方便之处在于它可以对语义、深层句法和表层句法论元做系统比较,我们将在下文介绍。

语义名称(semantic name)[= Sem-name] 表示一个独立语义,指向一个实体,如一个物品、一种生物、一个地方、一种物质等('树木''狗''山谷''空气'),语义名称不可能拥有论元。

类谓词(quasi-predicate)从某种意义上来说是谓词和语义名称的中间物。类谓词同语义名称一样指示一个实体,但是却与语义谓词一样拥有论元:这些论元来自这个类谓词的指示物应该使用的情形。比如,'hospital'(医院)指代一个实体——一栋建筑,里面还有相应的设备和员工,但是这个词也拥有论元:staff X of a hospital treat patients Y(*children's*$_Y$ *hospital*)for medical problems Z(*cardiac*$_Z$ *hospital*)(某医院的医生 X 为病人 Y 看某种病 Z)。

➤ 一个语义网络中的**箭头**(= 边线)标记了多种语义依存(= 语义关系);这些标记没有意义,只是单纯的指示,对应谓词的论元:'P'–2→'α' 说明 'α' 是 'P' 的第二个论元;因此 'Mary ← 1–see–2→ John' ≡ see(Mary, John)。

现在我举例说明语义结构。我们曾在1.2中介绍过一个简单的语义结构。下图中的语义结构更为复杂,它展现了一组同义句的意义,其中一个句子为(19)。

(19) *Orwell is sure that his political activity improves his work.*(奥威尔确信他的政治活动改进了他的作品。)

☞ 1. 义素 '<u>sure</u>'(确信)以下划线标出,说明它是这个语义结构的**交际支配节点**(communicatively dominant node)。这一信息是这组同义句意义-交际结构的一部分。所谓语义结构的支配节点 '<u>σ</u>$_1$',表示该语义结构所表示的意义 'σ' 可以简化为 'σ$_1$',虽然意义变窄了,但并没有改变信息。一般来说,'<u>σ</u>$_1$' 便是 'σ' 的**通用部分**(generic component)。
2. 'work6'[根据朗文当代高级词典(*LDOCE*)]表示某个画家、作家或者音乐家的作品。
3. 符号 "α" 是意义 'than Orwell's works were before'(和他以前作品相比)的缩写。

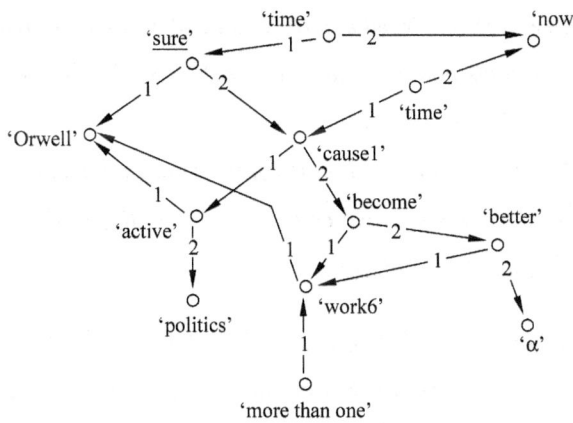

图2：例（19）和其同义句的语义结构

图2中的语义结构还可以通过（20）中的句子实现：

（20） a. *Orwell does not doubt the positive impact of his political activity on the quality of his writings.*（奥威尔不怀疑他的政治活动对其作品的积极影响。）

b. *Orwell has no doubt that his activity in politics makes his work better.*（奥威尔不怀疑他的政治活动让他的作品更好了。）

c. *Orwell is in no doubt concerning the beneficent influence of his being politically active on his literary production.*（奥威尔对自己政治活跃给文学创作带来的积极影响毫不怀疑。）

d. *Orwell is certain that the fact that he is active in politics heightens the quality of his literary creations.*（奥威尔确信在政治上的积极参与提高了他文学创作的质量。）

e. *That his writings improve as a result of his being politically active does not cause Orwell any doubts.*（作品的提高是政治积极参与的结果，奥威尔对此深信不疑。）

f. *Orwell believes, without a shadow of a doubt, that his political activities positively influence his literary work.*（奥威尔相信，没有一点点怀疑，他的政治活动对文学作品产生了积极影响。）

g. *Orwell is convinced that the quality of his literary creations improves due to his political activities.*（奥威尔确信文学作品质量的提高源于他的政治活动。）

h. *It is Orwell's conviction that his literary production becomes better thanks to his political engagement.*（奥威尔坚信，他的政治参与让他的文学作品变好了。）

一个复杂的句子可以拥有成千上万种释义方式（我们已在2.3.4中做过介绍；还可以参见 Žolkovskij & Mel'čuk 1967：179—180，Mel'čuk 1981：31—32，2012：87—89）[11]。例（20）再次展现了自然语言的同义句之丰富和灵活性，这正是MTM要反映的。

接下来的两点对于之后的讨论非常重要。

- 语义结构和释义

正如我们之前所说，一个语义结构不仅仅可以表示一个句子的意义，而且可以表示一组同义句的意义。释义是意义-文本方法的基础，同时也是该方法的试验场：一个意义-文本模型必须保证能得到所有反映某个意义（说话者认为语法正确、并涵盖了想要传达的意义）的同义句。

- 语义结构和文本的信息内容

本书中的意义仅指言内意义，即根据对语言**L**的掌握理解的文本意义，无须任何常识、百科知识、逻辑思维等。

（21a）和（21b）的言内意义不同，因此不是同义句：

（21）a. *The price of milk doubled.*（牛奶的价格翻倍了）

b. *The price of milk grew 100%.*（牛奶的价格涨了100%）

当然（21a）和（21b）的信息对等，概念表达也相同。然而，想要掌握这一点，你得有一定的数学知识，而这并非语言技能。同样，（22a）和（22b）虽然不是同义词，但信息对等：

（22）a. *twenty to eight* '7：40'

b. *Fr.huit moins vingt* 即 'eight minus twenty' =7：40

换句话来说：

> 语义表达只表示言内意义；因此，它们是"局部的"，需要具体到某种语言。

语言行为的完整模型为文本内容多预设了一个层级的表达假设：**概念表达**（conceptual representation）[= ConceptR]，我们在上文中已简单提过，3.2.7中我们还将会进一步说明其特点。

我们已阐明了"局部性"语义结构和"全局性"概念结构的关键区别，现在可以进一步了解语义结构的特点。图2的语义结构是以形式化的语义语言来表示的，构成了上文所说的"语义转写"。任何语言（自然语言或形式语言）的语义语言都是通过其词库（一套基本单位）和语法（一套描述怎样将基本单元组合为合乎要求的表达方式的规则）定义的。

➤ 在意义-文本方法中，用来描述自然语言 L 的语义语言的词库几乎包括了语言 L 的所有义素。

☞ "几乎"指语义语言不包括语言 L 中部分词汇单位的所指：所有结构（≈ 语法）词汇单位的所指以及其他某些词汇单位的所指。

⚠ 意义-文本结构假设每种自然语言 L 都有独立的语义语言，这是其与安娜·韦日比茨卡（Anna Wierzbicka）语义理论的主要区别（参见 Wierzbicka 1999），后者致力于研究通用的语义语言，其词库由**语义元语**（semantic primitives or semantic primes）构成，也就是由最基本的、不可分解的意义构成。韦日比茨卡认为所有语言的基元都是统一的。

➤ MTT 语义语言的语法（句法）便是语义网络的句法。一个网络，从图论角度来看，是基于谓词的一种形式载体。正如上文所说，这个网络的边线表达了"谓词→论元"关系：

$$\text{'}x \leftarrow 1\text{–}P\text{–}2 \rightarrow y\text{'} \equiv \text{'}P(x, y)\text{'}$$

这一形式可以表示很多句子或词组：*John likes Mary*（约翰喜欢玛丽）（这里 'x' = 'John'，'y' = 'Mary'，'P' = 'like'），*John depends on Mary*（约翰依赖玛丽），*John's love for Mary*（约翰对玛丽的爱），*Mary's betrayal by*

John（约翰背叛了玛丽）等。

想要根据图2中的语义结构构建相应的句子，则需要通过几个步骤，如（19）。首先，MTM 的语义模块会产生相应的深层句法表达，然后和其他结构一起，构成图3中的深层句法结构。

 语义结构表达一组同义句（而不是某特定句子）的共同意义，而深层句法结构多数情况下描述某个特定句子。所有接近表层的结构都只描述一个特定句子。

3.2.3 句子的深层句法结构

深层句法表达包括下面四种结构，与前面一样，基本结构以粗体标出：
深层句法表达 DSyntR =〈**深层句法结构 DSynS**；深层句法交际结构 DSynt-CommS；深层句法-韵律结构 DSynt-ProsS；深层句法-复指结构 DSynt-AnaphS〉

这里：

- DSyntS 指深层句法结构
- DSynt-CommS 指深层句法-交际结构，是深层句法结构在交际领域的分支，与语义-交际领域相对应。
- DSynt-ProsS 指深层句法-韵律结构，表示句子所有负载的语义超音质音位（陈述、表达、疑问）。
- DSynt-AnaphS 或 Deep-Syntactic-Anaphoric Structure 指深层句法-复指结构，表明构建句子深层句法结构的几个词汇单位的指称相同。也就是说，几个词汇单位指向相同的超语言元素。这一结构主要处理代词化现象，特别是替代代词如 HE, SHE, IT, THEY, THIS, ……, WHICH/WHO。

深层句法表达的核心是**深层句法结构**（deep-syntacitc structure）[= DSyntS]；它基于词汇单位描述句子的组成、与这些词汇单位相关的语法素以及联系词汇单位的深层句法关系 [= DSyntRels]；本书只介绍深层句法结构，见图3。

第三章　一种具体的意义-文本模型　　45

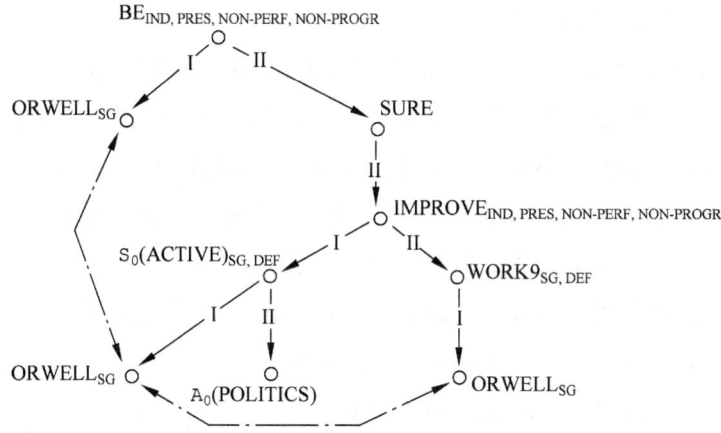

☞ 1. 图中用虚线双箭头表示互指关系（词位 ORWELL 三次指向同一个人），这是深层句法-复指结构的组成部分。
2. 词位 WORK9[http://www.oxfordlearnersdictionaries.com/us/definition/american_english] 表示 'the set of all works6'（一套作品集）（参见图2）。
3. S_0（ACTIVE）是一种词汇函数，表示由形容词转化的名词（ACTIVITY）；A_0（POLITICS）表示另一种词汇函数：由名词转化的形容词（POLITICAL）。

图3：例（19）的深层句法结构

句子 S 的深层句法结构是其线性无序**依存树**（dependency tree）（参见词汇表）。

> ➤ 深层句法结构的节点为语义完整的词汇单位，并辅以语义**语法素**（grammemes），即语义完整的屈折变化形式，如名词的数、限定词或动词的语态、时态、完成式和进行式。如：
> – 词位 $DIGIT_{PL, DEF}$（=*the digits* 那些数字）；
> – 习语 'STEP ON THE GAS'$_{COND, PRES, PERF, NON-PROGR}$（=*would have stepped on the gas* 本来会踩在草坪上）。
> ● **深层词汇单位**。S 的深层句法树包括 S 中所有的完整词汇单位，不包括结构词汇单位：助动词、冠词、支配介词、连词和代词（HE、SHE 等）。在合成时，深层句法结构中是不包括代词的，而需要还原成相应的名词。我们可以看到在图3中，并没有出现代词 HE 和 HIS，显示的是名词 ORWELL。

完整词汇单位也叫作**深层**词汇单位，包括四种类型：

1）常见完整词汇单位。

2）**习语**，即非组合词组，如⌜KICK THE BUCKET⌝（去世），⌜BEAT AROUND THE BUSH⌝（拐弯抹角），⌜TOOTH AND NAIL⌝（竭尽全力），⌜PIECE OF CAKE⌝（小菜一碟）等。在深层句法结构中，习语以一个节点表示。这是因为尽管习语由几个词构成，却只是一个词汇单位。（复杂语言符号的合成性和非合成性参见5.2.2；习语用⌜ ⌝表示。）

3）**词汇函数**（lexical functions）[= LFs] 描述了**语义派生**（semantic derivatives）和短语——**搭配**（collocations）：[12]

S_0（ADMIRE）= admiration（钦佩）　　　　　vs.

S_0（LEGITIMATE）= legitimacy（合法）

S_1（ADMIRE）= admirer（钦佩者）　　　　　vs.

S_1（THREATEN）= threat [something that threatens]（威胁）

Adv_2（RISK）= at the risk [of N]（处于危险中）　vs.

Adv_2（THREATEN）= under threat [of N]（受到……的威胁）

pay [$Oper_1$] ATTENTION　　　　　　　　　vs.

use [$Oper_1$] CAUTION（注意）

play [$Oper_1$] an important [Magn] ROLE　　vs.

have [$Oper_1$] a vital [Magn] SIGNIFICANCE（作用重大）

take [$Oper_2$] an EXAM　　　　　　　　　　vs.

undergo [$Oper_2$] a TEST 等（参加考试）

4.2将具体介绍词汇函数。

4）**虚拟词位**（fictitious lexemes）（用《 》表示）表示语义完整的句法结构；这一结构与词汇单位的意义相近。因此，在英语结构 V–**subj** → N_X 中，$V_{IRREALIS}$ + N_X, *（"非现实语气的主动词，后跟主语"）表示 'if'（如果）：

Had Mary$_X$ **loved us, she would come** ≡ **If Mary had loved us...**，（如果玛丽爱我们，她就来了。）

---

* 我们认为这一结构有五种语态：陈述（*John is quiet*）～祈使（*John, be quiet!*）～subjunctive 虚拟（*He orders that John be quiet*）～irrealis 非现实（*If John were quiet,...*）～条件（*John would be quiet...*）；参见 Mel'čuk & Pertsov 1987: 169。

Were I rich, I would buy the house ≡ *If I were rich...*（如果我有钱，就会买下这栋房子）

在深层句法结构中，这个结构用虚拟词位 «IF» 表示：

if Mary had loved... ⇔ IF–II → LOVE$_{\text{IRREALIS, PAST}}$–I → MARY

vs.

had Mary loved... ⇔ «IF»–II → LOVE$_{\text{IRREALIS, PAST}}$–I → MARY

虚拟词位的意思既可能与真实词位的意思相同，也可能不同。«IF» 等价于 IF，但 «IF» 只能与动词的虚拟语气一起使用，而 IF 则要使用陈述语气。[13]

根据语义模块的语义-词汇规则，所有深层词汇单位都可表示在深层句法结构中，参见 3.3 中的语义规则 $R^{\text{Sem}} 2$。

- **深层语法素**（deep grammemes）。可屈折变化词位的最终形式由语义语法素决定（**语义语法素** semantic grammeme 有语义源，与语义结构中的语义配置对应）。英语中，名词有特指（定冠词～不定冠词～无冠词）和数之分（单数～复数）。动词有语态（陈述～命令～虚拟～非现实～条件）、时态（现在～过去～将来）、完成时（完成时～非完成时）和进行时（进行时～非进行时）之分。

所有深层语法素都将通过语义模块中的语义-语法规则在深层句法结构中表示出来。参见 3.4，语义规则 $R^{\text{sem}} 4$。

➤ 深层句法结构中的**箭头**（= arcs）标记了深层句法关系 [= DSyntRel]。上文所提到的语义关系数目都是独特的，深层句法关系则不同，指明了句法结构中最通用的类型。

深层句法关系可以用来描述任意一种语言，从这个意义上来说，它是通用的。

- 各语言的句法结构都可分为两类：并列结构和从属结构。并列结构又可用两种深层句法关系来描述：**并列和伪并列**（COORD（inative）和 PSEUDO-COORD）。

注：在之前的出版物中，伪并列深层句法关系（PSEUDO-COORD）以及相应的表层句法关系都称为"类并列（quasi-coordinative）"。这里，

我们尝试进行一些改进。如果某个成分并非 X，但是在合适的条件下，可以和真正的 X 混用（如类符号、类语法素、类语素等），我们使用前缀"类-（quasi-x）"。如果一个成分不是 X，而且也不能和 X 混用，只是与 X 有极大的相似性，我们便可称为"伪 X（pseudo-x）"。表层句法关系中这两个说法的区别同样适用。

- 从属结构又分为弱从属和强从属。弱从属结构用（附加的）深层句法关系（APPEND（itive）DsyntRet）表示。
- 强从属结构分为两种：修饰与论元深层句法关系。

修饰结构用**定语**（ATTR（ibutive））和**描述**（ATTR$_{descr(iptive)}$ DsyntRet）深层句法关系表示。

论元结构用深层句法关系 I，II，…，VI 和 II$_{dir(ect).speech}$ 表示。

> ⚠️ 词位 L 的**深层句法论元**（deep-syntactic actant）[= DSyntA] 是 L 的句法从属词，表示 L 的部分语义论元。在句子 *Because of this John reminded Mary about the exam in my presence*（因此，约翰在我面前向玛丽提起了考试）中，词位 JOHN、MARY 和 EXAM 是 REMIND 的深层句法论元，因为三个词都是根据这个动词的意义（*X reminds Y of Z*）得到的；而 *because of this* 和 *in my presence* 不是动词的论元，只是其自由修饰语。

57　　自然语言的词汇单位至多可以有六个深层句法行为，构成六种论元的深层句法关系；直接引语还可以外加一种深层句法关系作为引导动词的宾语：*Micky shouted*: –II$_{dir.speech}$→ "*Come over right away!*"（"过来！"米基大喊）。

这样，意义-文本方法便有 12 种深层句法关系，现在我举例来说明。

两种并列深层句法关系

- 并列（COORD），如：MARY-COORD → JOHN-COORD → OR ANN ⇔ *Mary, John or Ann*（玛丽、约翰或安）

  并列深层句法关系表示最普通的连接，无论有无连接词。

- 伪并列关系（PSEUDO-COORD），如：

IN-**PSEUDO-COORD**-[NEW YORK] →

ON-**PSEUDO-COORD**-[MANHATTAN] → AT JOHN'S ⇔

[*He stayed*] *in New York, on Manhattan, at John's*.（他待在位于纽约曼哈顿的约翰家里。）

这个深层句法关系展示了一个精心设计的句法结构，一个介词短语后紧跟另一个介词短语，中间没有任何连接词。

☞ 在我们的例子中，方括号分离了与所给例子无关的表达方式，但它们的存在让整个例子更自然。

十种从属深层句法关系

- 一种附加深层句法关系

APPEND，如：

SORRY ← **APPEND**-[I]-BE$_{\text{IND, PRES, NON-PERF, NON-PROGR}}$ BUSY ⇔

Sorry, [*I*] *am* [*busy*].（对不起，我很忙。）

附加深层句法关系中的"额外结构"多为插入语，从属于句子的主动词。

- 两种修饰深层句法关系

ATTR，如：

RED ← **ATTR**-FLAG ⇔ *red flag*（红旗）

MAN-**ATTR** → OF [GREAT COURAGE] ⇔ *man of* [*great courage*]（有勇气之人）

VERY ← **ATTR**-INTERESTING ⇔ *very interesting*（很有趣）

DRIVE$_{(\text{v})}$-**ATTR** → FAST ⇔ [*John*] *was driving* [*very*] *fast*（开得很快）

这种深层句法关系表示修饰结构的所有类型（除描述性修饰结构外）。

ATTR$_{\text{descr}}$，如：

MARY-**ATTR**$_{\text{descr}}$ → TIRED [AND HUNGRY] ⇔ *Mary, tired* [*and hungry*]（玛丽又累又饿）

这一深层句法关系表示描述性修饰结构，这个结构并不能限制其修饰对象的意义，只能让修饰对象更为具体。

- 七种论元深层句法关系

I，如：JOHN ← **I**-READ ⇔ *John is reading*（约翰在看书）；

MY ← I-TRIP ⇔ *my trip*（我的旅行）；

TRANSLATION-I → BY JOHN ⇔ *translation [of this novel] by John*
（John 翻译了这本小说）

II，如：BOOK ← II-READ ⇔ *[John] is reading a book*（约翰在看一本书）：

JOHN ← II-EXPULSION ⇔ *John's expulsion*（约翰被开除了）

FOR-II → JOHN ⇔ *for John*（为了约翰）

III，如：

BOOK ← II-SEND-III → JOHN ⇔ *[Mary] sends a book to John*
（玛丽送了约翰一本书）

IV-VI，如：

HUNDRED DOLLAR$_{PL}$ ← II-LEND-IV → MONTH ⇔

[Would you] lend [me] $$100 for a month?

（你可以借我100美元一个月吗？）

ISTANBUL ← III-MISSION-IV → MONTH ⇔
  └ V → STUDY

a mission to Istanbul for a month to study Turkish（一个去伊斯坦布尔学习一个月土耳其语的任务）

II$_{dir.speech}$，如：

WHISPER-II$_{dir.speech}$ → COME$_{IMPER}$ ⇔ *[John] whispered: "Come [back]!"*
（约翰轻声说："过来！"）

深层句法树并未按线性顺序排列，其各节点的排序是无关的，只是为了方便阅读。我们都知道：

‖ 词序作为一种语言方法，用于自然语言中表示句法结构，但不能成为结构的一部分。

因此，在英语中，限定动词前的名词若无前置词，则表明它是该句的主语，而及物动词后的名词则表明它是直接宾语：*Mary*$_{Subj}$ *helps John*$_{DirO}$（玛丽帮助了约翰）。

词序只会出现在句子的深层形态结构中，该层比句法结构更接近文本。形式句法结构所需的另外两种语言方式——句法韵律学（即措辞）和

句法形态学（一致性和支配的标识）亦是如此。这些成分同样不是句法结构的一部分，它们同样最先出现在深层形态结构中。

MTM 的深层句法模块以包括深层句法结构的深层句法表达作为输入。图 3 即展现了深层句法结构。基于这个深层句法表达，该模块输出所有可能的表层句法表达，其中包括（19）的表层句法表达。下一节我们将介绍这个表层句法表达的基本结构，即（19）的表层句法结构。

3.2.4　句子的表层句法结构

句子的表层句法表达包括以下四个有序成分：

表层句法表达（SSyntR）=⟨**表层句法结构 SSyntS**；表层句法-交际结构 SSynt-CommS；表层句法-韵律结构 SSynt-ProsS；表层句法-回指结构 SSynt-AnaphS⟩

这些成分的作用与深层句法结构相同，在此无须赘述。

与深层句法结构相同，表层句法表达的核心是表层句法结构 [= SSyntS]。表层句法结构用词汇单位（外加语法素）及它们之间的表层句法关系表示句子的组织方式，见图 4。

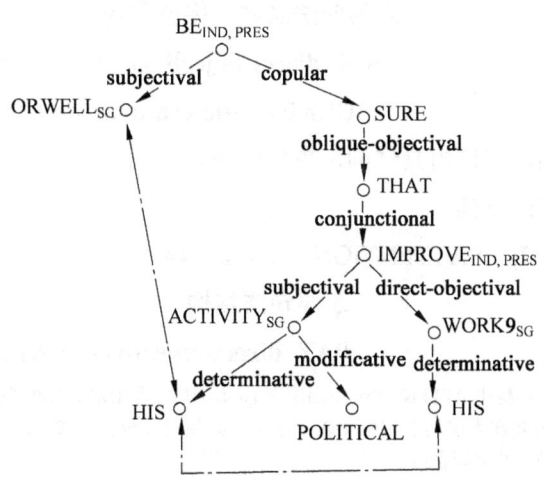

☛　与深层句法表达一样，两个双箭头的虚线表示互指关系，这里指明了代词与**其先行词**（antecedent）之间的关系。（由代词指代的名词或形容词称为先行词；本图中形容词性人称代词 HIS 的先行词为 ORWELL。）

图 4　例（19）的表层句法结构

表层句法表达的其他结构与深层句法表达中的相应结构非常相似,作用也基本相同。

然而,深层句法结构与表层句法结构在标记节点与分支时存在差异。

➤ 表层句法结构的节点为**所有**组成句子的实际词位;同深层句法结构一样,各节点还加上了意义完整的屈折变化值(=语义语法素)。这表明:

- 正如刚刚提到的,表层句法树包括这个句子的所有词位。说得更具体一点,在一个句子的表层句法结构中:
- 所有虚词都标记出来。
- 指示代词也被标记出来(代词化完成后,再用表层句法结构来表示这个句子,如图4中的表层句法结构包含两个形容词性人称代词HIS)。
- 习语被分解为子树表示,其在表层句法模块中的处理方式与表层句法树中其他成分完全相同。比如,

深层句法结构 [一个节点]

'KICK THE BUCKET' ⇔

　　表层句法结构 [完整子树]

　　KICK–**direct-objectival** →

　　　　BUCKET$_{SG}$–**determinative** → THE

- 词汇函数名称由具体词汇单位代替。

深层句法结构

Oper$_1$–**II** → ATTENTION$_{SG, NON\text{-}DEF}$ ⇔

　　表层句法结构

　　PAY–**direct-objectival** → ATTENTION$_{SG}$

☞ 深层句法结构中 ATTENTION 的语法素 NON-DEF(非限定)未出现在表层句法结构中,这是因为要在表层句法结构中表示限定,必须通过**分析形式**(analytical form)实现,即借助独立的虚词表示。

Magn(ATTENTION)← **ATTR**–ATTENTION ⇔

　　　　CLOSE ← **modificative**–ATTENTION

- 表示虚拟的词位要"转变"为相应结构,即变为一个表层句法子树。

深层句法结构	表层句法结构
《IF》-II → L$_{(v)}$ ⇔	L$_{(v)}$ | **主语倒装**

☞ 表层句法树中的最高动词节点要参照**主语倒置**规则，产生符合线性要求的词序（Had he come on time,... 如果他按时到了）。

- 正如深层句法结构只标记了语义语法素，表层句法结构中对词位的屈折变化标记也是不完整的。句法语法素作为一致性和支配（两个主要形态依存关系）的结果，只出现在句子的深层形态结构中。
- 表层句法结构中的分支（BRANCH）标记了表层句法关系。不同于深层句法关系，表层句法关系因语言而异。每种语言的表层句法关系都不同，体现在音素、词素和词位中。一种语言通常拥有几十种表层句法关系。我们这里简单介绍几种英语表层句法关系（完整列表可参见附录 II）。

从属表层句法关系

论元表层句法关系

主语：

I ← **subj**–*got* [*old.*] 我变老了。 \| *It* ← **subj**–*is* [*useful to eat kiwis.*] 吃猕猴桃有用。

To ← **subj**–[*eat kiwis*]–*seems* [*useful.*] 吃猕猴桃似乎有用。

（这三句的主语分别为 I，It 和 To）

伪主语：

[*It*] *is*–[*useful*]–**pseudo-subj** → *to* [*eat kiwis.*] 吃猕猴桃有用。

（这里的伪主语为不定式结构）

直接宾语：

eat–**dir-obj** → *kiwis* 吃猕猴桃；*want*–**dir-obj** → *to* [*eat kiwis*] 想吃猕猴桃

say–**dir-obj** → *that* [*kiwis are good*] 说猕猴桃很好

（直接宾语分别为 kiwis、不定式结构和 that 从句）

间接宾语：

give–**indir-obj** → *Mary* [*a kiwi*] 给玛丽一个猕猴桃；

give–[*a kiwi*]–**indir-obj** → *to* [*Mary*] 给一个猕猴桃给玛丽

（间接宾语分别为 Mary 和 to Mary）

斜宾格：

depend–**obl-obj** → *on* [*circumstances*] 依靠情况；

threaten–**obl-obj** → *with* [*sanctions*] 靠制裁威胁

（斜宾格分别为 on 和 with 引导的词组）

系动词：

was–**copul** → *old* 寒冷；*be*–**copul** → *useful* 有用

（表语分别为 old 和 useful）

比较级：

larger–**compar-obj** → *than* [*life*] 比生命大

more–[*intelligent*]–**Compar-obj** → *than* [*Mary*] 比玛丽更聪明

[*John likes Mary*] *more*–**compar-obj** → *than* [*he does Ann.*] 约翰更喜欢玛丽，而不是安。

[*John likes Mary*] *more*–**compar-obj** → *than* [*Ann does.*] 约翰比安更喜欢玛丽。

（比较级用 than 标记）

非论元表层句法关系

限定：

the←**determ**–*book* 这本书；*our*←**determ**–*book* 我们的书；*this*←**determ**–*book* 这本书

（这里的限定词分别为 the，our 和 this）

修饰：

interesting←**modif**–*book* 有趣的数；*German*←**modif**–*book* 德语书

（修饰词分别为 interesting 和 German）

所有格：

John's←**poss**–*book* 约翰的书；*John's*←**poss**–*birth* 约翰的出生；

[*next*] *week's*←**poss**–*party* 下周的聚会

（所有格分别为 John's，John's 和 week's）

条件：

runs–**circum** → *fast* 跑得快；*immediately*←**circum**–*left* 马上离开；

[*John*] *works*–**circum** → *Fridays*. 约翰周五工作。

[*John*] *lives*–**circum** → *in* [*Canada*.] 约翰住在加拿大。

[*John*] *shouted*–**circum** → *at* [*the top of his voice*.] 约翰扯着嗓子喊。

[*Greece*] *fell*,–**circum**→*because* [*part of it was intellectually paralyzed*.] 希腊衰落了，因为它的一部分已经被麻痹了。

（条件分别为 *fast*，*immediately*，*Fridays*，*in* [*Canada*.]，*at* [*the top of his voice*.]，*because* [*part of it was intellectually paralyzed*.]）

并列表层句法关系

并列：

walks–**coord** → *swim*–**coord** → *runs*　　⇔ *walks, swims, runs*

　　　　　　　　　　　　　　　　　　　走路，游泳，跑步

walks–**coord** → *swims*–**coord** → *and* [*runs*] ⇔ *walks, swims and runs*

　　　　　　　　　　　　　　　　　　　走路，游泳和跑步

伪并列：

tomorrow–**pseudo–coord** → *at* [*seven*] 明天七点

从形式上来看，表层句法结构和深层句法结构一样，也是线性无序依存树。

MTM 的表层句法模块将包括表层句法结构在内的表层句法表达作为其输入，如图 4 所示，并以此构建包括（19）在内的所有可能句子的深层形态表达，我们将在下节的图 5 中说明。

3.2.5　句子的深层形态结构

句子的深层形态表达 [= DMorphR] 有两个组成部分。

深层形态表达（DMorphR）=〈**深层形态结构 DMorphS**；深层形态-韵律表达 DMorph-ProsR〉

DMorphS 是句子的**深层形态结构**（deep-morphologicl structure），是组成句子的所有词形的深层形态表达的有序线性组合。这里，词形的深层形态表达指该词形所属的词位外加所有相关的语法素、语义和句法标记；如 WRITE$_{\text{IND, PAST}}$ 表示 *wrote*（写），STRONG$_{\text{COMPAR}}$ 表示 *stronger*（更强壮），WRITE$_{\text{IND, PRES, 3SG}}$ 表示 *writes*（书写），WE$_{\text{OBL}}$ 表示 *us*（我们）。

深层形态表达的另一构成部分是**深层形态-韵律结构**（deep-morphhological-prosodic structure）。该结构将句子分为几个韵律结构（=短语）、不同重音和语调。

↗ ↘
ORWELL$_{\text{SG}}$ BE$_{\text{IND, PRES, 3, SG}}$ CONVINCED ‖
↘ ↘ ↘
THAT HIS POLITICAL ACTIVITY$_{\text{SG}}$ | IMPROVE$_{\text{IND, PRES, 3, SG}}$ HIS WORK$_{\text{SG}}$ ‖ （奥威尔确信他的政治活动提高了他的工作。）

☞ 竖线 |、‖ 和 ‖ 表示不同长度的停顿；"↗"和"↘"表示声调的升降。

图5：例（19）的深层形态表达

MTM 的深层形态模块以包括其深层形态结构在内的深层形态表达为输入（图5），构建所有可能的表层形态表达，这样便构成了（19）的表层形态表达；我们将在下节图6中看到。

3.2.6 句子的表层形态结构

句子的表层形态结构表示句子所有词形的有序线性组合；其表层形态-韵律（SMorph-ProsS）与深层形态结构几乎相同，只有些许差异。每个词形都由若干词素构成：

↗ ↘
{ORWELL} ⊕ {SG}　　{BE} ⊕ {IND.PRES} ⊕ {3.SG} {CONVINCED} ‖
↘
{THAT}　　　{HIS}　　　{POLITICAL}　{ACTIVITY} ⊕ {SG} |
↘ ↘
{IMPROVE} ⊕ {IND.PRES} ⊕ {3.SG}　　　{HIS}　　　{WORK} ⊕ {SG} ‖
（奥威尔确信他的政治活动提高了他的工作。）

☞ 1. 一个花括号表示一个词素。词素指一组所指相同、互为补充的语素。因此，词素 {PL}（复数）可包括下列语素形式：/s/, /z/, /ɪz/, /ən/ (*ox+en*), /aˈ/ (*alumn+i*) 等。
2. 词汇词素为相应的词位，而屈折变化词素则是其表示的语法素。
3. 符号 ⊕ 表示形成**语言合成**（linguistic union），参见 5.2.2。

图6：例（19）的表层形态表达

若一种语言拥有丰富的形态,语法素会变化无常地出现在词素中[14]。它们在深层形态结构中表示为语法素,而在表层形态结构中则明确为屈折词素,即一组表示语法素的符号。

依据表层形态表达,如图6所示该表达的基础结构——表层形态结构,表层形态学模块输出所有可能的深层语音表达,如产生例(19)的深层语音表达。MTM中的深层语音模块联系了深层语音表达和相应的表层语音表达,后者是MTM的最高层。表层语音表达的实现是一系列语言声音依据语言韵律学形成的、并遵循语音机制,这不属于MTM的研究范畴。

这里我不再构建例(19)的深层语音表达和表层语音表达。

3.2.7 世界的言前表达:概念表达

现实生活中,说话者可能并不是由语义表达出发来构建自己的话语的(前文我一直都是这样假设的)。句子的语义表达源于说话者想传达、想交流的信息。在意义-文本方法中,这一"言前"信息由**概念表达**(conceptual representation)[= ConceptR] 表示。然而,关于概念表达尚未有详细说明,所以这里我只能做一些概述(参见 Mel'čuk 2001:89,154—155)。

概念表达是现实世界反映在大脑中的意象,是独立于语言的。这是说话者感知到的现实的不连续性(=象征性)表达,也就是说现实已经过说话者的情感过滤器过滤,尚不满足语言的性质和要求。我们举例进行说明。

假设一位研究者想要一个完整(但有限的)的语言模型来口头描述肖像。说得更具体一点,这个模型可以通过英语描述人的面部。首先研究者需要根据已有人类面部特征的研究,了解与面部相关的言前表达(概念表达),这一表达或多或少独立于某种特定语言。首先他需要列出面部所有组成部分,列出它们的各项指标,并指明这些指标可能对应的所有特征,参见图7。* 概念表达可以产生几种语义表达,这点我们可通过英语短语(23a)及相应俄语翻译(23b)看出。

---

* 有关英语和俄语中的人体,特别是面部的语言描述,参见 Iordanskaja & Paperno 1996。

NOSE 鼻子		
	Size 大小	: big 大
	Thickness 厚度	:
	Form 形状	:
	Upper line 上线条	: straight 直
	Color 颜色	:
	Surface 表面	:
LIPS 嘴唇		
	Size 大小	:
	Thickness 厚度	: more than average 比一般厚
	Form 形状	:
	Color 颜色	:
	Surface 表面	:
	Openness 张合	: small 小
	Expression 表达	:
CHIN 下巴		
	Size 大小	: big 大
	Form 形状	: slightly rounded 微圆
	Surface 表面	:
	Expression 表情	: strong-willed 意志坚强的

图7：面部的部分概念表达

(23) a. *his high-ridged, powerful nose, the full, open mouth, the hard, slightly rounded chin*

（他的高鼻梁、张大的嘴、厚重而微圆的下巴）

b. *egoprjamoj krupnyjnos, polnye, slegka priotkrytye guby, tjažëlyj, nemnogo okruglënnyj podborodok*

（他的直大鼻梁、张大的嘴唇、厚重而微圆的下巴）

严格来说，短语（23a）和（23b）并不同义，因为它们的言内意义不同。也就是说，'high-ridged [nose]' ≠ 'straight [nose]'，'powerful [nose]' ≠ 'big [nose]'，'hard [chin]' ≠ 'heavy [chin]' 等。然而，我们还是可以认为这些短语是同义的，因为它们描述了相同的实体——外观相同的鼻子、嘴唇和下巴。

（23a）和（23b）语义表达的区别类似于'Sir Walter Scott'（沃尔特·斯科特先生）和'the author of *Waverley*'（《威弗利》的作者）意义的区别，这一点拉塞尔（Fregeand Russel）已做过详细讨论。尽管它们的意义有异，但却指向了同一个人。识别这位作者的过程相当于我们所说的概念表达。

我们提出的这一语言模型，即 MTM，是表示语言行为的更大、更一般模型的组成部分。这个更一般的模型可以称作感知的世界 ⇔ 言语模型，参见图8。

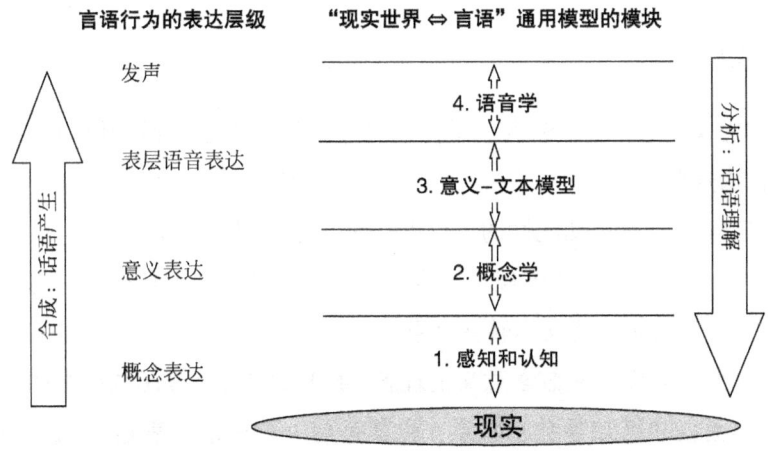

图8：现实世界 ⇔ 语言模块的表达层和主要模块

我们可以根据下面五个层次来描述言语行为，这里暂不考虑语言内部表达，即意义-文本模型内的表达。

1. 现实世界，包括说话者和他的知识（幻想）；更确切来说，通过洞察和记忆获取的、存于内心的**连续**影像。
2. 概念表达：说话者头脑中关于世界的**离散**图像，由说话者自己选择。
3. 意义-文本模型中的语义表达：意义的**离散**表达，通过言语表述。
4. 意义-文本模型中的语音表达：声音的**离散**表达。
5. 清晰的声音：**连续**的听觉现象（回归现实）。

这些表达和四个主要模块相联系：

- 将头脑中对这个世界的连续表达转化为离散的概念表达，这一心理机制尚未命名。
- 将对这个世界的概念代表转变为语义表达，这一过程受说话者语言的影响。这一机制可以称作**概念化**（conceptics）。
- 将语义表达转变语音表达，这便是一个简单的意义-文本模型。
- 将语音代表转变为真实声音，这便是**语音学**（phonetics）。

以上便是语言学理论和实证研究的框架。

3.3 意义-文本模型的模块

3.3.1 介绍

向意义-文本模型输入一系列同义句的语义表达，便能以口头或书面方式输出这些句子。

MTM本身就是功能性的，可以从两个方面理解功能性。

- 一方面，MTM模拟了语言的运作：说话者做了什么——将意义转变为文本或将文本转变为意义。
- 另一方面，从数学意义上理解，MTM本身是按函数组织的：这个函数和已知参数相联系，也就是与一个由语义表达表示的特定意义'σ'相联系，函数值是一组表示这一意义的同义文本$\{T_i\}$。用公式表示就是，

（24）a. $f_{语言}('σ') = \{T_i('σ')\}$；这是**语言合成**（linguistic synthesis）过程。

这个过程还可以反过来看，应用于文本T，便可得到一组意义'$σ_j$'。

b. $f_{语言}(T) = \{'σ_j'(T)\}$；这是**语言分析**（linguistic analysis）过程。

我相信
‖ 通过这类模型能更好地完成自然语言的学习和描述。

为了让这一陈述更为具体，我将更详细地介绍意义-文本模型的特征。我们在前文中已经说过，意义-文本模型包括六个独立的模块，每一

个模块连接了两个相邻层级的语言表达。意义模块指明了某个语义表达与相应所有具有相同意义的深层句法表达之间的联系。深层句法模块指明了某个深层句法表达和所有相应表层句法表达之间的联系。其他模块亦然。现在，我将更详细地阐明每一个模块应用了哪些规则，进而实现（19）中各层级语言表达之间的转变。我们将按照句子的合成步骤，由图2中的意义表达开始，即严格按照意义-文本模型的合成顺序进行。

 1. 下面的规则都以简化的形式给出，特别是它们的使用条件未详细指明。

2. 阴影指明了规则使用的**语境**（context）：规则的这些组成部分未参与具体的对应关系，但限制了其使用条件。

3.3.2 语义模块

语义模块的规则，或称语义规则，根据以下三个标准分类：语义释义规则、语义表达 ⇔ 深层句法表达转变规则和深层句法释义规则。

☞ 这里的规则是按出现的顺序排列的。

3.3.2.1 语义释义："SemR$_i$ ≡ SemR$_j$"规则

这些规则给出了所有可分解义素的语义分解方式，它们对于建立等价语义表达非常重要。如果从左至右来看，语义释义规则扩展了语义结构，加深了分解深度。而如果从右向左来看，则降低了分解深度，减少了语义结构。

语义释义规则 1

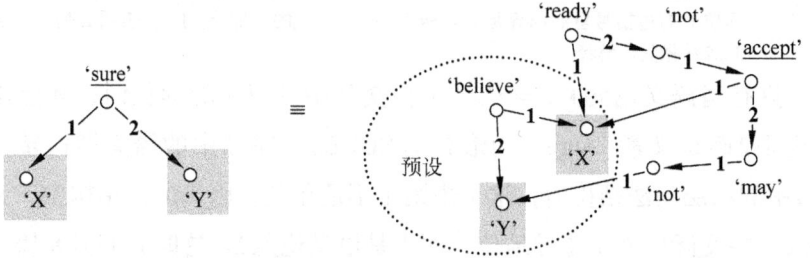

☞ 注意：语义结构中带有下划线的节点（= 'sure'）在交际中占支配地位。如果没有这个节点，整个语义结构的意义将会受损。**预设**是一种意义-交际值，我们将在下文中再做解释，参见注释19。

右图中的语义网络等同于线性表达方式'| [believing that Y,] | X is ready to not-admit that that it may be non-Y'（X 相信 Y，准备承认那是 Y）。这句话实际上是形容词 SURE（确认）的定义，是《详解-组合词典》中 SURE 的一个条目，详见 5.4。这个语义分解的线性构成方式将在 4.1（28a）中介绍。

3.3.2.2 语义转变："SemR$_i$ ⇔ DSyntR$_k$"规则

语义转变规则的左边包含一个义素，右边为深层句法结构中可能出现的三个语言单元的一个：词汇单位、语法素或深层句法结构中的分支。相应地，语义转变规则有三种类型：词汇、语法和结构。因此，一个转变语义规则描述了以下转变过程。

- 由义素（义素组合）转变为相应词汇单位（规则 2 和 3）或相应语法素（规则 4）；
- 由语义依存转变为相应深层句法依存（规则 5）。

词汇转变

语义规则 2

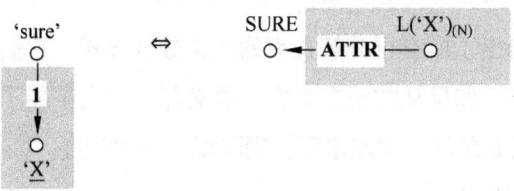

☞ 规则右边 L（'X'）表示《表达意义'X'的词汇单位 L》。
词位 L 右边括号里的内容是 L **句构**（syntactics）的一部分，L$_{(N)}$ 表明 L 是一个名词。5.2.2 将做具体解释。

只有当语义论元 1（⇔ 'X'）在交际中处于主导地位时，才能由语义规则 2 确认义素 'sure' 为形容词 SURE。将图 2 中的语义结构转变为图 3 中的深层句法结构时，这个规则是不适用的，因为语义结构中，义素 'sure' 在交际中处于主导地位，而不是语义论元 1。这时我们需要增加一条新的词汇语义规则。

语义规则 3

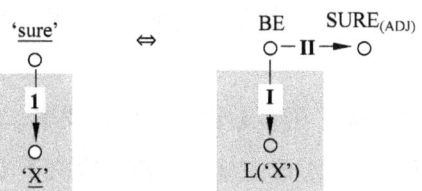

在英语（很多印欧语系语言）中，形容词不能作为句法树的最高节点，规则3引入系动词 BE 支配 SURE，因此保证了深层句法结构的完整性。[15]

 语义规则 'sure' 的语义论元 **2**（⇔ Y）（*sure of his charm*$_Y$ 确信他的魅力，*sure to achieve*$_Y$ *his goal* 确定实现他的目标，*sure that Mary is*$_Y$ *happy* 确定玛丽开心）在句法上是依据语义规则 **6** 实现的。

⚠ 语义规则 **1**（从右至左）和语义规则 **2/3**（从左至右）便组成了词位 SURE 的一个词项的中心部分：语义规则 **1** 给出了其词典意义，或者说语义分解，而语义规则 **2/3** 则指明了其词汇和句法特征。

世界上任何一种语言通过这样的语义规则组合得到的词项数目为50到100万。实现词汇转变的语义规则构成了《详解-组合词典》[= ECD]，这是 MTM 语义模型的中心部分。

我不再介绍语义转变规则的其他类型，如**习语语义规则**（idiomatic Sem-rules），该规则将习语作为单个节点引入深层句法结构。也不再介绍**构式语义规则**（constructional Sem-rules），该规则介绍了带有语义的句法结构——**虚拟词位**（fictitious lexemes）[16]。

语法素转变

语义规则 4

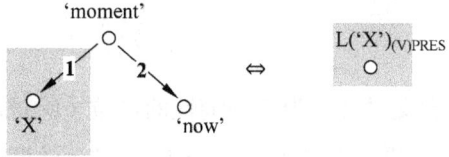

规则4告诉我们想通过英语表示意义 'moment of X is now'（事件 X 在说话的这一时刻发生），可借助语法素 PRES（ent）（现在时），而且必

须跟表示'X'意义的动词连用,形成 L('X')$_{(V)}$。在合成图 3 中的深层句法树时,需要使用两次这一规则:动词 BE 以及 IMPROVE 都与语法素 PRES 连用。

这一类型的规则涵盖了语言 L 语法素的语义学。(换句话说,它们组成了语言 L 的形态语义学。)这些规则的数目取决于语言 L 形态的复杂程度,一般为 10—100 个。

结构转变

结构转变规则要完成两项任务:构建深层句法结构的最高节点(参见 Mel'čuk 2001:38—48)和边。这些规则为语义规则 5—7。

语义规则 5

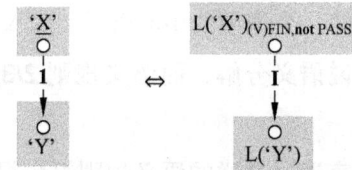

如果交际主导意义'X'是由主动态的限定动词表达的,语义规则 5 便可将语义关系 1(Sem-relation 1)转变为深层句法关系 I(DSynt-relation I)。

'kill–1 → hunter' ⇔ HUNTER ← I–KILL$_{FIN,\ not\ PASS}$ ⇔

The hunter kills [*the wolf.*](猎人杀了狼)

这一规则适用于及物动词的主动形式和不及物动词。

语义规则 6

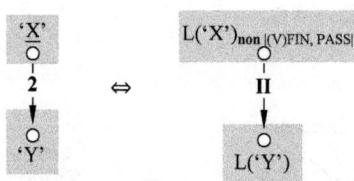

如果交际主导意义'X'为任一词性的词位(除被动态的限定及物动词外),语义规则 6 将语义关系 2(Sem-relation 2)转变为深层句法联系 II(DSynt-relation II)。

'kill–2→wolf' ⇔ KILL$_{\text{NON PASS}}$–II→WOLF ⇔ *[The hunter] kills the wolf.*
（猎人杀了狼）

'sure–2→ charms' ⇔ SURE–II → CHARM$_{\text{PL}}$ ⇔ *sure of [his] charms*
（确信他的魅力）

这一规则涵盖了除被动态限定及物动词外所有词位的情况。

语义规则7

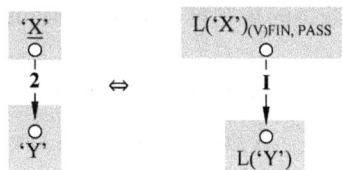

如果交际主导意义'X'为被动态限定动词，语义规则7将语义关系2（Sem-relation 2）转变为深层句法关系 I（DSynt-relation I）。

'kill–2→wolf' ⇔ WOLF ← I–KILL$_{\text{FIN, PASS}}$ ⇔
　　　　　The wolf was killed [by the hunter.]（那匹狼被猎人杀了）

语法素 PASS（ive）由实现语法转换的语义规则实现，这里考虑到语义从属词，即意义'Y'是这个句子的**主位**（theme）。

另外两种语义转变规则不再介绍。

- 规定交际结构的规则。这一规则建立在最初的意义-交际结构（Sem-CommS）基础上，构成了句子的深层句法-交际结构（DSynt-CommS）；
- 确保根据语义模块得到形式完整的深层句法树的规则。

3.3.2.3 深层句法释义："DSyntRk1 ≡ DSyntRk2"规则

这些规则保证深层句法释义（DSynt-paraphrases）的数目达到最大值，亦可称为**多重语义合成**（multiple semantic synthesis），这也是这里将这些规则纳入语义模块的原因。下面举两个例子来说明。深层句法释义系统在 Žolkovskij & Mel'čuk（1967）中有详细阐述，也可以在 Mel'čuk（2013）：137—197中找到详细解释。

深层句法释义系统是通用的，它以词汇函数为基础，因此，不局限于任何一种语言。（4.2详细介绍了词汇函数）

深层句法释义语义规则 8

$$L_{(v)} \circ \equiv \text{Oper}_1(S_0(L)) \circ\text{–II}\rightarrow \circ S_0(L)$$

这一规则描述了动词 [= $L_{(v)}$] 与词组之间的语义对等关系，该词组的基础是该动词对应的行为名词 [= S_0]，搭配是这个行为名词的"半辅助"动词 [= Oper_1]。这种类型的规则称为**裂变**（**fissions**），如：

（25） X *aids* Y　　　≡　　X *comes to the aid of* Y　　（X 帮助 Y）

　　　 X *resists* Y　　≡　　X *puts up a resistance to* Y　（X 抵抗 Y）

　　　 X *blunders*　　≡　　X *commits a blunder*　　　（X 承认犯了错）

　　　 X *sighs*　　　 ≡　　X *heaves a sigh*　　　　　（X 叹气）

深层句法释义语义规则 9

$$L_{1(v)} \circ \text{–II}\rightarrow \circ L_{2(v)} \equiv L_{2(v)} \circ \text{–ATTR}\rightarrow \circ \text{Adv}_1(L_{1(v)})$$

规则 9 表示另一种语义等价关系，即两种深层句法配置的等价关系：**依存逆转**（dependency reversal），本来处于支配地位的词汇变成了从属词，而之前的从属词则变成了支配词。

（26） X *hurried* → *to leave.*　　　≅　　X *left* → *in a hurry.*
　　　　　　　　　　　　　　　　　　　　（X 急急忙忙离开了）

　　　 X *used* → *to drink coffee.*　≅　　X *usually* ← *drank coffee*
　　　　　　　　　　　　　　　　　　　　（X 经常喝咖啡）

　　　 X *continues* → *to drink coffee.* ≅　X *drinks-[coffee]* → *as much as before.* （X 继续喝咖啡）

3.3.3　深层句法模块

从逻辑上来说，深层句法模块或深层句法规则和语义模块一样，根据相应准则分为：深层句法释义的规则、深层句法表达 ⇔ 表层句法表达转变规则和表层句法释义规则。然而，我们已经介绍了深层句法释义规则的特点，表层句法释义规则也难不倒我们。因此，这里我们只介绍深层句法表达 ⇔ 表层句法表达转变规则。

深层句法表达 ⇔ 表层句法表达转变规则的左边可为下列三种类型：深层词汇单位、深层（＝语义）语法素或深层句法关系。同样，深层句法转变规则也有三种类型：词汇、语法素和结构。

词汇转变的**深层句法规则**又可分为四种类型：词位规则、习语规则、词汇-函数规则和结构规则。

词位转变

相应转变规则的表现很不明显，因为深层句法结构中的完整词位在表层句法结构中仍保持不变。

习语转变

习语的深层句法规则将深层句法结构中标记为单个节点的习语扩展为表层句法树。

深层句法规则1

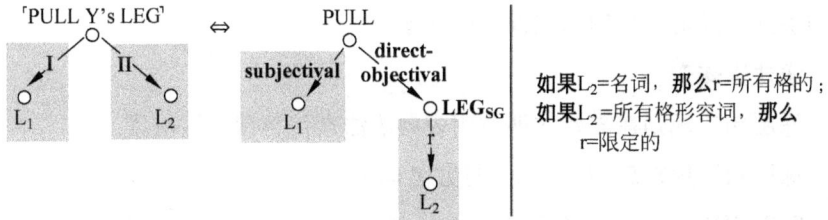

深层句法规则1将习语 'PULL Y's LEG'（"出于娱乐的目的，告诉Y一个无恶意的谎言"）扩展为完整的表层子树。

词汇-函数转变

相应的深层句法规则根据词汇函数中关键词（＝对应搭配的基础）的词项信息确定函数值。

深层句法规则2：

Oper₁（ATTENTION）-Ⅱ→ATTENTION_SG ⇔ PAY-Ⅱ→ATTENTION_SG（注意）

深层句法规则 3:

Magn(ATTENTION) ← **ATTR**–ATTENTION$_{SG}$ ⇔ CLOSE ← **ATTR**–ATTENTION$_{SG}$ (不注意)

☞ 我们从上面的例子中看出，词汇的深层句法关系应表示某一类型而不是单个词汇单位。也就是说，句法关系以规则图式的形式出现。然而，本书中，我选择避开抽象的规则图式，确保展示得更为清楚、更容易理解。

结构转变

该深层句法规则将一个标记有意义的句法结构的虚拟词位替换成这一结构的表层句法树。

深层句法规则 4

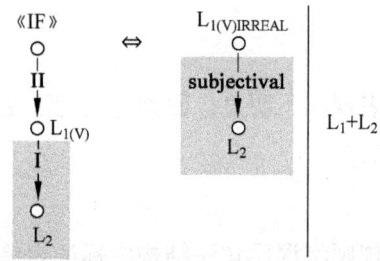

☞ 虚拟语气中，谓语动词 L_1 位于主语 L_2 之前：Were$_{L_1}$ John$_{L_2}$ around today, we would be safer. (如果今天约翰在的话，我们会更安全些。)

以上便是深层句法规则中词汇转变的四个部分。现在，我继续介绍深层句法规则的第二种和第三种主要类型。

语法素转变

深层句法规则在需要的地方用表层语法素代替深层语法素。

深层句法规则 5（只能用于复数名词）

SCISSORS $_{(pl!)\ SG}$ ⇔ SCISSORS $_{(pl!)\ PL}$

☞ "!" 表示 "只有"，即 N$_{(pl!)}$ 表示该名词只能使用复数。

这里，语义上的单数（'一把剪刀'）被形式上的复数取代。

结构转变

这些深层句法规则要么借助**结构词**（structural word）（如介词）和相应表层句法结构的边实现深层句法关系，要么借助一种表层句法关系实现。

深层句法原则6

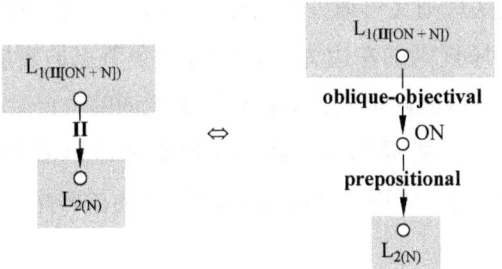

这一规则描述了以介词为支配词支配的一组词汇单位，如 DEPEND [*on*]（依靠）、INSIST [*on*]（坚持）、FEED [*on*]（喂养）等。更确切地说，词汇单位 L_1 的下标"（**II** [ON + N]）"*说明 L_1 的深层句法论元 **II** 通过介词 ON 实现。类似这样的下标构成了 L_1 的支配模式。

词汇单位 L 的**支配模式**（government pattern）指明了 L 深层句法论元的实现方式（参见 3.2.3；Mel'čuk 2004）。因此，在英语中我们说 we help somebody（我们帮助某人），然而在俄语中要说 one helps **to** somebody（*pomogat' komu*）；英语中说 we wait **for** somebody（我们等某人），但在法语中表示为 one waits somebody（*attendre quelqu'un*），德语中为 on somebody（*auf jemanden warten*）。这一信息反映在词汇单位所属词项的支配模式中，这样，结构转变深层句法规则才能选择合适的介词或语法格。

3.3.4 表层句法模块

表层句法模块规则对表层句法结构进行如下三种操作：线性化（≈词序）、形态化（≈屈折变化）和韵律。因此，这个模块：

– 按照线性化方式组合句子的词位；
– 标识出词位的语法素（包括表层句法结构中的语义语法素以及由该模块得到的句法语法素）；
– 将词位串切分成词组，每一个词组都遵循合适的韵律（停顿、分组和句中重读、语调）。

---

* 这一下标是 L_1 语法的一个特点；更多语言符号的语法信息参见 5.2.2。

相应地，表层句法规则也分为三种类型：排序、屈折变化和韵律。

排序表层句法规则又可细分为三种：局部、类局部和全局规则。

一个局部排序规则的左边为一条拥有两个节点的表层句法结构的边；只需根据局部语境就能确定从属词相对于支配词的位置。

从本质上来说，类局部和总体排序规则都使用了交际信息和更广的（仅受句子边界限制）语境。这些规则过于复杂；因此，我们只介绍局部排序规则。

局部排序

表层句法规则1

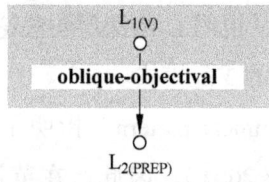

☞ 省略号"..."表示可以在 L_1 和 L_2 中插入词汇。

A British man has been found$_{L_1}$ dead outside a hotel in$_{L_2}$ eastern France. ~
（一个英国人死在法国东部的一个旅馆外。）

In$_{L_2}$ eastern France, a British man has been found$_{L_1}$ dead outside a hotel.
（在法国东部，一个英国人死在一个旅馆外。）

根据表层句法规则**1**，一个从属于句中谓语动词的介词（说得更确切一点，介词加上其从属名词以及该名词的所有从属词，即整个介词组）既可位于其表层句法支配词之后，也可以位于其前面。我们可以看到在这条规则右边并没有"+"，参见下一条规则。介词及其从属词相对于支配动词的位置由全局词序规则决定，本书不做探讨。

表层句法规则2

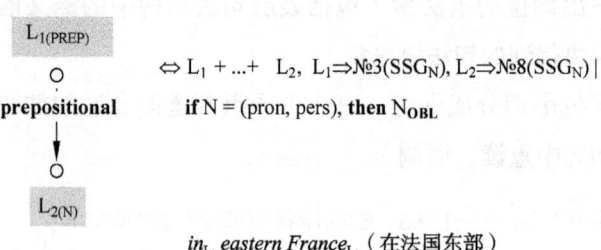

in$_{L_1}$ eastern France$_{L_2}$（在法国东部）

表层句法规则 2 规定：1）介词位于被支配名词前，2）介词和名词的位置遵循该名词的简单句法组的原则 [= SSG$_N$，参见下文]，3）如果名词是人称代词，则需加上表斜格的语法素（*for me*, *without her*）。

SSG 保证句法树按线性顺序排列，对此，我们可以这样理解：

- 一般情况下，某一词性的词汇单位 L$_{(PoS)}$ 的 SSG 是一种线性图式，可以用来规定 L$_{(PoS)}$ 的直接从属词的位置。注意 SSG 不仅能确定名词的从属词的位置，还能确定两个可能的直接支配词的位置，即并列连词和介词，这两种词相对于名词也有固定的线性位置。
- 在一个 SSG 中，词性的组合方式不受句中其他成分的影响，因为组合方式只根据一种严格的线性模式确定，见下文。
- 一个简单句法组之所以**简单**（simple），是因为它不包含任何其他相同类型的句法组，这里列举一些 SSG$_N$：*a month*（一个月），*for a month*（一个月了），或 *for all these three horrible months*（在这可怕的三个月）等。

英语中一个名词的 SSG

1	2	3	4	5	6	7	8	9
CONJ$_{coord}$	PARTICLE	PREP	ADJ$_{quant}$	ADJ$_{det/poss}$	NUM	ADJ	N	Ψ$_{invar}$
but	only	for	all	the/these/our	seven	interesting	examples	(13)

☞ 1. 位置 5 应该是冠词或指示、疑问、所有格形容词。
2. 位置 7 可以是一系列形容词，如 *expensive interesting French book*（昂贵的、有趣的法语书）。这些形容词的排列方式也有特定规则。
3. 位置 9 的 Ψ$_{invar}$ 表示所有非英语表达：数字、符号或者外语词等等。
4. 每个位置不仅可以由相应等级的元素填充，还可以由不同类型的 SSG 填充，如带有 NOT 的成分（*not only*，*not all*，…）、带有从属词的形容词（*a hard to swallow solution* 一个难以接受的解决方案）、有名词修饰语的名词词组（*college student* 大学生），等等。
5. SSG$_N$ 必须加上一系列约束条件，限制一些元素的共现；因此，要处理好这些结构，如 *all these* vs. *all of these*，**this my book* vs. *this book of mine*，*three of my books*，*the first three mores*，等等。

正如我们所见，SSG$_N$ 最多可有 9 个序位；根据相应的局部词序规则，词组 *or for all these three horrible months* 中的各词汇分别对应如下序位：

OR–1, FOR–3, ALL–4, THIS–5, THREE–6, HORRIBLE–7, 和 MONTH–8。

这一组块模式对形容词、动词和副词来说同样重要。

几个 SSG 结合可形成一个复杂句法组块 [= CSG]，如 *because of my first disastrous marriage to this graduate of Harvard*（由于我嫁给这个哈佛毕业生这次失败的婚姻）由三个 SSG$_N$ 构成：*because of my first disastrous marriage*, *to this graduate* 和 *of Harvard*。将几个 SSG$_S$ 组合为 CSG$_S$ 的过程需要使用类局部词序规则。而组合若干 CSG 的过程则需要使用全局词序规则。

在一个典型的表层句法模块中，表层句法规则大约为1000个。

3.3.5 深层形态模块

深层形态规则将语法素或语法素集合与词素，即与一组称为**语素**（morphs）的同义基本片段符号联系起来，也可以与另一种形态能指联系：重复素（一组同义重复），元音替换素（一组同义元音变换）和转换素（一组同义转换）。这说明语法素（或者语法素集合）需要借助一个符号进行表达，但到底是哪种符号没做限定。（选择合适符号表示词素的过程由表层形态模块完成。）以下为"语法素 ⇔ 词素"的例子[17]。

深层形态规则 **1**
PAST   ⇔   {PAST}   [在谓语动词中：*answer+ed* '回答']

深层形态规则 **2**
3, SG   ⇔   {3.SG}   [在谓语动词中：*seek+s* '探索']

深层形态规则 **3**，俄语
PL, DAT   ⇔   {PL.DAT}   [在名词中：*jablok+am* '给苹果']

深层形态规则 **4**，拉丁语
FEM, SG, ABL ⇔ {FEM.SG.ABL} [在形容词中：*pulchr+ā* '从漂亮的一个']

如果我们只用一个词素就可表示深层形态规则 **2—4** 中的语法素，那么这样的词素便叫作**累积**（cumulative）[18]。

3.3.6 表层形态模块

表层形态模块包括两种类型的规则：适用于词素的词素规则；适用于语素的语素音位规则。

词素规则

词素的表层形态规则包括两个步骤：
- 为之前得到的词素选择合适的语素（同位语素）（当然，也包括为其他素选择合适的同位成分）。
- 选择**宏语素**（megamorphs），即非基础的、线性不可分割的、片段的复杂符号，每一宏语素可以同时表示几个词素。

这里是几个例子。

表层形态规则 **1**：同位语素举例

$\{3.SG\} \quad \Leftrightarrow \quad /s/ \mid \_\_\{/C_{[stop,\ voiceless]}/\}$

（*speaks* 说话，*laughs* 大笑，*drops* 坠落）

$\Leftrightarrow \quad /z/ \mid \_\_\{/C_{[stop,\ voiced]}/,\ /V/\}$

（*stands* 站立，*moves* 移动，*calls* 呼叫，*sues* 起诉）

$\Leftrightarrow \quad /ɪz/ \mid \_\_\{/C_{[sibilant]}\}$

（*kisses* 亲吻，*rushes* 毛片，*judges* 判断）

表层形态规则 **2** 和 **3**：宏语素举例

$\{BE\},\ \{IND.PRES\},\ \{1.SG\} \Leftrightarrow /æm/\ am$

$\{BE\},\ \{IND.PRES\},\ \{3.SG\} \Leftrightarrow /ɪz/\ is$

语素音位规则

语素音位的表层形态规则能在语素所指内实现音位**变换**（alternations）。从某种意义上说，它们能让语素符合形态或音韵语境的需要。比如：

表层形态规则 **4**

$/f/ \Rightarrow /v/ \mid \_\_+/z/$ 如 *life ~ lives* 中的 "f/v"

不同语言中深层/表层形态规则的数目不同，一般在十几种到几百种之间。意义-文本方法中更多有关形态的描述参见 Mel'čuk 1997—2006。

第四章　两个主要的语言学现象建模：
词汇选择和词汇共现

现在我们需要深入讨论如何将意义-文本方法应用到真实语言的描述中。我想研究描述中的两个问题，并探究这两者是如何紧密结合在一起的。首先是**词汇语义学**，即单个单词的意义；第二是**词汇共现**，即文本中词汇的结合。

我们从弗迪南·德·索绪尔（Ferdinand de Saussure）、路易斯·叶姆斯列夫（Louis Hjelmslev）和罗曼·雅各布逊（Roman Jakobson）的著作中知道，说话者的言语行为是通过两条正交轴线实现的：

- 纵轴上，说话者从储存于大脑的语言单位中选择说话时需要的语言单位。这些语言单位是互斥的，要么是 X，要么是 Y，要么是 Z。从逻辑上来说，它们**不可兼析取**（exclusive disjunction）。说话者决定他最终会使用哪个语言单位。

- 横轴上，说话者将选出的单位 X、Y 和 Z 等相互结合；从逻辑上来说，这便是**合取**（conjunction）。说话者必须判断所选单位能否结合到一起，如果可以，该以何种方式结合：哪个放在前面，哪个放在后面，这些单元能被哪些词修饰等。

图9表示通过单位的选择和组合，形成句子 *Father is quite satisfied*（爸爸很满意），*Dad is absolutely happy*（爸爸很高兴），*My old man is fully contented*（我爸爸心满意足），等等。这解释了为什么当我们提起词库时，需要处理词汇选择（4.1）和词汇共现（4.2）问题。

图9 语言活动的两个轴

4.1 词汇选择建模（聚合关系）：语义分解

Orwell is sure that P（奥威尔确定 P）和 *Orwell does not doubt that P*（奥威尔不相信 P）是同义句。

1）这两句话可以替换，意义不变，也就是说 *salva significatione.**

2）它们的否定句同样也是同义句：*Orwell is not sure that P*（奥威尔不确定 P）≅ *Orwell doubts that P*（奥威尔怀疑 P），这两种表达方式的语义差异将会在下文中做具体解释。

3）这两句表示的都不是事实，因为这两句均没有表明 P 是正确，它们后面可以接，如：*...but in fact P is not true/P does not take place*（但事实上，P 不是真的 /P 并没有发生）。

这两种表达方式之所以同义是由形容词 SURE 和动词 DOUBT $_{(v)}$ 的特殊联系决定的。储存于英语说话者大脑中的哪些知识能让其快速发现 'is sure'（确定）= 'does not doubt'（不怀疑）？我们无法通过直接观察回答这个问题，因为我们不知道如何透过说话者的大脑，去解读单词的神经编

---

* 这一拉丁语可翻译为"原意保留"，是一个 **离格结构**（ablative construction）Adj$_{ABL}$ + N$_{ABL}$。

码及其意义。然而，我们已在前文说过，我们可以构造一个功能模型来解释这一切。

佐尔科夫斯基、阿普列相、博古斯拉夫斯基（A. Bogusławski）、安娜·韦日比茨卡和我都相信，一个单词的意义可以而且必须通过更加简单的意义来传达，即需要意义分解。将意义分解为更简单意义的过程与生物分解为细胞、物质分解为分子、分子分解为原子、原子分解为基本粒子、基本粒子分解为夸克的过程相似。

20世纪60年代，博古斯拉夫斯基和安娜·韦日比茨卡首次提出语义分解，这符合主流科学趋势。因为要描述一个实体或一个事实，科学总是提倡首先了解其组成部分，并建立各部分间的联系。（我们将在5.3中具体介绍语义分解。）

我们来看下列语句（"#X"表示'语句 X 从语用角度来看是不被接受的'；≡和≅表示语义相等或相似，≢表示同义句缺失）：

(27) a. *I believe that David is in Edmonton, but I am not sure of this.*（我相信戴维在埃德蒙顿，但我不能确定。）

b. *I am sure that David is in Edmonton, #but I don't believe this.*（我确定戴维在埃德蒙顿，#但我不相信。）

c. *I believe that David is in Edmonton, #but I doubt this.*（我相信戴维在埃德蒙顿，#但是我不怀疑。）

d. (i) *I am sure that David is in Edmonton.*（我相信戴维在埃德蒙顿。）≡

(ii) *I don't doubt that David is in Edmonton.*（我不怀疑戴维在埃德蒙顿。）

e. (i) *I am not sure that David is in Edmonton.*（我不相信戴维在埃德蒙顿。）≅

(ii) *I doubt that David is in Edmonton.*（我怀疑戴维在埃德蒙顿。）

第四章　两个主要的语言学现象建模：词汇选择和词汇共现　　77

如果要保证说话者（或计算机程序）构建（27）中的句子，产生同义句，并保证这些句子语用上的可接受性，那么通过下面的分解使得他们得到词位 SURE 和 DOUBT$_{(V)}$ 的意义，也就是它们的**词典定义**（lexicographic definitions）便足够了。

（28）a. 'X is sure that P' = '|[believing that P,]|X is ready to not-admit [= reject] that it may be non-P'.（相信 P，X 准备拒绝那可能不是 P。）

b. 'X doubts that P' = '|[not believing that P,]|X is inclined to admit that non-P'.（不相信 P，X 倾向于承认那不是 P。）

☞ 1. 定义中用 |[…]| 圈起来的部分表示该意义是预设的。[19]
2. 'not believing that P' 必须解释为 'it is not the case that X believes that P'，而不是 * 'X believes that non-P'.

借助这些定义，（27）中的句子可以有以下语义分解（逻辑矛盾用黑体标识）：

（29）a. 'I believe that David is in Edmonton, but|[believing that David is in Edmonton,]| I am ready to admit [⇐ I am not ready to not-admit] that David may not be in Edmonton'.（我相信戴维在埃德蒙顿，但是|[相信戴维在埃德蒙顿，]|我准备承认戴维也许不在埃德蒙顿。）

b. '|[**Believing that David is in Edmonton,**]| I am ready to not-admit that David may not be in Edmonton, but $^{\#}$**I don't believe that David is in Edmonton**'.（|[相信戴维在埃德蒙顿，]|我不准备承认戴维也许不在埃德蒙顿，$^{\#}$但是我不相信戴维在埃德蒙顿。）

c. 'I believe that David is in Edmonton, but $^{\#}$|[**not believing that David is in Edmonton,**]| I am inclined to admit that David is in Edmonton'.（我相信戴维在埃德蒙顿，但是$^{\#}$|[**不相信戴维在埃德蒙顿，**]|我倾向于承认戴维在埃德蒙顿。）

d. '| [Believing that David is in Edmonton,] | I am ready to not-admit that David may not be in Edmonton'. (|［相信戴维在埃德蒙顿,］| 我不准备承认戴维也许不在埃德蒙顿。) =

'| [Believing that David is in Edmonton,] | I am not inclined to admit that David may not be in Edmonton'.[20] (|［相信戴维在埃德蒙顿,］| 我不倾向于承认戴维也许不在埃德蒙顿。)

e. '| [Believing that David is in Edmonton,] | I am ready to admit that David may not be in Edmonton'. (|［相信戴维在埃德蒙顿,］| 我准备承认戴维也许不在埃德蒙顿。) ≈

'| [Not believing that David is in Edmonton,] | I am inclined to admit that David is in Edmonton'. (|［不相信戴维在埃德蒙顿,］| 我倾向于承认戴维在埃德蒙顿。)

（27e）中的两个句子不是严格的同义句：我们能直观感受到第二个句子，由'I doubt'（我怀疑）开头传达的不确定性比'I am not sure'（我不确定）更强。这同样体现在（29e）的分解中。两个句子都表示我承认（≅ I am inclined to admit 我倾向于承认）戴维在埃德蒙顿；然而，第一句假设我相信戴维在埃德蒙顿，然而第二句假设戴维不在埃德蒙顿。

因此，如果同意 SURE 和 DOUBT$_{(V)}$ 的意义分解，就有可能完整、形式化地、始终如一地表示（27）中的所有语义。意义-文本方法建立在（28）所示的严格词典定义基础上；这些定义便是语义分解，是意义的"分子结构式"。它们根据严格规则形成（Mel'čuk 2013：283）并符合 MTM 中语义模块的语义等价规则。这些规则大概有一百万条，与语言中的词汇单位数目相关。意义'σ'的语义分解构成了《详解-组合词典》[= ECD] 中词汇单位 L（'σ'）所属词项的中心部分，语义分解也叫作词典定义。

在 ECD 中，除 L 的词典定义外，L 的词项还包含其他信息，最重要的是关于 L 共现的详细描述。现在我们来介绍这一内容。

4.2 词汇共现建模（组合关系）：词汇函数

受限词汇共现限制了语义或句法不相容的词汇组合方式的出现，但同时引起了词典描述和普通语言学的著名问题。每一个学习外语的人都知道词汇共现反复无常、难以预料。我们说 you *present* your COMPLIMENTS（提出夸奖），但是要说 *offer* your APOLOGIES（表示道歉）；我们说 you *fly into* a RAGE（发怒），但是要说 you *sink into* DESPAIR（陷入消沉）；在俄语中，vpadat'（愤怒）和 OTČAJANIE（消沉）均能与 you *fall into*——vpadat' "陷入"（你陷入了愤怒或失望）搭配。我们可以说 something *fills* you *with* RAGE（某某让你发怒），但不能说 *drive you to RAGE，而应该说 it can *drive* you *to* DESPAIR（它会让你失望）。在英语中可以说 *completely* TIRED（太累了），但俄语中没有 *soveršenno ustal，俄语中形容累的表达方式为 *madly* TIRED（bezumno）。可以说 one is *filthy* ⟨*stinking*⟩ RICH（某某是个有钱人），但却不能说 *dirty RICH。美国人说 *takes* a STEP（采取措施），但是西班牙人说 *gives* it（dar un PASO）；法国人和俄罗斯人则说 *do* it（faire un PAS 和 sdelat' ŠAG）。A DREAM [= 'images, feelings and thoughts that X experiences when asleep']（梦）在英语中与 *had* 搭配，但在法语中与 *done*（faire un RÊVE）搭配表示"做梦"，俄语中则与 *seen*（videt' SON）搭配。英语中教授 a university course（一门大学课程）要用动词 *taught*，法语用 *give*（donner un COURS），俄语则用 *read*（čitat' KURS）。类似的例子还有很多（ad infinitum）！

这些差异早已为人所知；它们叫作**搭配**（collocations），即短语表达，或叫作**短语素**（phrasemes）。为描述它们，意义-文本方法引入了**词汇函数**（lexical functions）这个构件。

词汇函数是基于下列事实建立的：大多数情况下，词汇单位的共现所受的限制总与某种意义相关。这些意义非常抽象而且不多，只有几十种。一个比较典型的例子是 'very' ≈ 'intense'（非常），其表达形式取决于与其搭配的词位。

'very'(SLEEP$_{(V)}$) = *deeply, heavily, like a log, like a top, ...*（很困）

'very'(INJURED) = *badly, seriously < critically*（伤得很重）

'very'(RAIN$_{(V)}$) = *hard, heavily < cats and dogs*（雨下得很大）

'very'(RAIN$_{(N)}$) = *heavy < torrential; drenching, driving, soaking, scudding*（很大的雨）

'very'(ALIKE) = *as two peas in a pod*（非常像）

☞ 符号"<"表示感情更为强烈；分号后表示同义程度降低。

从这些例子我们可以看出，'intense(ly)'（非常）这一意义与词汇单位 L_1 连用时，表示为 $\{L_{1\text{-}i}\}$ 中一系列同义词，和词汇单位 L_2 连用时，表示为 $\{L_{2\text{-}j}\}$ 中的同义词。通常 $\{L_{1\text{-}i}\} \neq \{L_{2\text{-}j}\}$。关键在于，$\{L_{1\text{-}i}\}$ 和 $\{L_{2\text{-}j}\}$ 的选择无法借助任何通用规则，只能根据一系列例子来规定；而这一选择便是 L_1、L_2 等的词汇函数。

这一现象通常用函数（数学术语）$f_{‘\sigma’}$ 来描述：$f_{‘\sigma’}$ 对应 'σ'，将所有能够表达 'σ' 的 y_i 与该意义的承载对象 x 相联系：

$$f_{‘\sigma’}(x) = \{y_i\}, \quad 或者 \quad f_{‘\sigma’}(L) = \{L_i\}$$

词汇单位 L 是函数 $f_{‘\sigma’}$ 的论元。函数 $f_{‘\sigma’}$ 将表示意义 'σ' 的词汇单位 L_i 定义为 L 的函数，即 $\{L_i\}$ 是该函数的函数值。上面的例子可表示为函数 $f_{‘intense’}$。如果我们将这一函数定义为 Magn（*Lat. magnus* 'big, great'（大）），这个例子便可以改写为：

Magn(SLEEP$_{(V)}$) = *deeply, heavily, like a log, like a top, ...*

Magn(INJURED) = *badly, seriously < critically*

Magn(RAIN$_{(V)}$) = *hard, heavily < cats and dogs*

Magn(RAIN$_{(N)}$) = *heavy < torrential; drenching, driving, soaking, scudding*

Magn(ALIKE) = *as two peas in a pod*

这种类型的函数通常叫作<u>词汇函数</u>（lexical functions）[= LFs]，因为其论元和函数值均是词汇单位。

为避免术语论元的歧义（谓词的论元 ≠ 词汇函数的论元），我们将词汇函数 $f_{‘\sigma’}$ 的论元叫作 $f_{‘\sigma’}$ 的<u>关键词</u>（keyword）：上面的例子中的关键词为 SLEEP$_{(v)}$、INJURED 等。

词汇函数 f $\cdot_\sigma$ 描述的语言表达式，即由 f $\cdot_\sigma$ 的关键词和 f $\cdot_\sigma$ 的一个函数值 {L$_i$} 组成的表达式便是 L 的词语搭配。其中 L 是该搭配的**基础**（base），而相应的函数值称作**搭配词**（collocate）。

⚠️ 语言 L 中的搭配与词汇函数表示的表达方式并不是完全重合的。 93

- 一些搭配不是由词汇函数描述，而是由 L 的**支配模式**（government pattern）决定的（参见 5.4.3.2）。如词组 *health* INSURANCE（医疗保险）（比较法语的 *maladie*$_{lit}$ 意为'疾病保险'），CONDEMN *to death/to life in prison*（被判死刑）或 *compassionate* LEAVE（丧假）。这些例子中的搭配词是基础 L 的语义论元，因此通过 L 的支配模式表示。

- 有些词汇函数描述的是 L 的派生，而非其搭配。

所有词汇函数都有一个概念内核：**简单而标准的词汇函数**（simple standard lexical functions）。简单、标准词汇函数有如下四个主要特征：

1）它们**适用于所有语言**：简单标准词汇函数适用于不同语言，尽管对于某个简单标准词汇函数来说，不同语言的"活跃"程度有异。

2）它们**数量不多**，少于 60。尽管如此，这些已基本*能系统描述大多数语言中的搭配，还能描述大多数派生。

3）它们是**系统的**，保持了内部一定的语义-句法关系（比如 Oper$_1$ 和 Func$_1$ 可以相互转换；Fin 和 Incep 语义相反等）；根据简单通用规则，它们可以组合起来形成复杂标准化的词汇函数（比如 IncepOper$_1$、AntiMagn、Caus$_1$Real$_1$ 等）。

4）它们均参与了**深层句法释义**（参见 3.3.2.3）。

很多出版物中都详细描述了词汇函数（最新综述参见 Mel'čuk 2014: 94 第 14 章），这里我只做简单概述。

词汇函数可根据下面三个参数定义其特点：

---

* 我们只能说基本，因为很多搭配需要用非标准词汇函数描述。

- **纵聚合 vs. 横组合词汇函数**。<u>纵聚合</u>词汇函数用某个值 $f_{paradigm}(L) = \{L_i\}$ 替代关键词。而<u>横组合</u>词汇函数则用某个值 $f_{syntagm}(L) = \{L_i\}$ 与关键词<u>连用</u>，加以补充说明。简单说来，纵聚合词汇函数表示语义派生，而横组合词汇函数表示搭配。纵聚合词汇函数主要为动作/状态/性质名词 S_0，如 S_0(*discuss*) = *discussion*，S_0(*attack*$_{(V)}$) = *attack*$_{(N)}$，S_0(*sick*) = *sickness*，S_0(*capable*) = *capacity* 等，横组合词汇函数如上面提到的 Magn。
- **标准 vs. 非标准词汇函数**。<u>标准</u>（简单）词汇函数的主要特征已在上文介绍过。<u>非标准</u>词汇函数有如下四个特点，与标准词汇函数的四点刚好相反：

1′）它们不能适用于所有语言，必须依据特定语言建立；

2′）它们数量非常多，理论上来说不可预估，每个函数拥有的关键词很少，有些甚至只有一个关键词，对应的函数值也非常少，有些也只有一个；

3′）它们不具有系统性；

4′）它们不参与深层句法释义。

这里给出非标准词汇函数的三个例子：

COFFEE（咖啡）

without dairy product（不加糖） ： *black* [~]（黑咖啡）

NOSE（鼻子）

by expelling air through the N.

    X cleans it of mucus（擦去鼻子的黏液）： *blow* [N_X's ~]（擤鼻涕）

YEAR（年）

having 366 days（有366天） ： *leap* [~]（闰年）

正如这些例子所示，一个非标准词汇函数表达的意义非常具体，因此不可能有很多关键词。

下文我们只考虑标准词汇函数。

- 简单词汇函数、复杂词汇函数与函数组合

简单标准词汇函数通过列表给出,下文给出了其中的一部分。例如:

Anti(反义词)[Anti(*respect*) = *despise*] (轻视)
Magn(加强) [Magn(*respect*$_{(N)}$) = *deep, high*] (非常尊重)
Incep(开始) [Incep(*sleep*$_{(V)}$) = *go to sleep*] (开始睡觉)
Oper$_1$(助动词)[Oper$_1$(*cold*$_{(N)}$) = *have* [ART ~]] (感冒)

复杂标准词汇函数根据简单词汇函数建立,将简单词汇函数依照句法联系在一起,共享关键词和函数值;例如:

AntiMagn [AntiMagn(*respect*$_{(N)}$) = *scant*] (蔑视)
IncepOper$_1$ [IncepOper$_1$(*cold*$_{(N)}$) = *catch*[ART ~]] (感冒了)
Magn(*apologize*) = *profusely*(恭敬地) vs.
    AntiMagn(*apologize*) = *perfunctorily*(敷衍地)
Oper$_1$(*doubt*$_{(N)}$) = *be* [*in* ~](怀疑) vs.
    IncepOper$_1$(*doubt*$_{(N)}$) = *fall* [*into* ~](开始怀疑)

注意 AntiMagn 是 Anti ← **ATTR**-Magn 的缩写,而 IncepOper$_1$ 表示 Incep-I → Oper$_1$,这便是我所说的复杂词汇函数内部是依照简单词汇函数的句法关系联系在一起的。

词汇函数的**组合**(configuration)由几个拥有相同关键词的词汇函数组成并共享函数值。与复杂词汇函数不同的是,这几个构成的词汇函数之间没有句法联系;如:

[Bon$_2$+ Magn](*handshake*) = *hearty* (真诚的握手)
[Magn + IncepOper$_1$](*applause*) = *burst* [*in*~](开始发出热情的掌声)
[AntiMagn + Oper$_1$](*response*) = *be muted* [*in* ~](反应冷淡)

词汇函数组合中的简单和复杂词汇函数都与关键词存在句法上的联系,因此我们得到:

[Bon$_2$ + Magn](L) = Bon$_2$(L) ← **ATTR**–L–**ATTR** → Magn(L)
[Magn + IncepOper$_1$](L) = Magn(L) ← **ATTR**–L ← **I**–IncepOper$_1$(L)

现在我将列举一系列词汇函数,但请注意,这些只是出于例证需要,

不足已知词汇函数的五分之一。

第一,简单和复杂纵聚合词汇函数

1—3. 词汇函数 Syn(同义词),Anti(反义词)和 Conv(转换)在词汇函数系统中扮演一个特殊角色:它们不仅能应用于词汇单位,还能应用于其他词汇函数。换句话来说,在词汇函数和由词汇函数组成的复杂表达中,以下三种语义关系成立:

- 同义词,即语义相等;比如,这两种词汇函数表达同义:

  'L$_{(v)}$' = 'S$_0$(L$_{(v)}$) ← II-Oper$_1$(S$_0$(L$_{(v)}$))'

- 反义词,如 Fin = AntiIncep

- 转换,如 Labor$_{12}$(L) = Conv$_{132}$Oper$_1$(L)

一般说来,Syn,Anti 和 Conv 可以叫作"元函数"。

我们都了解同义词和反义词,这里我只简单介绍转换。

词汇函数 Conv$_{ij}$ 只能应用于表达谓词意义的词汇单位,因此拥有语义和深层句法论元。"Conv$_{ij}$(L$_1$) = L$_2$"说明 L$_1$ 和 L$_2$ 的意义基本相同,但其中一个词的深层句法论元和语义论元的对应顺序与另一个词刚好相反。假设 L$_1$ 的论元满足下列关系:'X' ⇔ I 和 'Y' ⇔ II,那么 L$_2$ [= Conv$_{21}$(L$_1$)]的语义论元和深层句法论元间对应关系相反:'X' ⇔ II,'Y' ⇔ I。因此,CONSIST = Conv$_{21}$(COMPOSE),如 *The team consists of five specialists*(这支队伍包括五名专家)≡ *Five specialists compose the team*(五个专家组成了这支队伍);同样,WIN = Conv$_{321}$(LOSE):*John won two games against Pete*(约翰赢了皮特两场)≡ *Pete lost two games to John*(皮特输给约翰两场)。

这些便是词汇转换的例子。很多语言还有语法转换,即动词语态的转换。因此,一个动词的被动形式是其主动形式的 Conv$_{21}$:

John $\cdot_{X'} \Leftrightarrow_I$ *wrote this novel* $\cdot_{Y'} \Leftrightarrow_{II}$. (约翰写了这部小说)≡

This novel $\cdot_{Y'} \Leftrightarrow_I$ *was written by John* $\cdot_{X'} \Leftrightarrow_{II}$. (这部小说由约翰撰写)

我继续列举纵聚合简单词汇函数。

4. S_0 表示一种动作、一个状态、一种性质等的名称：S_0(*shoot*) = *fire*$_{(N)}$ [*They were shooting at us ~ Under their fire, we...*]（在他们的火力攻击下），S_0(*increase*$_{(V)}$) = *increase*$_{(N)}$（增加），S_0(*many*) = *a lot*（很多），S_0(*equal*) = *equality*（平等），S_0(*beautiful*) = *beauty*（漂亮）。

5. S_1 表示执行某个动作的行为主体、处于某种状态或拥有某种性质：S_1(*shoot*) = *shooter*（射手），S_1(*steal*) = *thief*（小偷），S_1(*influence*) = *factor*（因素），S_1(*beautiful*) = [*a*] *beauty*（美丽）。

6. S_2 表示受众，即经历某种行为的实体：S_2(*shoot*) = *target*（目标），S_2(*steal*) = *loot*$_{(N)}$（战利品），S_2(*laugh*$_{(V)}$) = *laughing stock*（笑柄），S_2(*award*$_{(N)}$) = *recipient*（接收者），*holder*（持有者）。

7. Able$_1$ 表示"可能性的形容词"，意为'可以/倾向于……'：Able$_1$(*persist*) = *persistent*（坚持的），Able$_1$(*rebellion*) = *restive*（倔强的），Able$_1$(*afraid*) = *cowardly*（胆小的），Able$_1$(*angry*) = *crabby, grouchy*（易怒的）。

接下来介绍一些简单和复杂的**横组合词汇函数**。

8. 形容词 Bon[≈ '好的' = '受到说话者的支持'；老一套的赞誉]：

Bon (*contribution*)	= *valuable*	（有价值的贡献）
AntiBon (*victory*)	= *hollow; Pyrrhic*	（付出极高代价而得到的胜利）
Bon (*condition*)	= *mint < superb*	（极好的条件）
AntiBon (*poet*)	= *poetaster*	（打油诗人）
Bon (*future*)	= *brilliant, radiant*	（光明的未来）
AntiBon (*future*)	= *bleak*	（荒凉的未来）

9—11. 半助动词 Oper, Func 和 Labor 没有具体语义，自然使用这些词不是因其语义，而是用它们表示关键词的深层句法角色：Oper 表示 L 为深层句法论元 Ⅱ，Func 表示 L 为深层句法论元 Ⅰ，而 Labor 表示 L 为深层句法论元 Ⅲ。

Oper$_1$ (*order*$_{(N)}$)	= *give*[ART~]	下命令
Oper$_1$ (*attention*)	= *pay* [~]	注意

Oper_1 (*responsibility*)	= *bear* [~]	承担责任
Oper_2 (*danger*)	= *face* [ART~]	面对危险
Oper_3 (*order*)	= *have* [ART~]	下订单
Func_0 (*curfew*)	= *is in place*	在适当的地方实行宵禁
Func_1 (*aid*)	= *comes* [*from* N_X]	援助来自……
Func_1 (*responsibility*)	= *rests* [*with* N_X]	责任在……
Func_2 (*danger*)	= *threatens* [N_Y]	危险危及……
Func_3 (*ultimatum*)	= *calls* [*for* N_Z]	最后通牒要求……
Labor_{12} (*list*$_{(N)}$)	= *put* [N_Y *on* ART ~]	将……列入名单
Labor_{12} (*applause*)	= *greet*[N_Y *with* ~]	掌声欢迎……
Labor_{32} (*lease*)	= *take* [N_Y *on* ~]	租用……

☞ 助动词词汇函数的数字下标同其他词汇函数一样，指明了词汇函数论元的句法行为。具体说来：

- Oper_1 中的下标表示关键词的哪一个深层句法论元是句法主语：Oper_1 (*exam*) = *give* (进行考试)，而 Oper_2 (*exam*) = *take* (参加考试)。
- Func_1 中的下标表示关键词的哪一个深层句法论元是其第一句法宾语：Func_0 (*curfew*) = *is in place* [无宾语] (执行宵禁)，Func_1 (*stress*[language]) = *falls* [*on* N_X] (重音落在)，Func_2 (*controversy*) = *surrounds*[N_Y] (遍布争论)。
- Labor_{ijk} 中的下标分别表示关键词的哪一个深层句法论元是其主语、第一、第二句法宾语：Labor_{123} (*inheritance*) = *receive* [N_Y *from* N_Z *in* ~] (某人从某某的遗嘱中获得……)，Labor_{123} (*inheritance*) = *come*[*to* N_X *from* N_Z *in* ~], ~] (……在某某的遗嘱中赠予了某人)，Labor_{123} (*inheritance*) = *leave*[N_Y *to* N_X *in* ~] (某某在遗嘱中把……留给某人)。

12. 介词 Loc_{in} 表明根据关键词确定的标准化空间或时间定位：

Loc_{in} (*station*)	= *at* [ART~]	(在车站)
Loc_{in} (*country*)	= *in* [ART~]	(在)
Loc_{in} (*street*)	= *on* [ART~]	(在街上)
Loc_{in} (*point*)	= *at* [ART~]	(在……之时)
Loc_{in}^{temp} (*year*)	= *in* [ART~]	(在一年里)
Loc_{in}^{temp} (*month*)	= Λ [~] (*next month*)	(下个月)

因为在英语中，词汇函数 Loc_{in} 的函数值并不是很多，这里我以表格形式给出其他四种语言中可能的函数值 (Bierwisch 2011：353)。

	法语	荷兰语	德语	韩语
in a pot（在一个壶里）	dans	in	in	nehta
in a case（在一个箱子里）	dans	in	in	kkita
on a finger（在一根手指上）	à	om	an	kkita
on a cube（在一个立方体上）	sur	op	auf	kkita
on a table（在一个桌子上）	sur	op	auf	nohta
on the head（在头上）	sur	op	auf	ssuta
on a hook（在一个钩子上）	à	aan	an	kelta

正如我们在3.3.2.2中所述，词位 L 的词汇函数是 ECD 中该词词项的一个重要部分，5.4还会有相关介绍。不论 L 是词位还是习语，都有一组相应的词汇函数及其函数值，并有选择函数值的限制条件。因此，L 的词项包括所有以 L 为基础的搭配。

我们早已说过，词汇函数对各语言是通用的。它们用相同形式，对语义派生和严格词汇共现（即搭配）进行系统描述。这一描述有助于语言之间的比较和翻译。词汇函数扮演着非常有效的国际语角色。我们以六种结构差异明显的语言为例：英语、阿拉伯语、中文、德语、匈牙利语和俄语，来考虑增强词 Magn 和助动词 $Oper_1$ 的函数值。这些词汇函数的关键词拥有相同语义（或者至少语义接近）。

英语

Magn（$rain_{(N)}$'雨'） = heavy（大的）

Magn（argument'论据'） = cogent, convincing, strong<knock-down（有力的）

Magn（applause'掌声'） = thunderous（雷鸣般的）

$Oper_1$（trip'旅途'） = take [ART ~]（踏上）

$Oper_1$（agreement'一致'） = reach [ART~], come [to ART~]（达成）

$Oper_1$（resistance'反抗'） = offer [ART~]（实施）

$Oper_1$（apologies'道歉'） = present [$A_{(poss)}$ (N_X) ~s]（表示）

阿拉伯语

Magn(*maṭar* '雨') = ġazīr '充足的', qawijj '强烈的'
Magn(*ḥuǯǯa* '论据') = dāmiġa '惊人的', qawijja '有力的'
Magn(*taṣfīq* '掌声') = ḥārr '热烈的'
Oper₁(*safar* '旅途') = qāma [bi ~] '踏上'
Oper₁(*ʔittifāq* '一致') = tawaṣṣala [ʔila ~] '达到'
Oper₁(*muqāwamat* '反抗') = qāma [bi ~] '实施'
Oper₁(*ʔiʕiðarāt* '道歉') = qaddama [ART ~_ACC] '提出'

中文（符号"ˉ, ´, `, ˇ"指声调）

Magn(*yǔ* '雨') = dà '大'
Magn(*lùnjù* '论据') = yǒulì-de '有利的'
Magn(*zhǎngshēng* '掌声') = léidòng '雷动'
Oper₁(*lǚtú* '旅途') = tàshang [~] '踏上'
Oper₁(*xiéyì* '一致') = dáchéng [~] '达成'
Oper₁(*dǐkàng* '反抗') = shíshī [~] '实施'
Oper₁(*qiànyì* '道歉') = biǎoshì [~] '表示'

德语

Magn(*Regen* '雨') = starker '强烈的', Platz- '充满的'
Magn(*Argument* '论据') = gewichtiges '重大的', schlagendes '惊人的', unschlagbares '无敌的', unwiderlegbares '不能驳倒的'
Magn(*Beifall* '掌声') = tosender '喧闹的'
Oper₁(*Reise* '旅途') = [ART ~_ACC] machen '做'
Oper₁(*Übereinkunft* '协议') = [ART ~_ACC] erzielen '达成'
Oper₁(*Widerstand* '抵抗') = [N_Y-DAT ART ~_ACC] leisten '传递'
Oper₁(*Entschuldigung* '歉意') = [N_Y-ACC um ~_ACC] bitten '请求'

匈牙利语（符号"´, ̋"表示长元音；cz = /č/, gy = /ɟ/, ly = /j/, s = /š/）

Magn(*eső* '雨') = zuhogó '猛烈的'

Magn (*érv* '论据') = *komoly* '严肃的'

Magn (*taps* '掌声') = *viharos* '旋转的', *vas-* '铁的'

Oper₁ (*utazás* '旅途') = [~t] *tenni* '做'

Oper₁ (*megegyezés* '一致') = [~re] *jutni* '达成'

Oper₁ (*ellenállás* '反抗') = [~t] *kifejteni* '发展', *tanusítani* '展示'

Oper₁ (*boczánat* '道歉') = [~ot] *kérni* '请求'

俄语

Magn (*dožd'* '雨') = *sil'nyj* '强烈的' < *prolivnoj* '猛烈的'

Magn (*dovod* '论据') = *veskij* '重大的', *ser'ëznyj* '严肃的', *ubeditel'nyj* '令人信服的' < *sokrušitel'nyj* '压倒的'

Magn (*applodismenty* '掌声') = *burnye* '剧烈的', *gromovye* '雷鸣般的'

Oper₁ (*putešestvie* '旅途') = *soveršit'* [~e] '实现'

Oper₁ (*soglašenie* '一致') = *prijti* [k~ju] '达成'

Oper₁ (*soprotivlenie* '反抗') = *okazat'* [~e] ≈ '展示'

Oper₁ (*izvinenija* '道歉') = *prinesti* [N_{Y-DAT} (*svoi* '自己的') ~ja] '带来'

这些例子再次表明不同语言中语义相同的词位的词汇函数所对应的函数值都有很大差异。如 applause（掌声）在英语中与"雷鸣般的"搭配，阿拉伯语中与"热的"搭配，中文同样与"雷鸣般的"搭配，匈牙利语中与"铁的"搭配，德语中与"喧闹的"搭配，俄语中与"剧烈的"搭配（但"雷鸣般的"和"热的"也是可以的）。这里补充一下法语中"热烈的"（掌声）用 *nourri* 表示。我们可以引入一些规则解决这种混乱。由于词汇函数是通用的，不同语言间只要词汇函数的关键词语义对等，对应的函数值也能保持语义对等。我们很难借助除词汇函数之外的其他方式实现这一点。在一本俄英词典中，当动词 PRIOBRETAT'（习得）的宾语为 PRIVYČKA（习惯）时，能翻译为"发展或形成"吗？在一本英法词典中，如果宾语为 HABIT（习惯）时，KICK（戒除）能译为 RENONCER（放弃）吗？答案是肯定的，事实上正是 *priobretat' privyčku* ≡ *develop ⟨form⟩ a habit*（形成一种习惯）、*kick the habit* ≡ *renoncer à une habitude*（戒除一种习惯）。如果我们在词位 HABIT，HABITUDE 和 PRIVYČKA（习惯）的词项中表示词汇函数的函数值，对应关系参见表1。[21]

表1：不同语言中语义对等词汇单位的几个词汇函数及其函数值

	HABIT	≡ *Fr.* HABITUDE	≡ *Rus.* PRIVYČK|A
IncepOper$_1$（'开始有'）	*acquire* '获得'，*develop* '发展'，*form* [ART ~] '形式'，*get* [*into* ART ~] '陷入'，*take* [*to* ART ~] '开始从事'	*contracter* '订约'，*prendre* '习得' [ART ~]	*priobretat'* '得到' [~u]
FinOper$_1$（'停止有'）	*drop* '终止' [ART ~]，*get out* '离开'，*get rid* '摆脱' [*of* ART ~]	*abandonner* '放弃'，*perdre* '失去' [ART ~]	*utratit'* '失去' [~u]
LiquOper$_1$（'使不再有'）	*break* '打斯' [N$_X$ *of* ART ~]，*wean* [N$_X$] *away* '便放弃' [*from* ART ~]	*détacher* '分离'，*détourner* '转移' [N$_X$ *de* ART ~]	*otučit'* '去掉……的弊习' [N$_{X-ACC}$ *ot* ~i]
Liqu$_1$Oper$_1$（'让某人不在有'）	*break off* '终止'，*kick* '戒掉'，*shake off* '摆脱'，*throw off* '摆脱，抛弃' [ART ~]	*se débarrasser* '去除'，*se défaire* '摆脱' [*de*ART ~]，*renoncer* '放弃' [*à*ART ~]，*rompre* '打破' [*avec*ART ~]	*otkazat'sja* '放弃'，*otučit'sja* '忘却' [*ot* ~i]
CausFunc$_1$（'引起 X'）	*instill* '灌输' [ART~*in*（*to*）] [N$_X$]	*inculquer* '灌输' [ART ~ *à* N$_X$]	*privit'* '灌输' [N$_{X-DAT}$ ~u]

4.3 词位的纵聚合和横组合的联系

词位的意义和共现本质上是相互联系的。通过词位共现，这一深层联系支撑了词位意义的假说。我们来看三个例子。

例1. 俄语

（30） a. *Ja *očen′uveren, čto David v Èdmontone.*

'我非常确定戴维在埃德蒙顿' ~

Ja absoljutno ⟨= soveršenno⟩ uveren, čto David v Èdmontone.

'我绝对确定戴维在埃德蒙顿' ~

vs.

b. *Ja očen′ ⟨= sil′no⟩ somnevajus′, čto David v Èdmontone.*

'我非常怀疑戴维在埃德蒙顿' ~

Ja*absoljutno ⟨*soveršenno⟩ somnevajus′, čto David v Èdmontone.

'我绝对怀疑戴维在埃德蒙顿'

为什么 [*byt′*] UVEREN '[be] sure'（确信）和 SOMNEVAT′SJA 'doubt$_{(v)}$'（怀疑）表示语气加强（= 词汇函数 Magn 的函数值）的词汇共现刚好相反？UVEREN 和 SOMNEVAT′SJA 的语义分解与（28a—b）中的英语同义句相同，这为此问题指明了答案。

（31） a. 'X uveren, čto P'（'X 确定 P'）

= '|[相信 P，]| X 准备不承认它也许不是 P'.

b. 'X somnevaetsja, čto P'（'X 怀疑 P'）

= '|[不相信 P，]| X 倾向于承认那不是 P'.

UVEREN '确定' 定义中的中心成分为 '**准备 = gotov**'，因此其程度加强词应修饰这个部分。但是从逻辑上来说，我们无法加强准备状态，如果你准备好了，那么就准备好了。你不能说 **očen′ gotov* '非常准备'，同样也就不能说 **očen′ uveren* '非常确定'。（我们将在这个例子之后介绍 very sure 的使用。）但是如果你没有准备好，你可能远没有准备好，也可能只差一点点了，这时你可以说 *ne vpolne gotov* 意为 '并没有完全准备好' 或 *počti gotov* '差不多准备好了'。也就是说，距离准备完成的程度是可以度量的。因此，*ne vpolne/počti uveren* '并不完全确定 / 几乎可以确定' 是合乎语法的。但是"确定"这一言语行为是不可以用'非常'或'更多'加强的,被强调的是说话者对自己所说的话的态度,如"**Absolutely!**"(表示**修辞上**的强化)。这就解释了为什么副词 ABSOLJUTNO '绝对地'、SOVERŠENNO '完全地'、TAK '如此',还有 NASTOL′KO '那么'能与 UVEREN 共现(*On tak/nastol′ko uveren, čto Maša prava!* '他是如此确定玛莎是正确的')。

动词 SOMNEVAT′SJA '怀疑'则是另一幅图景。其定义中的关键部分为'**倾向于 = sklonen**',这一心理状态有等级之分:一个人可以或多或少、一点点或者非常想[做某事],所以 OČEN′ '非常'和 SIL′NO '强烈地'与 SOMNEVAT′SJA 共现也就非常自然了,同样,SLEGKA '有点'和 NEMNOGO '一点点'也可以同 SOMNEVAT′SJA 共现。一个有趣的细节:*On slegka ⟨= nemnogo⟩ somnevaetsja, čto...* 即 'He slightly ⟨a little⟩ doubts that...'(他有一点点怀疑)的表达是正确,这表明应该选择'倾向于'作为 SOMNEVAT′SJA 定义中的主要部分,而不是'准备',因为你不可以说 *'slightly ⟨a little⟩ ready'(你有一点点准备好了)。

现在,细心的读者可能会问,如果两种语言中这两个词的语义('uveren' = 'sure','somnevat′sja' = 'doubt')相同,为什么要选择俄语的词位 UVEREN '确定'和 SOMNEVAT′SJA '怀疑'作为例子,而不用英语的 SURE 和 DOUBT $_{(v)}$?答案是这样的:因为英语的词位并不明晰,而一个好的例子必须清楚。在英语中,尽管语义上存在不协调,我们仍然可以说 *very sure*!这是一个**短语化**(phraseologized)的修饰加强词。(短语化的否定表达见4.1(27d–ii))这里,加上修饰语的词组是由词汇函数 Magn 描述的搭配,是一种语法上的表达。因此,对于任何一门语言(这里是英语)来说,有任意的、违背语义的共现也是可以理解的。俄语中也有任意共现,如 *vpolne uveren* 'entirely sure 完全确定'与 **polnost′ju uveren* '*绝对确定'。

例2

朗文在线词典(*LDOCE Online*)将名词 APPLAUSE(鼓掌)定义为 'the

sound of many people hitting their hands together and shouting, to show that they have enjoyed something'（人们通过拍打手掌，发出声音，以显示他们喜欢某事）；删除多余的'many'（即使一个人也可以鼓掌）和'and shouting'（一群人不发声也可以鼓掌），并用'somebody's acts'（某人的行为）代替'something'（一些事情）（你为某人完成的事情鼓掌），这一定义乍看是没有问题的。然而，该如何解释这些常见的搭配：*frenetic* ⟨*frenzied, tempestuous, thunderous,* ...⟩ *applause*（雷鸣般的掌声）与 *faint* ⟨*reluctant, scattered, subdued,* ...⟩ *applause*（稀疏的掌声）？这两个搭配表示了与满意程度紧密相关的鼓掌程度，但上面的定义中并没有某个部分能够分级。因此，名词 APPLAUSE（鼓掌）与形容词 FRENETIC（雷鸣般的）和 RELUCTANT（稀疏的）的共现要求我们向其定义中增加成分以描述'拍打'的特征：即'以某种力度和频率'；这一增加的成分是能够分级的。但是一加入这个部分，我们便又会发现这个定义的另一缺陷：它并没有暗示拍打的强度和频率与喜悦程度成正比。下面我们来看这个词的准确定义：

> 'applause by X addressed to Y for Y's acts Z'（因为 Y 的行为 Z，X 向 Y 表示祝贺）= 'sound of X's hitting the hands together in order to show to Y X's approval/enjoyment of Y's acts Z, the force and frequency of this hitting being proportional to the degree of X's approval/enjoyment of Z'.（X 拍打双手，以向 Y 表示支持他的行为 Z，其力度和频率与 X 对 Z 的认可度成正比）

例3. 俄语（Iordanskaja 2007）

(32) a. *Ivan **gorjačo** ugovarival*$_{\text{IMPERF}}$ *menja soglasit'sja*
  '伊凡正在充满激情地说服我接受。'

vs.

  b. *Ivan ****gorjačo*** *ugovoril*$_{\text{PERF}}$ *menja soglasit'sja*
  '伊凡已经充满激情地说服我接受。'

106 怎么解释这一词位两种不同时态下不同的词汇共现？我们来看该动词表示进行体和未完成体时的不同定义。

未完成体

'X ugovarivaet Y-a Z-it′'（'X 正在尝试说服 Y 去做 Z'）=

'| [X wanting Y to Z, while Y does not want to Z,] |

X is talking to Y with the goal that this cause1 Y to agree to Z'.

'| [X 希望 Y 去做 Z, 但是 Y 不想做 Z,] |

X 抱着目的和 Y 说话, 希望这能让 Y 同意做 Z'.

完成体

'X ugovoril Y-a Z-it′'（'X 已经说服 Y 去做 Z'）=

'| [X wanting Y to Z, while Y does not want to Z, and X talking to Y with the goal that this cause1 Y to agree to Z']|

X has thereby caused2 Y to agree to Z'.

'| [X 希望 Y 去做 Z, 但是 Y 不想做 Z,

X 抱着目的和 Y 说话, 希望这能让 Y 同意做 Z,] |

X 因此让 Y 同意做 Z'.

☞ 'cause1' 和 'cause2' 分别指非自发和自发原因的义素，意为 "因为……的原因" 和 "是……的起因"。

完成式 UGOVORIT′ 的意义包含未完成式 UGOVARIVAT′ 的意义，因为 'ugovorit′$_{PERF}$'（= '已经说服'）≈ 'have caused2 by *ugovarivanie*'（'尝试说服'）。未完成式 'ugovarivat$_{IMPERF}$' 的意义是 'ugovorit′' 意义的一部分（= '尝试说服'），是 'ugovorit′' 的预设。* 副词 GORJAČO '充满激情地' 描述了说话方式，语义上依存于定义中的 '说服'。然而这在 'ugovorit′$_{PERF}$'（'已经说服'）的定义中是不可能实现的。依据很多相似的例子，约尔旦斯卡亚（Iordanskaja）总结到：

‖ 一个动词的修饰词在语义上不能依赖该动词定义中的预设部分。

换句话来说，L 定义中的预设构成了一个 "禁止" 区，不在 L 修饰词

---

* 这点已在 Apresjan 1980 [1995：59] 中说明。

的语义范围内。

这一结论可以通过下面的例子得到证实：

（33） a. *The company made a **serious** accusation against the applicant.* 107
（这个公司给了申请人一个严厉的控告。）

vs.

b. *The company ***seriously** accused the applicant.*
（这个公司严厉地控告了申请人。）

（33b）表达不正确，原因和上一个例子类似。

ACCUSE，动词，及物

'X accuses Y of Z in front of W'（X 在 W 前控告 Y 做了 Z）=
　'|[X believing that Z is bad,]|（X 相信 Z 不好）
　　X tells W that Y is responsible for Z'.（X 告诉 W，Y 应该为 Z 负责）

修饰词 SERIOUSLY（严厉地）加强了 'bad'（不好）的程度，但"不好"是预设的一部分，不能有外部修饰词。因此，（33b）不符合语法规则。而对名词 ACCUSATION（控告）而言，因为名词不能表达一种陈述（或一种判断），因此名词的定义无法分为陈述和预设两部分：

ACCUSATION，名词

'X's accusation of Y of Z in front of W'（X 在 W 前因 Z 对 Y 的控告）=
　'statement by which X accuses Y of Z in front of W'（X 在 W 前，
　因 Z 对 Y 控告的陈词）

动词 ACCUSE（控告）的预设仍然位于 ACCUSE 内，它没有成为名词 ACCUSATION 的预设。因此，（33a）中用形容词 SERIOUS 来修饰 ACCUSATION 是可以的。

词汇单位 L 的受限词汇共现与 L 的意义有关，L 定义中某一位置的某一成分决定词汇函数 f 的函数值存在与否。更保险一点来说，至少在某些情况下、从某种程度来看，可以决定 f（L）的某些函数值能否出现。

上述三个例子都指明了 L 的意义与**受限**词汇共现的关系。然而，这样的联系同样会出现在 L 的意义与 L 的**自由**共现之间,后者甚至更多。因此,L 与数词的可结合性与不可结合性使得俄语中的名词 KARTOŠKA '土豆' 有 '一块茎' 之义,但另一个同义词 KARTOFEL' '土豆' 则无此义(*tri kartoški* '三个土豆' ~ *tri kartofelja)。同样,英语 ONION 和俄语 LUK '洋葱' 之间也有区别:three onions ~ *tri luka,这是因为英语的 ONION 可以与 '一块' 搭配,但俄语的 LUK 则不可以。在俄语中要表示数量需用到名词 GOLOVKA:*Daj mne tri golovki luka*,意为 '给我三个洋葱!'。

总结:词汇共现可以直接观察,但词典定义却不可以。定义中的某些成分在词汇共现中所发挥的作用,进一步证明了它们存在的价值。我已经说过,MTM 作为自然语言的功能模型,应该能揭示本不可见的语言现象。以上这些例子很清楚地说明了这一点。

第五章 意义-文本语言学

现在是讨论意义-文本语言学本质属性的恰当时机，其形式特征我们已在2.3.3中讨论过。下面的话题对于理解这一方法非常重要。

- 5.1关注**从意义到文本**的整个过程，而不仅仅看文本本身。
- 5.2重点介绍**概念**和相应术语。
- 5.3介绍**意义**的形式化描述。
- 5.4介绍**词库**的中心地位。
- 5.5介绍**句法依存**。

要讲解这些问题，自然无法避免术语。我尝试用一些特别的解释和例子帮助读者理解；同时，读者还可以参阅书后附录。

5.1 意义-文本语言学和语言描述方向：从意义到文本

意义-文本方法认为语言学家不应该静态地通过**文本**学习、描述某种语言现象，而应该动态地、从意义开始，观察二元组〈**意义**，**文本**〉。换句话说，描述一种语言表达（或一组表达）X 的正确方式应该是描述 'X' ⇔ X 的对应关系，并按照字面意思应用意义-文本原则。我们选取两个例子，一个取自西班牙语的语音体系（5.1.1），另一个取自俄语句法（5.1.2），来展示"静态"（纯文本）描述和"动态"（意义 ⇒ 文本）描述的区别。

5.1.1 第一个例子：西班牙语的半元音

西班牙语的语音体系基本没有问题，唯一例外的便是半元音 [i̯] 和 [u̯]，如 [bi̯én] *bien* '好（副词）'，[bu̯éno] *bueno* '好（形容词）'，[péi̯ne] *peine*

'梳子'和[neu̯mático] *neumático* '气胎'。*传统观点认为它们是元音/i/和/u/的音位变体，因为[i] ~ [i̯]和[u] ~ [u̯]是严格**互补分布**（complementary distribution）的：元音要重读且与其他元音没有任何联系，半元音无需重读且与一个元音相联系。如果我们只考虑一篇西班牙语文章中语音的分布，或许不会发现任何问题。但是若要建立一个产生西班牙语词形的功能模型，即一个详细描述西班牙语的 MTM 的形态模块，情况便立刻发生了变化。

西班牙语中的重音有很多，但其位置无一例外受一些简单规则的制约。特别是在单数陈述语气中，重音通常位于动词词干的最后一个元音上：*bromé+o* '我开玩笑'，*escój+es* '你选择'，*escríb+e* '他/她写' 等。然而，如果来看动词 *bail+ar* '跳舞'和 *ahil+ar* '成一列纵队行进' [西班牙语中的字母 h 不发音]，便遇到了一个问题：从音位来看，这两个词的词干是什么？如果我们认为 [i] ~ [i̯]（都是 /i/ 的音位变体）和 [u] ~ [u̯]（都是 /u/ 的音位变体）是单音位的，这两个词干看起来非常相似：/bail-/ 和 /ail-/，因为最后一个元音都是 /i/。然而，在一般现在时陈述句中，这两个动词第一人称单数的重音位置并不相同：[bái̯l+o] '我跳舞'，但是 [aíl+o] '我走在一列纵队里'（*[baíl+o]，*[ái̯l+o]）。如果它们的音位结构相似，根据标准的重音规则，词干的形式应该为 *[baíl+o] 和 [aíl+o]。如果我们要改变这一规则，得到正确的 [báil+o]，便会让另一个单词的读音变为 *[ái̯l+o]。西班牙语中有一系列这样的动词对：

agriar	'令人失望'	[áɣri̯o]	~	*aliar*	'联合'	[alío]
anestesiar	'使麻醉'	[anestési̯o]	~	*amnistiar*	'大赦'	[amnistío]
anunciar	'宣布'	[anúnθi̯o]	~	*rociar*	'洒'	[r̄oθío]
arraigar	'变得根深蒂固'	[ar̄ái̯ɣo]	~	*ahijar*	'接受'	[aíxo]
cambiar	'改变'	[kámbi̯o]	~	*enviar*	'送'	[embío]
envidiar	'嫉妒的'	[embíði̯o]	~	*confiar*	'信任'	[komfío]
pairar	'漂流'	[pái̯ro]	~	*ahincar*	'要求'	[aíŋko]

---

* 出于简单考虑，我忽略了一个事实：半元音依据其相对于元音的位置分为两个变体，一个是更倾向于辅音的 [j]/[w]，另一个是不那么倾向于辅音的 [i̯]/[u̯]。

| *peinar* | '梳子' | [péi̯no] | ~ *prohibir* | '禁止' | [proíβo] |
| *reinar* | '统治' | [r̄éi̯no] | ~ *rehilar* | '发抖' | [r̄eílo] |

半元音 [u̯] 也是同样的情况。对 [u] 和 [u̯] 进行"单音位"描述，动词 *atestiguar* '证明' 和 *evacuar* '撤退' 的词干以相同的元音结尾：/atestigu-/ 和 /ebaku-/；但它们的第一人称单数形式却不相同：[atestíɣu̯o] '我证明' 与 [eβakúo] '我撤退'（*[atestiɣúo], *[eβákuo]）。这样的动词配对也非常多：

averiguar	'发现'	[aberíɣu̯o]	~ *evaluar*	'评价'	[eβalúo]
defraudar	'欺骗'	[defráu̯ðo]	~ *acentuar*	'强调'	[aθentúo]
fraguar	'伪造'	[fráɣu̯o]	~ *graduar*	'毕业'	[graðúo]
incautar	'没收'	[iŋkáu̯to]	~ *actuar*	'行动'	[aktúo]
menguar	'减少'	[méŋgu̯o]	~ *continuar*	'继续'	[kontinúo]
paular	'聊天'	[páu̯lo]	~ *aullar*	'咆哮'	[aúλo]
pausar	'中断'	[páu̯so]	~ *ahumar*	'吸烟'	[aúmo]
restaurar	'恢复'	[r̄estáu̯ro]	~ *aupar*	'升起'	[aúpo]

因此，如果我们考虑西班牙语中动词形式的产生（=合成），我们认为音素 [i]~[i̯] 和 [u]~[u̯] 属于两个不同的音位。然而，根据 [i̯] 和 [u̯] 出现的语境，从音位角度来看，这些音素**既不是元音，也不是辅音，而是滑音**（glides）。因此，我们可以得到西班牙语中的四个音位：元音 /i/ ~ /u/ 和滑音 /j/ ~ /w/（Mel'čuk 2006：543）。如果这四个音位未纳入西班牙语的音位库中，就不可能以常规、可预见的形式合成动词一般现在时陈述语气的第一人称单数的语音形式。

5.1.2 第二个例子：俄语中的双主格句

我们来看下面两个俄语句子：

（34） a. *Stolica Francii—Pariž* '法国的首都——巴黎' = '法国的首都是巴黎'

b. *Pariž—stolica Francii* '巴黎——法国的首都' = '巴黎是法国的首都'

哪个名词是句子的语法主语：STOLICA'首都'还是 PARIŽ'巴黎'？

两个名词都是主格形式，这样的句子叫作**双主格**（binominative）句；俄语中没有明确的连系动词，词序非常灵活。上面的这个问题已经争论了几十年，也有人提出了几种判断双主格句中语法主语的方法。以下几种最为常见：

1）将这些句子变为过去式，需要借助连系动词'be'（是），主语仍是主格形式，而另一成分，即表语则变为工具格。

2）过去式中主谓一致：一般说来，系动词与主语一致。但如果主语是 ÈTO 'this'（这个），就应该与表语一致，这一点正好和英语相反：

  Èto byl$_{MASC}$ *Vanja* 'This was Vania'.（这是瓦尼亚）
vs. *Èto byl+a*$_{FEM}$ *Tanja* 'This was Tania'.（这是塔尼亚）
vs. *Èto byl+i*$_{PL}$ *Vanja and Tanja* 'This were Vania and Tania'.
          （这是瓦尼亚和塔尼亚）

3）主语比表语更具有指示性（Padučeva & Uspenskij 1979）。

如果将这三条应用到（34）中，都是符合的。也就是说，我们能够判断出 PARIŽ'巴黎'是主语，这与说话者的想法是一致的：*Stolic+ej* $_{(fem)\,INSTR}$ *Francii byl+* $Ø_{MASC.SG}$ *Pariž* $_{(masc)\,NOM}$ '巴黎是法国的首都'。这里，将系动词变为过去式，PARIŽ 仍然是主格；系动词的形式与 PARIŽ 保持一致；PARIŽ 比 STOLICA'首都'指代性更强。而 **Stolic+a* $_{(fem)\,NOM}$ *Francii byl+a*$_{FEM}$ *Pariž+em* $_{(masc)\,INSTR}$（法国的首都是巴黎）则不符合语法规则。然而，在很多类型的句子中，这些标准并不起作用。比如（35）的主语是哪个？

（35）a. *Xorošij urožaj—èto udobrenija* '好收成——这是肥料' ≈
   '好收成需要肥料。'
  b. *Udobrenija—èto xorošij urožaj* '肥料——这是好收成' ≈
   '肥料能保证好收成。'

将这些句子改为过去式，得到：

(36) a. *Xorošij urožaj—èto byl+i*$_{PL}$ *udobrenija*$_{PL}$ '好收成——这是肥料'
b. *Udobrenija—èto byl*$_{MASC.SG}$ *xorošij urožaj*$_{(masc)SG}$ '肥料——这是好收成'

主谓一致也无法判断哪个是主语，而且也很难判断（35）中的哪个名词指代性更强。在这些情况中，俄国语言文学研究者通常会说（35）的句法具有不确定性，因为我们无法确定哪个是语法主语。在现有句子中，尽管这样的解释有一些不足但仍是可以接受的。然而，如果从语义结构出发来考虑这些句子的构造，便无法接受这个答案：说话者知道谁是谁，什么是什么，所以产出的句子必须是句法结构正确的。意义-文本模型可以建构并实现这一点。因此，我们必须基于从语义到句法的过渡，寻找其他判断句子主语的方式。

我们来分析一下（35）的产生过程。

☞ 此结构省略了形容词 XOROŠIJ '好'。

(37) a.（35a）的意义结构   b.（35a）的深层句法结构

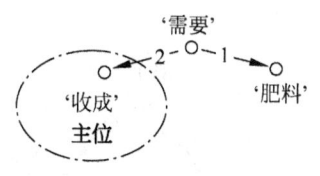 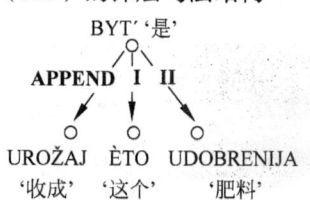

(38) a.（35b）的意义结构   b.（35b）的深层句法结构

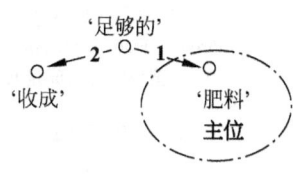 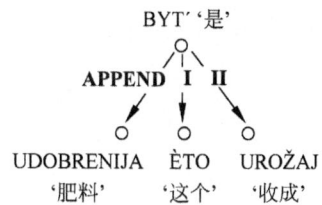

从句法角度来看，（35a）和（35b）中第一个名词是一个**预设**（prolepsis），指明了该句的主位；第二个名词是表语。两个句子的句法主语都是代词 ÈTO '这个'。

注意，如果在（37）和（38）中，我们以变量 X 和 Y 来代替名词

UROŽAJ 和 UDOBRENIJA，我们便得到'需要'和'足够'的语义结构⇔深层句法结构转换规则，即语义转换规则。

Dljapoezdki neobxodimo mnogo deneg'为了旅行需要很多钱'=
'这次旅行要花很多钱。'≡
Poezdka—èto mnogo deneg'旅行——这个很多钱'=
'这次旅行需要很多钱。'

115 和

Učastie Lënidostatočno dlja uspexa'莱昂亚的参加足够成功'=
'莱昂亚的参加确保了成功。'≡
Učastie Lëni - èto uspex'莱昂亚的参加——这个成功'=
'莱昂亚的参加意味着成功。'

我现在来说明 MTM 是如何将义素'σ'映射到两个完全不同的句法结构中的，'σ'可通过词汇或句法方式表示。我以义素'需要'和'足够'为例，句法实现形式为系动词'是'，它们之间的转换规则未指明交际条件。

（39）a.

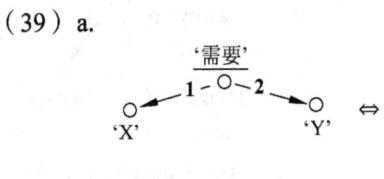 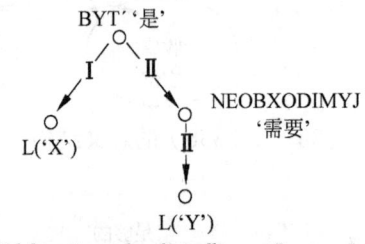

Udobrenija neobxodimy dlja xorošego urožaja
'肥料对好收成是必要的。'

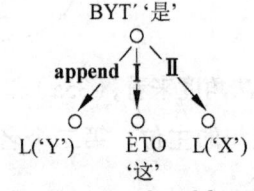

Xorošij urožaj –èto udobrenija
'好收成需要肥料。'

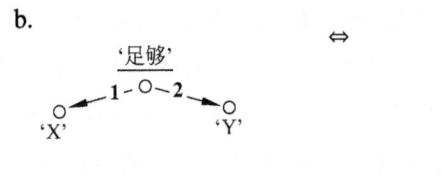
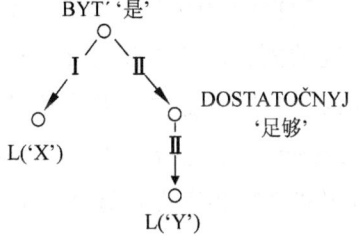

Učastie Lëni dostatočno dlja uspexa
'莱昂亚的参加对成功足够了。'

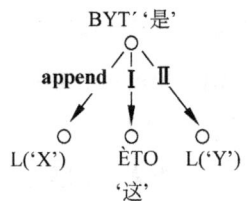

Učastie Lëni –ètouspex
'莱昂亚的参加保证了成功。'

5.2 意义-文本语言学和语言概念装置

首先我们在5.2.1中做了一个简要介绍，随后我们将介绍三组语言概念：**语言符号**（linguistic sign）（5.2.2），单词（5.2.3）以及与之密切相关的**格**（case）、**作格结构**（ergative construction）和**语态**（voice）（5.2.4）。

5.2.1 引言

与其他学科不同，语言学有如下特点：

‖ 语言学研究的对象和其主要工具是一致的，都是自然语言。

语言学家用自然语言描述自然语言，结果当然概念混乱、逻辑不通。正因如此，对语言学来说，创造足够形式化的概念系统、详细阐述相应严密的术语比任何其他学科都更为重要。因为对于其他学科来说，研究对象和描述语言是不同的。

意义-文本方法非常重视如何定义概念，并用无歧义的术语表达这些概念。发展一种**语言学元语言**（linguistic metalanguage）可保证研究领域的一致性，让同一现象的不同语言描述可以兼容，即相互可译。

20世纪50年代，意义－文本理论出现。以意义－文本方法为基础的研究的概念定位是建立在一群法国数学家的著作基础上的。这个数学家小组于1935年建立，命名为"尼古拉·布尔巴基"（参见 Halmos 1957和 Queneau 1963）。布尔巴基（Bourbaki）的任务是为现代数学创造一个统一的形式系统和形式元语言。受"现代布尔巴基主义"的启发（我觉得将形式化的方法引入语言学所起的作用也是有限的），我发起了一个项目，旨在建立一套语言概念系统（Mel'čuk 1975 和1978）。经过20年的探索，我们已建立了一个相对完整的、演绎的概念系统，并为语言形态学构建了相应的术语（Mel'čuk 1993—2000）。我们从逻辑、数学以及语言学等领域引进概念，如语言符号、词形、词位、词根与词缀、屈折变化、语法素、格、语态、语素与词素、异型、加强、变换、元音变换等。

这些概念根据下列三条原则建立：

- 一个概念应该**按照演绎方式定义**，也就是定义为最接近的上一级概念的子类型。比如短语素可以定义为"一个短语……"。因此，一个语言中的所有短语都必须划分为短语素和非短语素。
- 定义必须遵循**最小化**原则，保证概念之间差异最小化。只要有可能，定义中一个性质便可区分两个概念。因此，对短语素和非短语素而言，这个性质便是"约束"：受约束的短语便是短语素，否则为非短语素，也叫作自由短语。
- 概念必须建立在所定义现象的**典型案例**基础上。这里暂不考虑特殊情况，因为这些案例要考虑附加条件。

我们并不是说所有的定义都要满足科学定义所具备的标准形式要求。一个正确的定义应该：1）形式化（＝自动应用），2）严谨（＝只包含已经定义过的术语或难以定义的术语），3）必要且充分（＝详细说明所有典型的特征，避免所有非典型特征），同时4）饱和（＝涵盖所有能想到的与所定义的概念相关的实体／事实）。更多细节参见 Mel'čuk 2006b。

5.2.2 语言符号

语言符号是概念体系的基础，这点我们可以追溯到索绪尔的著名定义

(de Saussure 1916 [1962：99])："语言符号是一个具有两面性的精神实体，即《概念~声像》"。在同页，他又用《所指》代替了《概念》，用《能指》代替了《声像》。我觉得如果用它们的一般特征来定义这些术语更合适，因此，我用现代术语重申索绪尔对语言符号的定义。

‖ 一个语言符号就是一个二元组〈所指，能指〉。

语言符号的这两个方面已成为常识。但是，在索绪尔提出之前，并且在其后很多年，人们一直认为语言符号只有一个方面，"符号（sign）"被误认为等同于索绪尔所说的"所指（signifier）"。

☞ 这一困惑可以从自然语言中单词 *sign*、*signe*、*Zeichen* 的意义看出，一般说来它们都表示索绪尔所说的所指。这告诉我们语言学需要定义明确的元语言，以便与自然语言区分。"单词（word）"这一术语也是同样的情况，我们将在5.2.3介绍。

语言符号〈能指，所指〉在语言学中扮演的角色类似于现代数学中的集合（这一概念由康托 [G. Cantorin] 于1883提出）。

虽然索绪尔提出的符号概念非常重要，却不够完善，这是因为

‖ 配对〈能指，所指〉并没有完全指明符号。

比如，有一对〈所指，能指〉：

〈'object X goes down under the surface of liquid Y'；/sínk/〉

〈'X 在液体 Y 表面下下沉'；/sink/〉

这个二元组表示词位 [*to*] SINK，但是它没有表示这是一个动词，其过去式为 *sank*，可以支配介词 INTO（*The boat sank into the lake* 船沉入了河里）等信息。另一对相同类型的二元组

〈'X constitutes connection between Y and Z'；/link/〉

〈'X 构成了 Y 和 Z 之间的联系'；/link/〉

表示词位 [*to*] LINK，但同样没有说明它是一个动词，其过去式为 *linked*，可以支配一个名词 N 和介词 WITH，如 *This train links Paris with Belgium*（这趟火车连接了巴黎和比利时），名词形式为 [*a*] LINK 等信息。

然而，若没有这种类型的信息，便无法在表达中正确使用相应的符号。

解决方式必然是在语言符号中增加一个成分，以包含以上所有信息。

我将这一成分叫作**句构**（syntactics）（Mel'čuk 1982：26—28）。

现在，我们可以定义"语言符号"，这个定义包含所有必要成分。

定义 3：语言符号（Mel'čuk 1982：40—41）

∥ **语言符号**（linguistic sign）是一个有序三连体 s=〈所指，能指，句构〉

注：'s'表示所指，/s/ 表示能指，Σ 表示句构。

动词 WRITE1 的词干是英语中的一个符号，一个**基本片段**符号，也可称为一个语素。

write1=

= 〈 'X forms symbols Y on surface Z with tool W'，/ráˈt/，

Σ = verb, transitive, $\mathbf{A}_{\mathrm{PAT}}^{\mathrm{a^I \Rightarrow o^U}}$, $\mathbf{A}_{\mathrm{PART}}^{\mathrm{a^I \Rightarrow I}}$, ... 〉

（X 用工具 W 在 Z 上写下 Y，/ráˈt/，Σ = 动词，及物，过去时为 wrote，现在分词为 writing）

短语 write a capital N（写一个大写字母 N）同样是一个符号，但是一个**复杂组合**符号。

write a capital N=

= 〈 'X writes1 a capital N on surface Z with tool W'，/ráˈtəkǽpɪtəlén/，

Σ = verbal phrase, intransitive, ... 〉

（X 用工具 W 在 Z 上写下大写字母 N，/ráˈtəkǽpɪtəlén/，Σ = 动词短语，不及物）

下面我来介绍意义-文本方法是如何定义语言符号中这三个成分的概念的。

所指。通常情况下，符号的所指表示意义：'book'（书）(**book-**)，'excellent'（优秀）(**excellent-**)，'around the town'（在城镇周边）(**around the town**)，'Germany's unprovoked military invasion of Belgium's territory'（德国发动对比利时国土的军事侵略）(**Germany's aggression against Belgium**)等。然而，这不是唯一的可能，一个所指还可以：

- 为空，参见（46）；

- 是一个语法素（或一组语法素）：SG（符号 **-Ø, -us, -um, ...**）；PAST（**-ed, -t, ...**）；FEM、SG、DAT（俄语中的形容词后缀 **-oj**）；
- 是通过句法结构表示的表层句法关系 [=SSynt Rel]：L_1**-direct-objectival** → L_2, L_1**-modificative** → L_2 等。

能指。多数情况下，一个符号的能指由一串音位构成，称为**音段**（segment）；一个带有音段能指的符号便是**片段**（segmental）。一个基本* 片段符号叫作一个语素。语素构成了一种语言的大部分基本符号。这里是一些例子，各语素之间用 "+" 分隔：

（40）a. **money+less, re+enter+ed, key+Ø** vs. **key+s, down, Phew!**

b. 阿留特语

na	+	**rrə**	+	**tkəni**	+	**ɣə**m	'我做噩梦了。' =
3.PL$_{SUB}$		做噩梦		现在时		1.SG$_{OBJ}$	'它们 [= 精神] 带给了我噩梦'

c. 德语

Spät + **herbst** + **wald** + **es**	'深秋的森林'
晚　　秋天　　森林　SG.GEN	

能指同样可以为空，见（47）。而且，还有很多非片段符号，如：
- 超音段词缀（suprafixes）；
- 重复，元音变换（apophony），转换（conversion）；
- 句法结构

- **超音段词缀** [= **Supr**] 是一个非片段符号，其能指是一个超音段音位。

（41）南特克语：超音段词缀表示动词的情态、时态和人称-数。

上标表示语调：^{H}（高），^{M}（中）和 ^{L}（低），两个语调组合可表示一个复音。符号 " ′ " 表示短而重的音节。

a. *tá*^{ML}　　'我在切东西'　　vs.　　*tá*^{HL}　　'我将切东西'

b. *ta*^{M}　　'我们快到了'　　vs.　　*ta*^{H}　　'我们会到吗？'

---

* 当且仅当符号不能用其他两个或两个以上符号表示时才叫作基本。

122   （41a）列出了两个超音段词缀：

$$\text{Supr}^{\text{DECLAR, PRES, 1SG}} = \langle \text{DECL, PRES, 1, SG;}\ ^{\text{ML}};$$
$$\Sigma = 超音段词缀，用于\text{TÁ}类型的动词，\ldots\rangle$$

$$\text{Supr}^{\text{DECLAR, FUT, 1SG}} = \langle \text{DECL, FUT, 1, SG;}\ ^{\text{HL}};$$
$$\Sigma = 超音段词缀，用于\text{TÁ}类型的动词，\ldots\rangle$$

第一个超音段词缀表示现在时、陈述语气、第一人称单数，体现在动词的中低语调上。将这一超音段词缀应用到动词上，句法上表示为"TÁ 类型"。

（41b）为另外两种超音段词缀：

$$\text{Supr}^{\text{DECLAR, PRES, 1PL}} = \langle \text{DECL, PRES, 1, PL;}\ ^{\text{M}};$$
$$\Sigma = 超音段词缀，用于\text{TA}类型的动词，\ldots\rangle$$

$$\text{Supr}^{\text{INTERROG, FUT, 1PL}} = \langle \text{NTER, FUT, 1, SG;}\ ^{\text{H}};$$
$$\Sigma = 超音段词缀，用于\text{TA}类型的动词，\ldots\rangle$$

- **重复** [= Red]、**元音变换** [= A] 和**转换** [= Conv] 是非片段符号，相应的形态操作是其能指。

重复

（42）迪尔巴尔语

'笑'	miyanday	~	miyamiyanday	'笑得太多'
'等'	miḍul	~	miḍumiḍul	'等了好久'
'抹粉'	gulgiṛibil	~	gulgigulgiṛibil	'抹了太多粉'

重复

$$\text{Red}_{\text{TOO-MUCH}} = \langle\ '太多'\ ;\ /C_1V_1C_2(C_3)V_2\Phi/ \Rightarrow /C_1V_1C_2(C_3)V_2R/\ ;$$
$$\Sigma = 重复，应用于动词，\ldots\rangle$$

☞ /Φ/ 表示任意音位。

123   元音变换，或意义（= 意义负载）交替

第五章 意义-文本语言学

(43) 意第绪语：表示名词复数形式的元音变换

	SG		PL		SG		PL
'银行'	bank	~	benk	'脖子'	haldz	~	heldz
'天'	tog	~	teg	'头'	kop	~	kep
'兄弟'	bruder	~	brider	'儿子'	zun	~	zin
'客人'	gast	~	gest				
'鸟'	foygl	~	feygl				
'奶牛'	ku	~	ki				

$A_{PL}^{a/o} \Rightarrow^{e} = \langle PL; \{/a/, /o/\} \Rightarrow /e/;$

$\Sigma = $ 元音变换，用于 A 类型的名词，... $\rangle$

$A_{PL}^{u} \Rightarrow^{I} = \langle PL; /u/ \Rightarrow /i/; \Sigma = $ 元音变换，用于 A 类型的名词，... $\rangle$

（形态）<u>转换</u>

(44) 西班牙语：通过转换将水果名变为果树名。

'苹果'	manzan+a	~	'苹果树'	manzan+o
'李子'	ciruel+a	~	'李子树'	ciruel+o
'樱桃'	cerez+a	~	'樱桃树'	cerez+o
'橘子'	naranj+a	~	'橘子树'	naranj+o

$Conv_{TREE} = \langle$ '结水果的树 Y'；阴性 $\Rightarrow$ 阳性；$\Sigma = $ 转换，

用于名词 ('水果', 阴性)，... $\rangle$

意义 '结水果的树 Y' 是通过水果 Y 名称的句构中 "阴性 $\Rightarrow$ 阳性" 来实现的，这一替代自然伴随着后缀 -a$\Rightarrow$-o 的改变。

- **句法结构**，其能指为带有合适句法特征的词性组合，所指是句法依存关系。

(45) 俄语

NUM + ... + N | **AGREE**(Num, N)

☞ "..."表示可以插入其他词性，如形容词；AGREE（Num, N）是一套规则，描述数词和名词的一致性以及该名词的支配形式。

这一形式表示表层句法关系 quantitative（数量）：

$\text{SSyntRel}_{\text{QUANT}} = \langle L_1\text{–}\textbf{quantitative} \to L_2 ; \text{NUM} + ... + \text{N} \,|\, \textsf{AGREE(Num,N)} ; \Sigma = ...\rangle$

$dvadacat'odin_{\text{MASC}}$	$stol_{\,(\text{masc})} + \varnothing_{\text{SG, NOM}}$	'21张桌子' ~
$dvadacat'odn + a_{\text{FEM}}$	$skam'_{\,(\text{fem})} + ja_{\text{SG, NOM}}$	'21张凳子'
$dv + a_{\text{MASC}}$	$stol_{\,(\text{masc})} + a_{\text{SG, GEN}}$	'两张桌子' ~
$dv + e_{\text{FEM}}$	$skam'_{\,(\text{fem})} + i_{\text{SG, GEN}}$	'两张凳子'
$pjat$	$'stol_{\,(\text{masc})} + ov_{\text{PL, GEN}}$	'五张桌子' ~
$pjat$	$'skam_{\,(\text{fem})} + ej_{\text{PL, GEN}}$	'五张凳子'

句构。语言符号的句构必须且仅需包括以下信息：(i)保证其能正确使用，(ii)不能根据其所指和能指的通用规则推导得到（从这个角度来看，句构是任意的，只适用于特定的语言符号）。从语用角度来看，词组 *#drink honesty* 是不正确的，因为两个词汇的所指不兼容，因此这一用法不应出现在它们的句构中。词组 **a option* 的情况也一样，其正确形式应该是 *an option*，这是由通用规则（*a* | __ / 辅音 /，*an* | __ / 元音 /）决定的。因此，这个错误的词组不能写入名词 OPTION 的句构中。

从形式上来说，句构表示一套句法特征，每个特征都有一组相应的值。下面举几个例子说明：

1) 每个符号都有一个特征表示其形态类型：

{词形，语素，形态操作，超音段语素……}

2) 每个语素都有具体的形态地位：

{词根，词缀，前缀，后缀，中缀，转缀，互缀……}

3) 每个<u>词根</u>[22]详细说明了下列句法信息，这些信息均无法根据通用规则得到：

(i) 词性：{动词，名词，形容词，副词，从句[23]}

(ii) 变格/动词的词形变化

(iii) 支配形式

（iv）词汇函数

（v）可能变换

（vi）体裁标记：{正式，非正式，口语，俚语，诗意的……}

名词的词根还需规定以下信息：

（vii）性/名词类别

（viii）可数性：{可数，不可数}[24]

4）每个词缀都应该指明：

（i）词根的词性：

　　　{名词的、动词的、形容词的、副词的后缀}

（ii）相对于词根的线性位置

（iii）词缀引起的词根内的变换

一个符号的句构标记于该符号的右下标括号中；如 FOOT$_{(N, APL)}$，SLEEP$_{(V, A_{PAST},\ Magn:\ profoundly,\ like\ a\ log)}$ 等。

现在我们可以得到一个重要的说明：

‖ 依照上面的定义，只有**自然语言**的符号具有句构。

形式语言的符号，如数学家、计算机科学家、物理学家、化学家等使用的语言，则不具有句构，它们依据意义（=所指）与其他符号结合使用。自然语言中符号的句构是任意的，一般不能由通用规则指明。我们可以通过名词有性区分的语言来看，比如法语和俄语。法语中有 *la* TABLE$_{(fem)}$ '这张桌子' vs. *le* MEUBLE$_{(masc)}$ '这个家具'，俄语中有 *odin* DIVAN$_{(masc)}$ '一张沙发'、*odna* KROVAT′$_{(lem)}$ '一张床' vs. *odno* LOŽE$_{(neu)}$ '一张沙发、床 [以前的用法]'。形式语言没有相似点。没错，形式语言中的符号可能有复杂的使用规则，但这些规则要么与该符号的意义有关，要么与该符号的形式有关。以数学中的求和运算为例：$\sum_{i=1}^{n} i$。我们以一个符号的标准形式来表示：

summing = 〈'对从 1 到 n 的连续整数求和'；$\sum_{i=1}^{n} i$〉

这个符号无须句构，也不可能有句构。

‖ 自然语言是唯一把句构作为组成成分的语言。

这一构成方式可以作为自然语言的另一定义。

有趣的是，句构是语言符号中唯一不会为空的成分：所以现在我们来讨论这一新话题。

所指可以为空：**空符号**（empty signs）。

（46）a. 空词根

因纽特语为我们提供了一个很好的空词根的例子。因纽特语在名词后加后缀表示动词的意思。如'买'通过后缀 **-si** 表示，'制造［产品］'通过后缀 **-lior** 表示，因为该语言中没有相应的动词。表达'买东西'，就在名词后添加后缀即可。因纽特语中'帐篷'表示为 **tupi-**，因此'买帐篷'便是 **tupi+si-**，'制造帐篷'是 **tupi+lior-**。表达买东西、制作东西这一活动，因纽特语要用到一个"补白"，即一个意义为空词根 **pi-**，形成 **pi+si-** '正忙着买东西'，**pi+lior-** '正忙着制造东西' 等。

因纽特语的空词根

pi- = ⟨ Λ ; /pi/ ; Σ = 词根，名词，...⟩

    b. 空词缀

西班牙语中的空**主位成分**（thematic elements）[= Them.El]
habl+*a*+*mos* '［我们］说话' ~ *corr*+*e*+*mos* '［我们］跑步' ~ *dorm*+*i*+*mos* '［我们］睡觉'

Them.El = ⟨ Λ ; /a/ ; Σ = 后缀，和动词连用组成 "V-a"，...⟩
Them.El = ⟨ Λ ; /e/ ; Σ = 后缀，和动词连用组成 "V-e"，...⟩
Them.El = ⟨ Λ ; /i/ ; Σ = 后缀，和动词连用组成 "V-i"，...⟩

能指同样可以为空，即**零符号**（zero signs）。

（47）a. 零词根

第五章 意义-文本语言学

基隆迪语中指示代词性形容词的零词根现象

基隆迪语有四个指示代词性形容词，这里我列出了三种，并从12种名词类别中选取了6个：

指示性形容词＼名词类别	I	II	III	IV	V	VI
'这个——和你接近'	uw+o	ab+o	uw+o	iy+o	iry+o	ay+o
'这个——和他/她接近'	u+*rya*	ba+*rya*	u+*rya*	i+*rya*	ri+*rya*	a+*rya*
'那个——离我们很远'	u+*riiya*	ba+*riiya*	u+*riiya*	i+*riiya*	ri+*riiya*	a+*riiya*

基隆迪语中指示性形容词由一个**词根**（-o，-rya 和 -riiya）[25]和一个**名词类别**的前缀构成，表示形容词和所修饰名词之间的一致关系。然而，第四个指示性形容词'这个——和我很近'有不同的组合形式，如 **uwu**、**aba**、**uwu**、**iyi**、**iri**、**aya** 等。它由一个名词前缀构成，这个名词前缀后（在这个单词范围内）不再有其他成分。然而我们知道，按照前缀的定义，其后必须有一个词根，因此我们认为这些形式属于零词根，或者说这个词根的能指不包含音位。

$Ø_{1SG}$=〈'这个——和我很近'；Λ；Σ=词根，形容词，代词性，指示性，...〉

b. 零后缀

俄语中很多词没有后缀，如：

SG.NOM　　róg+Ø '号角'　　PL.GEN　　rog+óv '号角的'；
ROG $_{(masc)}$ 是第二变格名词
SG.NOM　　nog+á '脚'　　PL.GEN　　nóg+Ø '脚的'；
NOGA $_{(fem)}$ 是第一变格名词
SG.NOM =〈SG.NOM；Λ；Σ= 后缀，与第二变格的阳性名词相联系，...〉[128]
PL.GEN =〈PL.GTEN；Λ；Σ= 后缀，与第一变格的阴性名词相联系，...)

而且，一个符号的能指和所指还可以同时为空，这样我们便得到一种看似矛盾的符号，这种符号只包含句构，我们称之为**空零符号**（empty zero signs）。在主语脱落语言中，**空填充词**（expletive）和**气象**（meteorological）代词便属于这种类型。[26] 如：

（48）西班牙语

    a. $\emptyset^{\text{expletive}}$ *Se vive bien aquí* '**[It]** lives oneself well here'. = 'One lives well here（一个人在这住得很好。）'

    b. $\emptyset^{\text{meteo}}$ *Llueve* '**[It]** rains（下雨了。）'

这些句子中，谓语动词为第三人称单数，但是没有"可视"主语。因为西班牙中没有哪个词可以对应英语 *It rains* 中的 IT。然而，一般情况下，表示人称和数的语法素要加在谓语动词上，以便与主语保持一致关系。因此，我们说在（48）中，动词的形式和虚拟的主语 $\emptyset_{3SG}$ 一致，对应英语中的 IT（*It rains*）、法语中的 IL（*Il pleut*）以及德语中的 ES（*Es regnet*）：

$\emptyset_{3SG} = \langle \Lambda; \Lambda; \Sigma =$ 词形，代词，3，SG，... $\rangle$

这个"被截肢"的符号，既没有能指也没有所指，只是因为其句构才得以存在。

对大多数语言的符号而言，所指是义素的构造，指示该符号代表的实体或事实的无穷集 **D**。* 这一集合 **D** 叫作该符号的**指示**（denotation）。因此，名词 SCREEN 的指示便是所有可以想象出来的屏幕的集合，包括那些尚不存在的屏幕。但是当名词 SCREEN 出现在一个具体的话语中，如（49），它便指这个集合 **D**（SCREEN）中一个具体成分，如在（49）中表示我们现在正在看着的**这个**屏幕。

（49）We could not take our eyes off the screen.（我们无法从屏幕上移开视线）

这个具体成分便是句中符号 **s** 的**指示物**（referent）。

---

* 严格来说，一个语言符号指向一个超语言事实或实体的精神意象，但在这里我忽略这一细节。

☞ 一个符号的**指示**是其所有可能指示物的集合。语言符号、所指和其指示物的区别在弗雷格（G. Frege：Frege 1892）中已有表述。

我始终坚持在描述句中符号 s 的功能时，符号 s 指示性地位的重要性。

介绍完语言符号的特征，现在我再次强调其在语言学中的重要性以作为总结。语言符号的概念是所有形态概念的基础：

- 语素是基本片段符号；
- 词根是语素，其句构多数情况下发生于词位间，关系到话语中词形的共现；
- 词缀是语素，但不是词根；
- 词形是自治的最小符号，了解更多可参见 Mel'čuk 1982 和 1993—2000。

句法中的所有中心概念，如短语、从句、句子、句法结构等都是通过词形和它们之间的依存关系表述的。因此，符号的概念在句法中发挥的作用并不亚于其对形态的作用。语义和词汇建立在义素概念基础上。义素是词汇单位、特别是词位的所指，词位则包括词形和短语（＝分析型），只有屈折变化特征（如，*take, takes, took, has taken, will be taking* 等）。词形和分析型短语当然也是语言符号。而且，主要语言运算，即语言结合 $\oplus$，便是根据语言中所有符号的集合定义的，表示为 $s_1 \oplus s_2 = s_3$，如 **bush-$\oplus$-es = bushes** 或 **sing-$\oplus A_{PAST}$ = sang**。$X \oplus Y$ 表示根据语言 **L** 的规则并考虑 X 和 Y 的相关特征，将语言字符 X 和 Y 结合起来。

组合对语言学来说非常重要，特别是对于语法描述来说非常重要。这一重要概念同样是根据符号建立的。

定义4：语言符号的组合性

如果 s_1s_2 可以写作 $s_1 \oplus s_2$，这个复杂符号 s_1s_2 才能叫作**组合的**（compositional）；也就是说，根据语言 **L** 的规则，复杂符号 s_1s_2 的三个成分，所指、能指和句构是符号 s_1 和 s_2 相应成分的组合：

's$_1$s$_2$' = 's$_1$' $\oplus$'s$_2$'； /s$_1$s$_2$/ = /s$_1$/ $\oplus$ /s$_2$/；且 $\Sigma_{s_1 \oplus s_2} = \Sigma_{s_1} \oplus \Sigma_{s_2}$。

5.2.3 单词

单词的概念尽管含糊，但对于语言学来说非常重要。然而，"单词"尚不存在严格的、被广泛接受的定义。其原因可能类似于符号没有准确定义。也就是说自然语言中单词这个词具有多义性和模糊性。要想进一步了解"单词"的概念，唯一的办法便是将其放到一个充分形式化的概念体系中。为了展示我的观点，这里我从各个不同方面提供"单词"的定义。我们这里阐述的定义都已简化，要想了解完整定义，参见 Mel'čuk1993-2000：vol. 1，167—252。

首先要区分**词形**（wordform）和**词位**（lexeme），尽管从广义上来说，两者都可以叫作单词。同时，也要区分**语言词形**（wordform of language）和**言语词形**（wordform of speech）。

通俗来说，词形是只拥有一种意义、以一种语法形式表现的单词。因此，动词 $PAINT_{(v)}$ 1 '涂色于某一表面…' ~ $PAINT_{(v)}$ 2 '画画…' 所对应的符号 **paint1**、**paints1**、**painted1**、**painting1**~ **paint2**、**paints2**、**painted2**、**painting2** 等都是不同的词形。严格来说，一个词形便是一个语言符号，而且大多数情况下是复杂语言符号（除**孤立语**（isolating language）外，即那些只有少量或没有形态变化的语言）。词形可根据自治和最小化两种特性定义。下面我介绍这两个概念。

定义5：语言符号的自治

当且仅当一个语言符号 s_1 满足下列条件，才能叫作**自治**（autonomous）：

- 要么 s_1 有**强自治性**（strongly autonomous），也就是可以出现在两个完全的停顿之间。
- 要么 s_1 有**弱自治性**（weakly autonomous），即它不能出现在两个完全的停顿之间，但是
  1） s_1 可以和一个具有强自治性的符号 s_2 构成一个具有强自治性的、复杂的符号 s_1s_2；而且
  2） s_1 满足弱自治性三个条件中的一个：可分离、不加选择、可变性。

否则，语言符号便**不可自治**（non-autonomous）。

弱自治的三个条件按层级排列：如果第一个条件满足，便可以确定是弱自治符号；否则，就要检查是否满足第二个条件。如果第二个条件满足，便可确定符号具有弱自治性；否则，就要检查第三个条件。

- **可分离**。如果向 s_1s_2 中加入强自治符号 s_3，便可得到 $s_1s_3s_2$，那么 s_1 便是**可分离的**（separable）。如俄语中，介词 v '进入……内' [= s_1] 不能单独出现，但 **komnatu** '房间' [= s_2] 和 **v komnatu** '进入房间' [= s_1s_2] 都具有强自治性，而且在词组 v našu komnatu 中，所有格形容词 **našu**[= s_3] '我们的' 也具有强自治性。v 是可分离的，因此它便是一个弱自治符号。
- **不加选择**。如果符号 s_1 不一定要与 s_2 一起出现，或者不一定要与 s_2 类型的符号一起出现，它便是**不加选择的**（unselective）。如在俄语中，加强语气的小品词 **že** ≈ '至于' 不可从与其搭配的词形中分离，因为它是一个**附着词素**（clitic）[27]。说得更准确一点，是一个后置附着词。但是它可以与任意类别、任意类型的词形连用；*Ty že utrom ne zvonil* '至于你，你早上没有打电话' ~ *Ty utrom že ne zvonil* '至于早上，你没有打电话' ~ *Ty utrom ne zvonil že* '至于打电话，你早上没有打'。因此，*že* 是一个弱自治符号。
- **可变性**。如果在不同语境中，符号 s_1 和 s_2 的位置是相对的，便是**可变的**（transmutable）。西班牙语中的副词性附着词 s_1 不可从其支配动词中分离，而且具有高度选择性，只能与谓语动词或不定式连用。然而它仍具有弱自治性，因为它能和 s_2 交换位置。

(50) 西班牙语

    a. *¡Tómalo!* '拿着！' ~ *¡No lo tomes!* '不要拿！'
       [肯定命令后置 vs. 否定命令前置]

    b. *Quisiera poder tomarlo*　　'[我/他/她] 想可以拿着它'
       ~
       Lo quisiera poder tomar　　'[我/他/她] 它想可以拿'

定义6：语言符号的最小化

如果一个语言符号 s，无论是自治或不可自治的，不能用两个以上同类符号表示，便是**最小化的**（minimal）。

英语符号 **ballet**（芭蕾）和 **school**（学校）都是自治的、最小的符号，而自治符号 **ballet school**（芭蕾学校）则不是最小的：ballet school = ballet ⊕ school。类似地，后缀 **-er**（eat+er）和 **-s** 是不具有自治性的、最小的符号，而复合符号 **-ers** 虽然不具有自治性，却也不是最小的，这是因为 -ers = -er ⊕ -s。

介绍了语言符号的自治性和最小化，现在可以给出词形的定义了。

定义7：词形

如果一个片段语言符号 s 具有自治性且是最小化的，便是**词形**（wordform）。

自治将词形和词形的组合部分，即语素（词根和词缀）区分开来；因此，-er 和 -s 不是词形，因为尽管它们已是最小化的，但不具有自治性，它们只是后缀。最小化也将词形和短语区分开来。因此，**ballet school** 不是一个词形，因为它虽然是自治的，但不是最小的，而是一个由两个词形构成的短语。

 记住语言学中的通用方法原则：

语言 L 的任意单位与 L 中相同类型的单位有通用性质。

特别是语言 L 中所有的词形至少有相似的语义、句法、形态和音韵特征。这里不再介绍这一点，以免阻碍现有讲解。[28]

定义8/9：语言/言语的词形

1. 如果一个词形可以出现在任何符合句法的语境中，或者至少是在最合适的语境中，它便是**语言词形**（wordform of language）。

2. 如果一个词形只在某些特定语境中才有可能出现，它便是**言语词形**（wordfrom of speech）。言语词形是依据句法规则创造的，或将一个语言词形分为两个得到，或将两个语言词形并为一个得到。

"语言词形"和"言语词形"的对立当然是建立在索绪尔提出的著名

论断"语言与言语"基础上的。语言，正如读者理解的那样，是一种可以保证意义与文本对应的装置，这种对应关系这里是通过意义-文本模型实现的。语言词形是词位的组成部分，后者储存于词库中，也就是置于语言中（说话者的头脑中）。而言语词形则是根据语言的通用规则，产生于由语言词形构成的特定语境中。

现在我们来介绍词形的概念。定义5中所有例子提到的符号都是语言词形，它们都具有自治性（至少具有弱自治性）且是最小化的。这里给出言语词形的一些例子。

（51）a. 德语

  动词 ZU+MACHEN '关'：

  （i）*Er machte die Tür zu* '他关上了门' ~

  （ii）*Ich weiß, daß er die Tür zumachte* '我知道他关上了门'

动词派生前缀 **zu-** 具有自治性，可以与动词分离，位于主句最后。在这一情况下，**zu-** 具有一个德语词形的所有特征（德语中还有一个介词 **zu** '向'，是一个语言词形）。我们必须将（51a-i）这个可分离的前缀 **zu-** 看作一个词形，一个言语词形，但这只是一个"偶然"情况。

  b.（i）法语

  *à le Canada '在加拿大' ⇒ *au* /o/ *Canada*

如果冠词 LE（限定、阳性单数）位于辅音前，其前的介词 À '在' 便和其"融为"一体，产生一个新的符号 **au**。（如果 LE 位于元音前，À 和 LE 便不会融为一体，此时 le 要缩减为 l'，如 *à l'Ontario* '在安大略湖'，而不能写作 *au Ontario。）符号 **au** 包含了法语词形的所有特征，因此我们无法否认这是一个言语词形。

  （ii）波兰语

  na niego　　'在他'　　⇒　　**nań**　　/naɲ/

dla niego	'为了他'	⇒	**dlań**	/dlaɲ/
z niego	'从他那'	⇒	**zeń**	/zeɲ/
do niego	'给他'	⇒	**doń**	/doɲ/

有几个支配宾格或所有格的介词可以与代词 **niego** '他' 融为一体，形成一个复杂的言语词形。这种表达方式有一点复古，常出现在文学作品中。

语言词形可以组合为**词位**（lexeme）。言语词形当然不属于词位。

定义 10：词位

‖ 词位包括所有词形和分析型短语，其特点在于严格屈折变化。

词位 TAKE$_{(V)}$ 'X 在手上拿着 Y'（玛丽拿着一个杯子）包含下列词项：

- 词形：*[to] take, [I, you, ...] take, takes, took, taken, taking, ...*
- 短语：*will take, would take, [to] have taken, [I, you, ...] have taken, has taken, had taken, am taking, are taking, have been taken, ...*

词位是词典中的单位。一个词位的所有成分，即词形和短语，具有相同词典编辑特征，可以描述为同一词项。

☞ 屈折的概念和屈折值（= 语法素）优先于词位定义，且独立于词位概念：参见 Mel'čuk 2006a：21—23。

语言中的很多词位只包含一个词形。这适用于所有的**无变化单词**（invariant words），如介词、连词，还有副词、拟声词、感叹词、部分形容词。如 ABOUT、FOR、WHEN、HERE、ACHUM!、THE、HAZEL [eyes]。在孤立语中，如汉语或越南语，大多数词位只包含一个词形。但由数学知识可知，含有一个元素的集合不等于一个元素本身：{ε} ≠ ε。

5.2.4 格，作格结构，语态

最后，我想举一个例子。这个例子体现了在语言描述中，一个概念可以有明确的定义，而且严密的术语非常重要。从技术角度来看，这个例子是相当复杂的，但我希望读者能凭借自己的毅力读完并理解。例子来源于一种非洲语言——马赛语，属肯尼亚和坦桑尼亚的东尼罗河语支（这一语支还包括马赛语、图尔卡纳语、特索语、兰戈语和其他几种小语言）首先我们需要了解**格**（case）的概念。

一种东尼罗河语言一般有两个格，通常称为主格和宾格。半个多世纪以来，这个格形成了很多特征，使得东尼罗河语言，特别是马赛语与很多其他语言有显著差异。查阅一本介绍马赛语语法的书，这也是目前唯一一本：Tucker & Mpaayei 1955（T&M）；这本书准确、一致且清楚地描述了这种语言。这本书中对格的表述为：

- 宾格是名词的基本（=词典编辑）形式。
- 主格由宾格借助音调的**元音变换**（apophony）而来。
- 主格由介词支配，宾格则不受介词支配。
- 宾格用来标记：
- 直接宾语；
- 话题前移（=预设）；
- 直接引语中的名词（如果该名词不是由支配主格的呼格小品词引导）；
- 系动词 RÁ 'be（是）'；
- 所有者：ɔlčɔré lɔ **layíònì**$_{ACC}$ 'friend that of.boy' = 'boy's friend（男孩的朋友）'（lɔ 是一个连接词）。
- 主格用来标记：
- 除被动形式的主语外其他所有的句法主语（记住：T&M 所说的"主语"并不是我们平时所说的主语！）；
- 所有斜格补足语，包括那些受介词支配的成分。

除宾格的第一条特征外，该语言中这两种格的特征都非常独特。我不知道除东尼罗河语外，是否还存在相似的情况。而且，主格和宾格的特点使得马赛语的被动描述更为奇特。马赛语中，被动形式的主语应该是宾格形式，而施事格补足语则应该是主格形式。比如，T&M 这样描述了（52）中的句子。

（52）马赛语（′表示高音，^表示起-伏音调）

 a. *É*   +   *rík*   +   *i*   *nkíshú*   *aainei*
  3.PL$_{SUB}$·3.PL$_{OBJ}$ 带领   被动   奶牛（PL.ACC） 我的

lmúrrân
年轻的士兵（PL.NOM）

'我的奶牛由年轻的士兵带领。'（T&M：81，§94）。

☞ 马赛语及物动词表现出双人称一致性。这点我们可以由（52a）看出，谓语（带领）与句法主语和直接宾语都保持一致。

 b. *ɛ́*   +   *ɪrɔrcrʊ*   +   *kí*   *yíóók*
  3.PL$_{SUB}$·1.PL$_{OBJ}$ 欢迎（过去式）   被动   我们（ACC）

Iltʊŋaná
人们（PL.NOM）

'我们受到人们的欢迎'（T&M：132，§172）。

  正如 T&M 所说，在（52b）中，主动词与施事格补足语'人们'（第三人称复数）保持主谓一致（这一表达方式类似于英语中的 by 短语），而不是与被动式中的主语'我们'一致。同时，动词还与假定的主语（第一人称复数）保持动宾一致。但一般而言，马赛语的谓语动词与主语保持主谓一致，与直接宾语保持动宾一致。我将在下文中介绍这种不一致性。

  根据这一描述，基南（E. Keenan 1976：326—328）发展了一种语态新理论。然而马赛语的格、语态和一致类型的奇特性（正如 T&M 描述的）实际上源于术语的混乱。

  格。在东尼罗河语言的分析中，非洲学研究者将扮演句子主语角色的名词称作主格，扮演直接宾语的名词称作宾格。换言之，它们与拉丁语语法一致！然而，从逻辑上来看，根据句法角色来判断格是不正确的。原则上，一个由某个格标记的名词可能执行不同的句法角色，而一个名词的某个句法角色也可能由不同的格来表示。*否则，就没必要区分句法角色和标记角色的格。

主格（nominative）在所有有格概念的语言中被定义为命名格，这与该词的拉丁语源相对应。根据定义，这是基本格，是名词的词典形式的格。因此，如果一种语言存在格，必然有主格。如果我们接受这一定义，转换东尼罗河语言中现有格的名称，就会发现非常相似的情况：马赛语中的基本格也是主格，却被错误地叫作宾格。这里我所指的主格是产生斜格（被T&M错误地将其称作主格）的基础，借助音调的元音变换实现。斜格可以由介词支配，也是句子的施事补足语。这点在类型学上有很多研究，如古法语、库尔德语和帕米尔语言的主格和斜格有相同的分布和用法。当然，主格作为直接宾语，斜格作为句子主语也不足为奇，如典型的**作格结构**（ergative construction），参见 Mel'čuk 1988：153—263 和 1997。[29]

作格结构。马赛语中的作格结构覆盖了所有动词，包括所有的不及物动词。这一现象在其他语言中同样存在，比如明格列尔语和瓦波语。

（53）a. 明格列尔语

(i) *K'oč + Ø + k*　　*kumortu*

　　人　SG　ERG　　来了

'那个人来了'（主格形式应为：*k'oč+i*）。

---

* 下面来看几个俄语例子。

– **宾格**可以表示直接宾语，作为介词补足语或形容一段时间：

(i) a. *Dajte*–[*nam esšě*]–**dir-obj** → *nedel+ju*$_{SG.ACC}$!　　'再给我一个星期！'

　　b. *na*–**prepositional** → *nedel+ju*$_{SG.ACC}$　　'在一个星期内'

　　c. *Nedel+ju*$_{SG.ACC}$ ← duration-circum–*bolit golova*　　'[我]感冒已经一个星期了'

– 介词补足语可以由任何除主格之外的格表示：

(ii) a. *na*–**prepositional** → *nedel+ju*$_{SG.ACC}$　　'在一个星期内'

　　b. *bez*–**prepositional** → *nedel+i*$_{SG.GEN}$　　'没有一个星期'

　　c. *k*–**prepositional** → *nedel+e*$_{SG.DAT}$　　'到一个星期'

　　d. *s*–**prepositional** → *nedel+ej*$_{SG.INST}$　　'有一个星期'

　　e. *o*–**prepositional** → *nedel+e*$_{SG.PREP}$　　'大约一个星期'

140 （ii） K'oč + Ø + **k**　　gaagibu　c'q'ar + Ø + *i*
　　　　人　SG　ERG　加热　水　SG　NOM
　　　　'那个人把水加热了'。
（iii） Muš + ep + **k**　　karxana + Ø + Ø　　geiašenes
　　　　工人　PL　ERG　植物　SG　NOM　种植
　　　　'工人种植植物'。~
　　　　Karxana + Ø + **k**　　iišenu　muš + ep + iše
　　　　植物　SG　ERG　被种植　工人　PL　INSTR
　　　　'植物由工人种植'。

-k 表示的作格（和 **-i/-Ø** 表示的主格不同）是所有不定过去式动词的句法主语；及物动词的直接宾语为主格。

b. 瓦波语（Thompson *et al.* 2006：10—12；t̪ 代表齿槽音 /t̪/，在音位上和齿音 /t/ 不同）：
（i） K'ew + *i*　　čica + Ø　　t̪'ataʔ
　　　人　SUBJ　熊　NOM　杀
　　　'那个人杀了那只熊'。
（ii） K'ew + Ø　　čic + *i*　　t̪'ataʔ
　　　人　NOM　熊　SUBJ　杀
　　　'那只熊杀了那个人'。
（iii） Čic + *i*　　t̪'olkheʔ
　　　熊　SUBJ　被抓
　　　'那只熊被抓住了'。
（iv） Čic + *i*　　tučʼakhi
　　　熊　SUBJ　大
　　　'那只熊很大'。
（v） Čic + *i*　　olah　　t̪'aʔ + Ø　　nehkhiʔ
　　　熊　SUBJ　四只　爪子　NOM　有
　　　'熊有四只爪子'。

-i 表示的主语格和 **-Ø** 表示的主格不同，可作为所有动词（包括被动语态、限制语动词以及所有时态的动词）的句法主语。及物动词的直接宾语为主格，这点和明格列尔语一样。

语态。我们再次回到马赛语句子（52）中，并标上正确的格标签：

（54）马赛语

a. *É*   +   *rík* + *i*   *nkíshú*   *aainei*
   3.PL$_{SUB}$.3.PL$_{OBJ}$ 带领 PASS 奶牛（PL.NOM） 我的
   lmúrrân
   年轻的士兵（PL.OBL）
   '我的奶牛由年轻的士兵带领。'（T&M：81，§ 94）。

b. *ɛ́*   +   *ɪrɔrɔkɔ*   +   *kɨ*   *yíóók*
   3.PL$_{SUB}$.1.PL$_{OBJ}$ 欢迎（PAST） PASS 我们（NOM）
   ɪltʊŋaná
   人们（PL.OBL）
   '我们受到人们的欢迎'（T&M：132，§ 172）。

这些句子不仅是简单的被动句，而且用了一种不同的语态——**局部降级被动**（a partial demotional passive）。词形 *nkíshú* '奶牛' 和 *yíóók* '我们' 都是主格。因为它们是作格结构的成分，因而不是主语，而是直接宾语。这也解释了为什么动词和它们保持一致。这一语态的动词不可能拥有一个自由词汇主语，因为它已经有一个非限定人称主语 Ø$_{3PL}$（'«他们»'）。这个人称主语与法语中的 ON 以及德语中的 MAN 语义一致。在马赛语中，局部降级被动的**特质**（diathesis），如（55b）中动词的语义论元和深层句法论元之间的对应关系为：X ⇔ III（X='年轻的士兵'），Y ⇔ II（Y='奶牛'）。马赛语中及物动词主动语态的特质为：X ⇔ I，Y ⇔ II（这是主动语态），参见（55a）：

（55）a. *Lmúrrân*   *é*   + *rík* + *Ø*
年轻的士兵（PL.OBL） 3.PL$_{SUB}$.3.PL$_{OBJ}$ 带领 ACT
nkíshú   *aainei*
奶牛（PL.NOM） 我的
'年轻的士兵正带领着我的奶牛'。

b. *Ø*$_{3PL}$ *é*   + *rík* + *i*   *nkíshú*
他们 3.PL$_{SUB}$.3.PL$_{OBJ}$ 带领 PASS-DEM 奶牛（PL.NOM）
aainei   *lmúrrân*
我的 年轻的士兵（PL.OBL）
'[《他们》]正带领着我的奶牛，由年轻的士兵'

马赛语的降级被动与法语中的局部降级被动类似，如（56b）：

（56）a. *Les survivants$_I$ ont raconté des histoires$_{II}$ horribles.* ⇒
'幸存者讲述了一些可怕的故事'。

b. *Il a été raconté des histoires$_{II}$ horribles par$_{III}$ les survivants*
'一些可怕的故事由幸存者讲述'。

☞ 法语和马赛语的降级被动有一点区别：法语中，被动形式的句法主语不是非限定性人称代词，而是语义为空（所谓的非**人称** impersonal）的代词 IL。

T&M 明确指出（p. 79）"马赛语的被动语态可以视为第三人称主动态的一种特殊形式，因为它有一个《暗含宾语》。比较法语中的«On vous appelle»（«你被叫了»）"。作者也知道这一点，却无法准确表达，因为他们缺乏必要的概念和术语。[30]

类似的例子还有很多，我们列举了马赛语和其他东尼罗河语中基于格、作格结构和语态等概念的例子，已能清楚地说明语言学需要一个严格概念和标准术语的统一系统。没有这些概念和术语，语言学的讨论常常会变成"聋人的交流"，不利于进一步的交流。我希望意义-文本方法可以为普通语言学增加一些概念和术语。

5.3 意义-文本语言学和言内意义描述

1961年,也就是半个世纪前,我第一次读到意义的形式描述。这一描述与词形或句子结构的形式描述类似。那本书的作者是佐尔科夫斯基、尼娜·列昂伊娃(Nina Leont'eva)和尤里·马尔捷米亚诺夫(Jurij Martem'janov)(Žolkovskij *et al.* 1961)。这一描述的具体方式参见 Žolkovskij 1964a,b,c,这些论文都发表在 *Mašinnyj perevod i prikladnaja lingvistika* [= MPiPL;'机器翻译和应用语言学'] 第8卷中,那一期还有几篇文章也讨论了相关话题。在我的学术生涯中,这些论文无疑具有"大爆炸"效应,因为正是从那时起我开始研究意义-文本理论。即使在今天,我仍然保存着 *MPiPL 8*,正如人们会将《圣经》放在触手可及之处。其后不久,阿普列相(Apresjan 1969a,b,1974)和安娜·韦日比茨卡(Wierzbicka 1969,1972,1980,1996)也加入进来。语言意义的形式化描述由很多方面构成,但这里我们只研究一个方面,即**语义分解**(semantic decompositons),这个我们已在4.1中提过。

意义分解或语义分解是基于**义素**(semantemes)完成的,这些义素是语言 **L** 中词汇单位的所指。分解根据以下四条规则完成。

意义分解规则1:义素的严格扩展

‖ 每一个可以分解的义素 'σ' 都可以表示为 'σ_1' ⊕ 'σ_2' ⊕ ... ⊕ 'σ_n',
‖ 这里1)$n \geq 2$,而且2)每一个 'σ_i' 在语义上都要比 'σ' 简单。

☞ 符号 ⊕ 我们已经见过不止一次,表示语言合成。

在语义分解中,每种意义都至少用两种更简单的意义来表示。我们这里所说的义素 'σ_1' 或义素 'σ_2' 更简单(simpler)是相对而言的,是一个技术术语(没有任何心理学含义)。

‖ 如果意义 'σ_2' 参与意义 'σ_1' 的分解,那么该意义比意义 'σ_1'
‖ 更为简单,但反之不成立:
‖ 'σ_1' = '$\sigma'...\sigma_2...\sigma''$',但不能得到 *'$\sigma_2$' = '$\sigma'...\sigma_1...\sigma''$'。

首先,在任何语义分解前,我们并不知道(在词库中)这两个义素哪个更简单。然而，接下来足够的分解就能显示两者之间正确的关系。在这一过程中，执行了两个简单、自然的操作：

1. **替代** 以一个相等的意义代替另一个：

   如果有 'σ_1' = '$\sigma'...\sigma_2...\sigma''$'，

   那么 'σ_1' $\oplus$ 'σ_3' 可写为 '$\sigma'...\sigma_2...\sigma''$' $\oplus$ 'σ_3'，反之亦然。

2. **删除** 完成替代后，如果有多余意义则删去。

替代对语义理论来说非常关键，参见语义分解规则3。需要强调的是执行替代这一操作时需保留原有意义，尽管最后的文本从文体上来看可能是完全不能被接受的，但意义却可以保持完整。

我们以义素 'astronomer（宇航员）' 和 'astronomy（天文学）' 为例。哪个义素更为简单？下面两种说法都是正确的：

Astronomy is a science done by astronomers.（天文学是由宇航员完成的科学。）

和

An astronomer is a person who does astronomy.（宇航员是从事天文学工作的人员。）

这是不是意味着我们既可以借助 '宇航员' 定义 '天文学'，也可以借助 '天文学' 定义 '宇航员'？很明显是不可以的。为证明此点，我们先假设 '宇航员' 更为简单。这样我们便有：

（i）'astronomy（天文学）' = 'the science done by astronomers（宇航员完成的科学）'

下一步是义素 'astronomer（宇航员）' 的分解：

（ii）'astronomer（宇航员）' = 'person who does the science of celestial bodies（从事天体科学的人）'

现在，我们将（i）中的 'astronomer（宇航员）' 用（ii）中的定义取代，得到（iii）：

（iii）'astronomy（天文学）' = 'the science done by people who do the science of celestial bodies'（由从事天体科学的人完成的科学）

删去（iii）中重复的部分，便可得到（iv）：

（iv）'astronomy（天文学）' = 'the science of celestial bodies（天体的科学）'（这是因为 'the science done by people who do science of（Y 从事 Y 科学的人完成的科学）' = 'science of Y（科学 Y）'）。

所以 'astronomy（天文学）' 比 'astronomer（宇航员）' 更为简单：

（v）'astronomer（宇航员）' = 'person who does astronomy（从事天文学的人）'

"反向"定义从形式上来看是不可能的！

系统运用语义分解规则1至少有两个重要结果：在定义中不会出现逻辑循环及语义元语彼此独立的情况。

无逻辑循环

词典定义系统中的逻辑循环是现有词典的一个主要缺陷。以 *Le Petit Robert de la langue française* 2009（电子版；逻辑循环已用粗体标出）为例：

APPUYER**I.3** '帮助'：'fournir un **soutien**''提供支持'（*appuyer un candidat aux élections* '向一名参加选举的候选人提供支持'）

这个定义中包含了名词 SOUTIEN，这一名词的定义如下：

SOUTIEN**2** '支持'：'action de **soutenir**''支持这一行为'（*soutien électoral* '选举支持'）

这一名词的定义又涉及动词 SOUTENIR：

SOUTENIR**B.2** '支持'：'**appuyer** en défendant''通过防卫提供支持'（*soutenir un candidat* '支持一个候选人'）

但 SOUTENIR 又需借助 APPUYER 进行定义，这便使我们回到了初始位置。

逻辑循环会带来一些谬误，我将通过替换和删除证明此点：

APPUYER**I.3** 'fournir un **soutien**（提供支持）' = 'fournir une action de **soutenir**（提供支持这一行为）' = '**soutenir**（支持$_{（动词）}$）'；

SOUTENIR**B.2** '**appuyer** en défendant（通过防卫提供帮助）' = '**soutenir** en défendant（通过防卫提供支持）'；'soutenir（支持）' = 'soutenir en défendant（通过防卫提供支持）'

这一结果是非常荒谬的：*A = A + B。

如果我们看下面从一部权威俄语词典（*Malyj Akademičeskij Slovar'*，1981—1984）中抽取出来的单词，也会有同样的结论：

SPOSOBSTVOVAT′ '贡献（动词）'：'okazyvat′ pomošč′' '提供帮助'，**sodejstvovat′** '帮助'

SODEJSTVOVAT′ '帮助（动词）'：'okazyvat′ sodejstvie' '给予帮助'，**sposobstvovat′** '贡献'

SODEJSTVIE '帮助（名词）'：**pomošč′** '帮助'，**podderžka** '支持'

PODDERŽIVAT′ '支持（动词）'：'okazyvat′ **pomošč′/sodejstvie**' '提供帮助/支持'

POMOŠČ′ '帮助（名词）'：**sodejstvie** '帮助'，učastie '参与'

类似的例子还可以列举更多，但这样做没有意义，这些有逻辑循环的词典"定义"都是不能被接受的。义素的严格扩展规则可以帮助避免逻辑循环。比如，下面的例子中给出了俄语动词 SPOSOBSTVOVAT′ '贡献' 和 SODEJSTVOVAT′ '帮助' 词典定义的草案。这一定义考虑了其意义的系统分解，成功避开了可能的逻辑循环（定义中的 causes1 表示无意识造成，causes2 表示故意造成）。

146 SPOSOBSTVOVAT′ ≈ '贡献'

X sposobstvuet Y-u ≈ 'X 对 Y 有贡献'：'| [process Y (α) taking place and X acting on α,] | X causes1 that Y (α) takes place in a better way | [过程 Y (α) 发生了，X 作用于α] | X 使得 1 Y (α) 以一种更好的方式发展'

Položitel'nye primery sposobstvujut razvitiju zdorovogo obščestva

[正面例子影响了社会成员，让社会以一种更好的方式发展]

SODEJSTVOVAT′ ≈ '帮助'

X sodejstvuet Y-u in Z (Y) 'X 帮助 Y 做了 Z (Y)'：'| [activity Z (Y) taking place and X acting on α related to Z,] | X causes2 that

Z（Y）becomes easier or possible for Y（|［Z（Y）发生，X作用于与Z有关的α,］| X使得2 Z(Y)对Y来说更简单或更可能了）'

Fon Bjulov sodejsyvoval mne v ustrojstve koncertov

［我参与了音乐会的组织工作，冯·布洛帮助我组织音乐会有关的事情，使得组织工作变得更为简单了］

利用语言L中更简单的义素对语言L中的义素进行系统分解，最终会得到一些**不可分解的义素**（indecomposable semantemes），也就是得到一组语言L中最简单的义素。这些义素便是**语义元语**（semantic primitives），我们称之为**语义基元**（semantic primes）。[31]安娜·韦日比茨卡是研究语义原语的第一人，她与合作者从事相关研究已有50年（Wierzbicka 1969，1972，1980，1987，1991，1996，2006，Goddard & Wierzbicka（eds.）2002）。到目前为止，他们已发现65种语义元语（Goddard & Wierzbicka 2014：12）。然而，韦日比茨卡的方法——自然语义元语言（*Natural Semantic Metalanguage* 或NSM），与意义-文本方法对语义元语的处理有一个非常大的区别：

- 韦日比茨卡的目标是找出语言中**通用的**语义元语，以组成人类思想的通用词库。
- 意义-文本语言学则致力于发现**特定语言**的语义元语。也就是在对L中的义素进行连续分解后，最终得到的义素不再可分。

不同语言的语义元语很可能是一一对应的，因此它们多多少少会和韦日比茨卡的元语重合（见Mel'čuk 1989）。时间会证明一切！直至今天，意义-文本语言学家尚不能为某种语言提供一组语义元语。然而，这里我们可以列举英语中一些可能的语义元语：

1）'speak（说）'　　　　　　2）'this.speech.act（言语行为）'
3）'entity（实体）'　　　　　4）'fact（事实）'
5）'space1（太空）'［无边无际］ 6）'time1（时期）'［持续的时间］
7）'set$_{(N)}$1'（集合）［数学概念］ 8）'actII.1（起作用）'（对…起作用）

9) 'act**II**.2（行动）'（做某事） 10) 'more.than（多于）'
11) 'not（不）' 12) 'entail（伴随）'
13) 'and（和）'［逻辑连接词］ 14) 'or（或）'［逻辑连接词］

有趣的是，这些语义元素并不是真正的、自然的英语，它们是复杂语义分析的结果。

目前，意义-文本语言学关注特定语言词库的语义分解。

语义分解规则2：义素的标准化

为确保语义分解形式化操作的可能性，必须使用高度标准化的语义元语言，也就是要遵守下列要求：

> 1. 用于分解的所有义素必须准确定义，避免任何不确定性。
> 2. 所有直觉上相同的意义都应该用同一义素来表达，不存在同义义素。

要满足第一个要求，就需要严格区分语言 L 中多义词的所有意义，标记出所有词位，得到词典编号，这些标号将作为义素的区分方式。这并不是一项简单任务，但是词典编纂者非常熟悉这一点，他们已经做了好多年，并将继续做下去。

⚠ 在本书例子中，为阅读方便，并没有系统运用词典编号。同时，我们也避免那些因词典定义的模糊而影响理解的例子。

要满足第二个要求当然更难。比如一些常见设备、工具、仪器的现有定义（选自 *LDOCE Online*，已简化；表示物品预期用途的同义表达已用下划线标出）：

CATCH 'hook or something similar <u>for fastening</u> a door（<u>用于固定</u>门的钩子等）'

BOLT 'metal bar that <u>you</u> slide across a door or window <u>to fasten it</u>（一种金属棍，<u>你插在门上或窗户上来固定</u>）'

SPOON 'object that <u>you use for</u> eating（<u>你用来</u>吃饭的东西）'

HAMMER 'tool <u>used for</u> hitting nails into wood（<u>用来</u>将钉子钉进木头里的工具）'

KNIFE 'metal blade fixed into a handle, used for cutting（带有把手的金属单片，用来切割东西）'

CLOCK 'instrument that shows what time it is（用于表示时间的工具）'

我们暂不考虑这些定义的充分性，因为它们还有不少值得改进之处。但可以发现这些标有下划线的义素从其定义来看是语义对等的：

'α for Y-ing' ≡ 'α you Z to Y' ≡ 'α one uses for Y-ing' ≡
'α used for Y-ing' ≡ 'α that Zs to Y'

因此，我们需要一个统一的公式来表示它们。这个公式可以是'α designed for X to Y（为 X 设计的用于做 Y 的 α）'。

CATCH 'device designed for X to fasten a door with—a hook or...（为 X 设计的用于固定门的钩子）'

BOLT 'device designed for X to fasten a door with—metal bar that X slides...（为 X 设计的用于固定门的金属棒）'

SPOON 'utensil designed for X to carry liquid food to the mouth...（为 X 设计的将液体食物送入嘴里的用具）'

HAMMER 'tool designed for X to hit Y with...（为 X 设计的用于击打 Y 的工具）'

KNIFE 'tool designed for X to cut Y with...（为 X 设计的用于切 Y 的工具）'

CLOCK 'instrument designed for X to determine time...（为 X 设计的用于确定时间的工具）'

语义分解规则 3：分解的充分性

将义素 'σ' 分解为义素 '$σ_1$' ⊕ '$σ_2$' ⊕ ... ⊕ '$σ_n$' 当然需要符合研究者的直觉。但这远远不够，我们还需一个正式的原则来证实这一直觉。这个原则可以保证在任何情况下都能实现 'σ' 到 '$σ_1$' ⊕ '$σ_2$' ⊕ ... ⊕ '$σ_n$' 的替换：

> 义素 'σ' 分解为 '$σ_1$' ⊕ '$σ_2$' ⊕ ... ⊕ '$σ_n$' 后与义素 'σ' 在任何条件下都是可替换的，且不改变原有意义。

这也就意味着'σ'分解得到的每一个部分都是必要的,所有这些加在一起便可表示且只能表示'σ'。

语义分解规则4:分解时使用最大的语义块

> 如果语言 L 中义素'σ'的分解中包含义素组合'$σ_1$'⊕'$σ_2$'⊕...⊕'$σ_n$'且该组合等于义素'σ′'('$σ_1$'⊕'$σ_2$'⊕...⊕'$σ_n$' = 'σ′'),那么这个义素组合'$σ_1$'⊕'$σ_2$'⊕...⊕'$σ_n$'必须要用'σ′'代替。

相对于义素组合'$σ_1$'⊕'$σ_2$'⊕...⊕'$σ_n$'而言,义素'σ′'称作**最大语义块**(maximal block)。

语义分解规则4(见 Apresjan 1969a:14 和 1969b:421;同样可以参见 Apresjan 1974:95)保证"逐步"进行语义分解,这样每一步的分解都是最小的。

最大化分解,也就是分解至语义元语,会让定义难以理解。而说话者的直觉是评价定义好坏的主要依据。我们来看上面给出的 CLOCK 的定义:

(57) a. CLOCK$_{(N)}$ **1**: 'instrument designed for X to determine time2 ... (为 X 设计的用于确定时间的工具)'

其语义成分可以按照下列方式分解,这些定义来自于《朗文在线词典》并略做修改:

INSTRUMENT3 : 'piece of equipment designed for X to measure magnitude Y and showing its value... (为 X 设计的用于测量 Y 程度并表示 Y 价值的工具)'

DESIGN$_{(V)}$ **2** : 'plan or develop Y for a specific purpose... (为某一特定目的计划或发展 Y)'

DETERMINE1 : 'find out the facts about Y... (寻找有关 Y 的事实)'

TIME2 : 'particular point in time1(一个特定的时间点)'

进行必要的替换和删除,我们得到(57b):

b. CLOCK$_{(N)}$ **1**: 'piece of equipment developed for measuring time1 for X to find out particular point in time1...（一种用于测量时间的工具使得 X 可以得知某个特定的时间点）'

（57b）已比（57a）难理解，但至此，除'time1'外，其他义素仍与语义元语相距甚远。我们再进一步分解：

PIECE3 ：'single thing of a particular type...（某特定类型的一种）'

EQUIPMENT1 ：'things that X needs to do a particular job or activity...（X 完成某项工作或活动需要的东西）'

DEVELOP$_{(V)}$ **1**：'bring Y into being by work...（通过工作实现 Y）'

MEASURE$_{(V)}$ **1**：'find numerical value of Y...（找出 Y 的数值）'

于是得到（57c）：

c. CLOCK$_{(N)}$ **1**：'single thing of things that X needs to do a particular job or activity brought into being by work for finding numerical value of time1 for X to find out particular point in time1...（某种特定类型的一种，是 X 完成某项工作或活动需要的东西，通过工作实现，以确定某个时间点，使得 X 可以得知某个特定的时间点）'

我觉得读者看一遍不可能理解这一定义！但是这个定义中仍有一些部分还需分解（'need''particular''job''activity'等）。由此我们可以得出结论：语义分解的**最大程度**会导致最终的定义过于繁杂而不可用。

语义分解的**任意深度**也会导致定义的任意性。

因此，我们需要接受分解的**最小程度**，这意味着利用最大语义块分解意义。最大语义块让语义分解更加一目了然、更加明确地展示相互联系的语义间的关系。

然而，和规则1—3不同，规则4从逻辑上来说不是必需的。因为一个符合规则4的义素分解和不遵守这一规则的义素分解可能完全对等。但是从方法论上说，规则4非常重要。

遵守规则1—4保证了语义分解的唯一性，当然也保证了语义相等。换句话来说，根据规则1—4，不同的研究者会得到相同的分解。

5.4 意义-文本语言学和词库：详解-组合词典 [= ECD]

5.4.1 引言

> **词库**（lexicon）在意义-文本方法中占据重要地位，是一种语言的坚实基础；**语法**（grammar）则是一种衍生成分，指一套规则系统，是对词汇单位词典特点的概括。

这样的词库观预设了一种特殊的词库类型，这里指的便是详解-组合词典 Explanatory Combinatorial Dictionary 或 ECD。这类俄语词典的第一个版本于1984年（Mel'čuk & Zholkovsky 1984）出版，包括283个纯音词。

俄语 ECD 于1965年开始编纂，由亚历山大·佐尔科夫斯基和我共同发起。我们认为这本词典将是任何语言模型的一个重要部分，同时也是对语言的一种科学化描述。这本词典以一种形式化的、系统的方式呈现，包含了单词所有相关信息。后来，这种方法便叫作 theory of linguistic models of the Meaning-Text type（意义-文本类型的语言模型理论）或者简称为意义-文本理论 Meaning-Text theory [= MTT]（Mel'čuk 1974）。不久之后，又有几个同事加入了我们，先有尤里·阿普列相，他的加入对我们的工作非常有帮助。总而言之，最初的 ECD 是一个20人团队10年的成果。我们的 ECD 并不是一个官方机构的项目，所有团队成员都是志愿者，大家都有不同程度的合作。第一部 ECD 完全是由一群爱好者在空闲时间编纂的。

这一过程中，我们发表了很多论文，渐渐地，ECD 进入了大家的视野。一些同事也在其他语言，如英语、波兰语、鞑靼语、日语、德语和法语中进行了尝试。ECD 受到词典编纂者和语言学家的高度赞誉，但是在苏联出版时却遇到了阻碍：政治的不确定性让原本唯一一个可能的出版商，"Soviet Encyclopedia（苏维埃百科全书）"也不敢出版。尽管我们和这个出版商已经签订了合同，但 ECD 还是未能在苏联出版。1976年，我被科学院语言研究所解雇，因为我在《纽约时报》发表了几封信支持安德烈·萨哈罗夫（Andréy Sákharov）和谢尔盖·科瓦利夫（Sergej Kovalyov），便受到了政治控告。[32] 因此，我成了"社会的寄生虫"，并且因为这场政治的影响，我不得不移民。随后，佐尔科夫斯基也跟着我移民。我们失去了苏联国籍，在苏联出版 ECD 的最后一丝希望也破灭了。

但"手稿没有被烧毁"（M. Bulgakov），两位美国同事从苏联监狱中取出了 ECD 手稿。加拿大研究委员会慷慨地答应资助 ECD 出版，最后，感谢 Wiener Slawistischer Almanach 出版社和其主编蒂尔曼·鲁瑟（Tilmann Reuther），俄语 ECD 终于得以出版。

今天，除了俄语 EDC，我们还存有法语 ECD 的一个重要部分（Mel'čuk et al. 1984—1999），这本词典中包括511个纯音词。同时还有一部法语派生和搭配教学词典，同样按照 ECD 原则编纂，但相对来说简化了很多以适应大众需求（Mel'čuk & Polguère 2007），这部词典有386个纯音词。接下来我将引用俄语 ECD 中的例句，这不仅是因为我在英语 ECD 中没有找到具有代表性的例子，同时因为我觉得为英语读者提供一门外语的词汇信息可以帮助他们更好地理解词典的价值。

5.4.2 ECD 的三个主要性质

一部 ECD 是单语词典（=英-英，法-法等），与现有单语词典属于同一类型。然而，和其他词典相比，ECD 有三个主要特点：理论导向、主动性和形式化。

理论导向

ECD 与意义-文本理论相关，融合了现代语义和句法的研究成果。同时，它还允许研究者通过实验证明假设。从这个角度来看，它是一个科学的词库，摆脱了教育学或商业的约束。

主动性

大多数单语词典是<u>被动的、分析式的词典</u>（passive/analytic dictionaries）。它们面向受众（听众或读者），旨在帮助读者理解文本。相较而言，ECD

是**主动的、合成式的词典**（active/synthetic dictionary），旨在满足说话者（或作者）的需求，帮助其生成文本。这一区别带来了如下两个结果：

154
- ECD 允许使用者寻找所有合适的方法表达他想表达的意义，同时从这些方法中选择最适合语境的方式。这便是文本产生的**聚合方面**。
- ECD 允许使用者用所有正确方式将一句话中的语言手段结合在一起。这是文本产生的**组合方面**。

ECD 可以从另一个相反的角度使用，即从文本到意义。不管怎么说，其思想和组成原则与意义-文本方法一致，都是合成导向的。

形式化

原则上，ECD 不依赖使用者的直觉，不依赖他借助类比去推论的能力或借助其他例子去猜想的能力。ECD 中的所有语言信息都以明确的方式呈现，严格使用形式化元语言。一部俄语 ECD 可以供不懂俄语的人使用，也可以应用到电脑程序中，只要该词典元语言与使用者的能力相匹配。然而，ECD 最初的设计并不是供电脑使用的。其目标是清楚地、详尽地呈现一个中等水平的俄语习得者应该知道的所有关于俄语单词的信息。换句话说，ECD 致力于为俄语词库提供科学化描述，而不受教育、印刷以及商业因素的影响。因此，ECD 并不好用。要完整探究它，使用者首先要掌握形式化描述，这就需要几天时间。但这对于科学化描述来说付出的代价是否过高呢？即使是高中数学和物理教材都可能难倒读者，我们没有理由要求语言词库的科学描述更加直接。

155
ECD 的后两个特点，主动性和形式化，决定了描述单位和描述方式，或者决定了词项的结构。

ECD 中的**描述单位**并不像很多单语词典一样是一个多义词。
- 一方面，它是一个**词汇单位**（lexical unit）[= LU]，是一个单词或一个习语（多词、非组合性表达）。习语如 'CALL IT A DAY'（收工）'、'FALL FROM GRACE'（误入歧途）'、'KEEP AN EYE OUT'（留心）'、'PULL Y's LEG'（同……开玩笑）' 等都是词库的组成部分，并且和单词一样，有完整的词项。

- 另一方面，它是一个**单义**（monosemous）的单位：词位（= 一个定义明确的单词）或多义习语的一个意义。依据定义，一个词汇单位应该只有一个意思。每个词汇单位有一个词项，每个词项描述一个词汇单位：

$$\boxed{\text{一个词汇单位 = 一个词项}}$$

所有拥有相同能指、语义相互联系所指的词汇单位结合在超级词项中，形成**纯音词**（vocables）。一个纯音词相当于传统词典中的一个多义词或一个多义习语。

接下来，我们将展示**一个词项的标准化形式结构**。

5.4.3 ECD 中的词项：三个主要的区

我将在这一节描述词项，关注词项的三个区：语义区（5.4.3.1）、句法共现区（5.4.3.2）以及词汇派生和严格词汇共现区（5.4.3.3）。

5.4.3.1 ECD 中词项的语义区

词汇单位 L 的语义区包括 L 的词典定义和 L 的内涵。

L 的定义。和现有词典比较，ECD 的定义有以下特点。

- 如果 L 有谓词意义，L 的定义中就要以 L 和 L 的命题形式作为**被定义词**（definiendum）（即要定义的词位或习语）。L 的**命题形式**（propositional form）包含 L 和作为 L 语义论元的变量。因此，我们不仅要定义动词 DEPEND（依靠），还要定义 'X depends on Y（X 依靠 Y）'；不仅要定义名词 AUTHORITY4（权威），还要定义 'X, an authority among Ys on Z（X 在 Z 上对 Y 有权威）'；不仅要定义形容词 SUFFICIENT（充足的），而且要定义 '[X,] sufficient for Z to do Y（X, 足够让 Z 做 Y）'。

- ECD 中 L 的定义是 L 的**严格语义分解**，让词典避免了定义中的逻辑循环。*

---

* 逻辑循环是很多现有词典的弊病，参见 **5.3**。

我们已经在4.1 和 5.3中讨论过语义分解。在 ECD 中，词汇意义的系统分解会带来语义原子，即不能进行进一步义素分解的基本意义。这些基本意义需要通过一个列表罗列出来，它们也可以称为**语义元语**（semantic primitives），参见4.1。

- ECD 中 L 的定义描述了 L 所有可能用法的意义，这是现有词典无法实现的。Ožegov的俄语词典将名词 STYD '羞耻(名词)' 定义为 '由于意识到应该受到斥责的行为，因此感觉到强烈的困惑'，动词 STYDIT'SJA '感到羞耻' 定义为 '因为某人某事感到羞耻'，即 '因为某人某事意识到应该受到斥责的行为，所以感到强烈的困惑'。这一定义即使修正了，也没有指出动词 STYDIT'SJA 的某些用法，如 *Onstyditsja svoej bednosti*⟨*svoego nizkogo proisxoždenija, svoix negramotnyx roditelej*⟩ '他因为自己的贫穷感到羞耻〈他的出身卑微，父母目不识丁〉'，这里并没有提到 '应该受到斥责的行为'。类似的例子在单语词典中还有很多。[33] 而一部 ECD 则关注语义分解的形式规则，因此给出了相对充分的定义。当然，ECD 的定义可能也并不充分。毕竟其作者也是人，总会犯错。但是其定义的严格形式和标准化结构对改正之前的错误非常关键。

因此，ECD 的定义并不是很好掌握，而这也是追求充分和准确所必须付出的代价。比如说，STYD 和 STYDIT'SJA 在俄语 ECD 的定义如下。

STYD '羞耻'，名词, 阳性

'styd X-a za Y pered Z-om' '在 Z 面前，X 为 Y 而羞耻' =

'这一事实导致了 X 的消极感觉：

X 相信 Y^1 非常不好，Y 指 X 的行为或性质或者指属于 X 个人范围的实体的行为或性质；

X 因为 Y 对自己感到不满意；

X 相信 Z，在了解了 Y 之后，会觉得 Y 不好，会因为 Y 而对自己产生不好的感觉；

X 想做一些事情对 Z 隐瞒 Y；

这种感觉便是人们通常在上述情况下会产生的（这些情况都会让人们有羞耻的感觉）'。

STYDIT′SJA '感到羞耻'，_{动词，反身}

'X styditsja za Y pered Z-om' 'X 在 Z 面前因 Y 而羞愧' = 'X 在 Z 面前因 Y 感到羞愧'。

 这里定义以英语给出，但我们定义的是俄语词位，并不是其英语的近似词。

L 的词汇内涵。L 的词汇内涵是一种与 L 的指示物相关的意义，但内涵不是 L 定义的一部分。因此，ASS［动物］可以表示《愚蠢 silliness》，如 *John behaved like an ass*（约翰表现得非常愚蠢）。而 MULE 可以表示《倔强 stubborness》，如 *John is stubborn as a mule*（约翰很倔强）。但事实上，一头驴可能非常聪明，而一头骡也不一定很倔，所以这些特征不会出现在这些动物名称的定义当中。当然，它们必须出现在词项的其他部分。同样，名词 WIND（风）暗示了《速度 speed》，（如 *The horse ran like the wind* 这匹马跑得很快）和《自由 freedom》，（*as free as the wind* 像风一样自由），而 AIR（空气）则表示《空虚 emptiness》（*airheaded* 愚蠢的、*hot air* 大话），如此等等（Iordanskaja & Mel'čuk 2009）。

5.4.3.2 ECD 词项的句法共现区

句法共现区包括 L 的**支配模式**（government pattern）[= GP]。我们可以用一张表展示 L 语义论元所有可能的表达方式（GP 在 3.3 中已经做过介绍）。俄语动词 VOSXIŠČAT′SJA '钦佩' 的支配模式如下：

X ⇔ I	Y ⇔ II
1. N_{NOM}	1. N_{INSTR} 2. *tem*，*čto* 从句 3. *tem*，WH 词从句 可取的

这一支配模式告诉我们，*vosxiščat′sja* 的语义论元 X 对应句法深层论元 **I**，用主格形式的名词表示。Y 对应深层句法论元 **II**，可以用以下三种

方式中的一种表示：

- 工具格形式的名词，如 $Ivan_{X-NOM}$ $vosxiščalsja$ $Mariej_{Y-INSTR}$ '伊凡钦佩玛丽亚'；
- 用 tem, $čto$ 引导的从句，可理解为英语中 'with.this that' 从句如 ... tem, $čto\langle kak\rangle ona\ masterski\ lžët$, 即 'with.this that she so masterfully was.lying '她的撒谎技术如此娴熟'；
- 用 tem, WH 词引导的从句，如 ...tem, $kuda\ on\ zabralsja$, 即 'with.this where he could.get' = '[was admiring] the fact that he could get there（羡慕他可以到那里）'。

159　名词 VOSXIŠČENIE '钦佩'，如 $vosxiščenie\ X$-$a\ Y$-om 'X 对 Y 的钦佩之情' 的语义论元 Y 除了动词 VOSXIŠČAT′SJA 语义论元 Y 所拥有的三种表达方式外（$vosxiščenie\ sposobnostjami\ rebënka$ '钦佩这个孩子的才能' 或 $vosxiščenie\ tem$, $naskol′ko\ rebënok\ sposobnyj$ '对这个孩子如此天才怀有钦佩之情'），还有第四种方式，即介词 PERED '在……前' + 名词的工具格 N_{INSTR}，如 $vosxiščenie\ pered\ sposobnostjami\ rebënka$ '在这个孩子的才能前的钦佩之情'。动词 VOSXIŠČAT′SJA 则没有这种支配模式，因此我们不能说 *$vosxiščat′sja\ pered\ sposobnostjami\ rebënka$ '在这个孩子的才能前表示钦佩'。

考虑到 L 句法论元的共现或其表层实现方式，L 的支配模式需要有必要的约束条件。比如，动词 STYDIT′SJA '感到羞愧' 可以与 [STYDIT′SJA] $svoej\ bednosti_Y \Leftrightarrow_{II}$ '贫穷' 搭配，也可以与 [STYDIT′SJA] $sosedej_Z \Leftrightarrow_{III}$ '在邻居面前' 搭配，但两者不能同时出现。所以不能说 *$stydit′sja\ sosedej\ svoej\ bednosti$，正确的表达方式是 $stydit′sja\ svoej\ bednosti$ **pered** $sosedjami$ '在邻居面前因为自己的贫穷感到羞愧'。这是由一条特殊的规则（支配模式限制）决定的，这种限制补充了支配模式。

STYDIT′SJA '感到羞愧'（$X\ styditsja\ Y$-$a\ pered\ Z$-om 'X 在 Z 面前因为 Y 感到羞愧'）

支配模式

X ⇔ I ［谁感到羞愧］	Y ⇔ II ［因什么羞愧］	Z ⇔ III ［在谁面前羞愧］
1. N_{NOM}	1. N_{GEN} 2. *togo*, *čto* 引导的从句 3. *togo*, WH- 词从句 4. *za* '因为' N_{ACC} 5. V_{INF}	1. N_{GEN} 2. *pered* '在……前' N_{INSTR}

1）$C_{II.4}$：N 表示一个人或人的一种行为

2）$C_{II.5}$：$D_I(D_{II}(S.)) = D_I(S.)$

3）**不可能的组合方式**：$C_{II} + C_{III.1}$

☞ $C_{M.N}$ 指明了实现深层句法论元 M 的语言方式：C 代表"列", M 是列数, 也就是深层句法论元的序号, N 是行数。因此, $C_{III.2}$ 表示深层句法论元 III 由第三列第二行的语言方式实现。

这样, L 的支配模式表示了 L 句法论元所有可能的结合方式, 并说明了句法论元的表层形式。

5.4.3.3 ECD 中词项的语义派生和词汇共现区

ECD 中词项的语义派生和词汇共现区反映了 ECD 与其他词典相比最重要的特点, 即词汇函数。我们已经在 4.2 中介绍过词汇函数。这里, 我将展示其在一部词典中的应用。

简单说来, 词汇函数是一个非常概括、非常抽象的意义 '**f**', 这一意义由词位 L' 实现。L' 由意义 '**f**' 所负载的词位 L 决定: f(L) = L'。因此, 如果 L=CRIME（罪行）而 'f_i' = '做了……的人', 那么 f_i(CRIME) = L' = CRIMINAL（罪犯）。如果 L = LECTURE（讲座）, 那么 f_i(LECTURE) = LECTURER（讲者）。这里的 f_i 指词汇函数 S_1, 是一个聚合词汇函数。但是如果 'f_j' = '做', 那么 f_j(CRIME) = COMMIT（*commit a crime* 犯罪）; 如果 L =LECTURE, 同样的 'f_j', L' = DELIVER(*deliver a lecture* 做讲座）。这种情况下, f_j 指词汇函数 $Oper_1$（一个语义为空的助动词）, 是一个组合词汇函数。

L 的词项中, 聚合词汇函数表示所有可以替代 L 在文本中使用的 L'_i,

包括 L 的同义词、反义词、转换、结构派生词（如名词化、动词化、形容词化、副词化），施事／受事／地点等。例如，如果 L = PIG 而 'f_k' = '某个地方'，那么 L' = PIGSTY（猪舍）；如果 L=PISTOL（手枪），同样的词汇函数 'f_k'，L' = HOLSTER（手枪皮套）；f_k（CRIME）= CRIME SCENE（犯罪现场）。此时，f_k 表示词汇函数 S_{loco}。

组合词汇函数描述受限词汇共现。在所有标准情形下，词位的共现都由意义决定。*Please choose a stick of black color*（请选择一根黑色的棍子）或 *a purse of black color*（请选择一个黑色的钱包）的表达方式非常常见，但 #*please choose a sigh of black color*（请选择一个黑色的叹息）听起来就很奇怪。非英语习得者也能意识到这一点，原因很简单。你无法理解叹息这种无形的行为怎么会有颜色。#*a sigh of black color* 并没有违反英语中的任意一条规则，所以这种不相容不会体现在英语语法和词库中，名词 sigh 和短语 of black color 的不相容性是由其意义不相容引起的。显而易见，在任何语言中，表示 'sigh' 和 'black color' 意义的词都不相容。

现在通过 *make a lecture*、*make a crime* 和 *make a favor* 这些表达，我们来说明另一个规则。从语义上来看，每个词都按顺序排列，意思非常清楚。然而，它们是不符合语法的，这是因为它们违背了词汇共现的语言标准。英语中应该说 *deliver a lecture*（做讲座），*commit a crime*（犯罪）和 *do a favor*（给予帮助）。不同语言可能会用不同的动词搭配。法语中"讲座""帮助"与 *make*（做）搭配，"罪行"与 *commit*（犯）搭配。俄语中"讲座"与 *read*（读）搭配，"罪行"与 *perform*（执行）搭配，"帮忙"与 *make*（做）搭配。这些受限词汇共现在形式上由组合词汇函数描述。

语义派生和受限词汇共现大约可以由50到60种简单词汇函数及其组合形式表示。一个词汇单位 L 在 ECD 中的词项标注了所有适用于 L 的词汇函数的函数值。这样，L 的语义派生和受限词汇共现便完整地、系统地包含进来了。现在我用两个名词 OŠIBKA1 '拼写错误' 和 OŠIBKA2 '错误的行为' 以及五个词汇函数 '做' [= $Oper_1$]、'开始' [= Incep]、'发生' [= $Func_0$]、'消除' = '这样做让 Y 不再发生' [= Liqu] 和 '非常' ／ '强烈的'

[= Magn] 加以说明。

    OŠIB|KA1 '拼写、计算等错误'

        Oper$_1$: *dopustit'* '接受'，*sdelat'* '犯' [~*ku v* '在……里面' N$_Y$]

        [Magn^{quant} + A$_2$]: *polnyj* '完全' [~*ok*]

        IncepFunc$_2$: *vkralas'* '潜入' [*v* '进入……' N$_Y$]

        LiquFunc$_2$: *ispravit'* '更正'，*ustranit'* '消除' [~*ku v* '在……里面' N$_Y$]

        Magn   : *grubaja* '巨大的'

    OŠIB|KA2 '错误的行为'

        Oper$_1$: *dopustit'* '承认'，*sdelat'* '犯'，*soveršit'* '完成' [~*ku*]

        IncepFunc$_0$: *proizošla* '发生'，*slučilas'* '出现'，**coll.***vyšla* '导致'

        LiquFunc$_0$: *ispravit'* '更正' [~*ku*]；*iskupit'* '消除' [~*ku*]

        Magn   : *grubaja* '巨大的'；*ser'ëznaja* '严重的' < *nepopravimaja* '不能挽回的'，*tragičeskaja* '悲剧的'

以 L 为关键词的词汇函数 **f** 的函数值 **f**(L) 不需要完全同义。因此，*ser'ëznaja ošibka* '严重的错误' ≠ *nepopravimaja ošibka* '不可挽回的错误'。语义差异体现在词项中，例如，在 OŠIBKA2 的词项中，符号 "<" 表示不可挽回的错误比严重的错误程度 "更深"。词汇函数函数值的语义差异还可能体现在除程度之外的其他方面。比如 '悲剧的错误' 表示道德（苦难或死亡）的结果，这是 '严重的错误' 和 '不可挽回的错误' 不能表达的。为解释这些差异，词典编纂者区分了词汇函数的语义子类型，将语义区分和词汇函数值联系起来。但是这里我无法进行更详细的解释。

 注意利用词汇函数值的差异甚至可以将该词汇函数的关键词分为两个不同的词位。换句话来说，词汇函数可以作为意义区分的工具。

如果有必要，**f**(L) 的每一个函数值都带有其支配模式以及保证其正确使用的所有其他约束条件等信息。

在接下来的部分，我将呈现一部俄语 ECD（Mel'čuk & Zholkovsky

1984)中的两个词项,帮助读者理解这样一部词典是怎样编纂出来的。这部俄语 ECD 包括750个词位,形成283个纯音词。俄语大约有500,000个词位,很明显这部俄语 ECD 只包括了俄语词库的一小部分,大约只占0.15%。然而,既然第一步也是最难的一步已经迈出了,ECD 事业的前景非常明朗。而且,由阿普列相领导的莫斯科词典编写组正利用相似的想法积极编纂新的俄语词典(Apresjan et al. 2004 和 Apresjan(ed.)2010,2014)。

这部 ECD 为单语和双语词典提供了一个非常详细的模型。比如我们曾提过马尔丘克等人(Mel'čuk et al. 1984—1999 和 Mel'čuk & Polguère 2007)编纂的法语词典(5.4.1),还有其他人(Alonso Ramos 2005,2006 和 Vincze et al. 2011)编纂的西班牙语词典,以及麦肯齐(Mackenzie 2015)编纂的东皮南语词典。当然 ECD 还有新的应用可能。一部 ECD 或者连同语言学习者手册一起,可作为译者、编辑或记者的参考书,也可作为自动文本处理的语料库。乍一看,一部 ECD 因其形式化令人生畏。然而,我们之前已经说过,掌握这些并不会耗费很多时间。而且,我们在使用时也可以忽略这些形式化的东西,如词汇函数名称(Oper,Labor,PredAble,…)。如果使用者已充分掌握了要研究的语言,他便可以直接阅读短语列表(即词汇函数值),而无须在意左边一栏的形式表达,他可以据此推断意义并了解短语的用法。因此,不仅仅只有那些懂得形式化的人才能使用 ECD,其包含的大多数信息能被任何人使用。

5.4.4 俄语 ECD 中的两个词项

我们从已出版的俄语 ECD 中选择两个词项作为示例:动词 VOSXIŠČAT'SJA '羡慕',名词 VOSXIŠČENIE '羡慕'。该词典编纂30年后的今天,我们需要对其进行一些修正。为了便于读者理解,所有的词典信息都以英语展现,我们也尽可能从字面上翻译这些俄语的表达方式。

VOSXIŠČÉNIIE ⟨VOSXIŠČÉN´IE⟩,~ja,无复数;名词,中性
定义
vosxiščenie X-a Y-om 'X's admiration for Y X 对 Y 的钦佩之情':

第五章 意义-文本语言学

'X's intense positive feeling caused1 by the fact that X, perceiving Y, considers Y to be very good—this feeling of the kind of that a person usually has in these situations'（X 强烈、积极的感觉，这种感觉源于 X 知道了 Y，并且觉得 Y 很好，通常在这种情形下都有这样的感觉）[= S_0 (*vosxiščat'sja*)]

比较 LJUBOVANIE ≈ '以愉悦之情看'

支配模式

X ⇔ I [谁的钦佩]	Y ⇔ II [钦佩什么]
1. N_{GEN} 2. $A_{(poss)}$(N)	1. N_{INSTR} 2. *pered* '在……前' N_{INSTR} 3. (*pered*) *tem*, *čto* 即 'before/for this that' 从句 4. (*pered*) *tem* 即 'before/for this' WH 词从句

Vosxiščenie Peti⟨*publiki*⟩ 'Pete's ⟨public's⟩ admiration（皮特的〈公众的〉钦佩）'

moë⟨*Petino*⟩ *vosxiščenie* 'my⟨Pete's⟩ admiration（我的〈皮特的〉钦佩）'

vosxiščenie mamy učenikom⟨*ego sposobnostjami*⟩ 'Mom's admiration for this pupil⟨for his talents⟩（妈妈对于这个小学生〈他的才能〉的钦佩）'

vosxiščenie publiki (*pered*) *krasotoj vida* 'the public's admiration for the beauty of the view（公众对该景色之美的钦佩）'⟨*pered osoboj korolja* 'before the King's personality（公众对这个国王的性情）的钦佩'⟩

moë vosxiščenie (*pered*) *tem, čto u nix stol'ko xorošix knig* 'my admiration before/for the.fact that they have so many good books（我的钦佩之情源于他们有这么多的好书）'

moë vosxiščenie (*pered*) *tem, skol'ko u nix xorošix knig* 'my admiration before/for the.fact that they have so many good books（我的钦佩之情源于他们有这么多的好书）'

词汇函数

Syn_n : *vostorg1* 'delight 愉悦', *èntuziazm* 'enthusiam 热情'

$Anti_n$	:	*otvraščenie* 'disgust 讨厌'
Gener	:	*čuvstvo***I.1a** [*~ja*] 'feeling 感觉'; *èmocija* 'emotion 情感'
V_0	:	*vosxiščat'sja* 'admire 钦佩（动词）'
$usual.S_1$	:	*poklonnik* 'admirer 钦佩者'
S_2	:	文学上的 *ob"ekt* 'object 物体^{1}2', *predmet* 'object 物体^{1}1' [*~ja*]
A_1	:	*ispolnennyj* 'filled 填满的', *polnyj* 'full 完全的' [*~ja*] // *vosxiščënnyj***1** 'admiring 赞赏的'
$[Magn + A_1]$	:	*preispolnennyj* 'overfilled 满满的' [*~ja* ⟨*~em*⟩]
$Able_2$	:	*dostojnyj*（*vsjačeskogo*）'worth of (all) admiration 值得钦佩的' [*~ja*]//*vosxititel'nyj* 'admirable 值得钦佩的'
$PredAble_2$	:	*zaslužívat'*（*vsjačeskogo*）[*~ja*] 'deserve (all) admiration 值得钦佩'
Magn	:	*glubokoe* 'deep 深深的' | G（V.）$\neq$ $IncepOper_1$< *neopisuemoe* 'undescribable 不可描述的', *polnoe* 'full 满满的', *soveršennoe* 'perfect 完美的'
NonMagn	:	*umerennoe* 'moderate 柔和的' < *slaboe* 'weak 微弱的'
$Magn_1^{quant}$	:	*vseobščee* 'universal 全球的' | D_I（V.）=Λ
Ver_1	:	*iskrennee* 'sincere 真诚的', *nepoddel'noe* 'unfeigned 真实的'
$AntiVer_1$	:	*delannoe* 'feigned 假的', *preuveličennoe* 'exaggerated 夸张的', *pritvornoe* 'simulated 仿造的'
Adv_1	:	*v* 'in 在……里面' [*~i*] | D_I（V.）= Λ [*On zastyl v vosxiščenii* 'He froze in admiration'.= 'He was stock-still with admiration'.（他钦佩得呆住了）]; *s* 'with 怀有' [*~em*] | G = $Y_{\text{心理上的}}$, D_{II}（V.）= Λ, **not** V. → Magn [*On pročël èto s*（*polnym）*vosxiščeniem* 'He read this with (*full) admiration'.（他带着满满的钦佩阅读）]

第五章　意义-文本语言学

Adv_2	: k 'to 向' [$\sim ju$] | **if not** V. $\rightarrow$ $Magn_1$, **then** D_I (B.) $\neq \Lambda$ [*K neopisuemomu vosxiščeniju rebënka, Maša snova zavizžala* 'To the child's undescribable admiration Masha squealed again'.（玛莎又一次尖叫了，让这孩子难以言表地钦佩）]
$Oper_1$	: *ispytyvat'* 'experience 经历' [*pered* 'before 在……前' $N\sim e$], *byt'* 'be 是' [*ot* 'from 从……' $N_Y v$ 'in 在……里面' $\sim i$]
$IncepOper_1$	: *prijti* 'come 来' [*ot* 'from 从……' $N_Y v$ 'into 进入' $\sim e$]　166 [*Ja prišël vvosxiščenie ot eë zameča-Nija* 'I came into admiration from her remark'.（我对她钦佩之情源于她的评论）]
$CausOper_1$	: *privesti* **II**$_2$ '带来' [$N_{X\text{-}ACC} v$ 'into 进入' $\sim e$] [*Svoim zamečaniem ona privela menja v Vosxiščenie* 'By her remark, she brought me into admiration' = '…she made me admire her'.（通过她的评论，她让我感到钦佩）]
$Oper_2$	: *vnušit'* 'instill 植入' [$N_{X\text{-}DAT} \sim e$] | 没有完成体；*vyzyvat'* 'provoke 激起' [(*u* 'at 在' N) $\sim e$]
$FinFunc_0$	: *projti* 'pass 通过'
$Labor_{12}$	: *otnosit'sja* 'have an attitude 有一种态度' [*k* 'towards 对……' $N_Y s$ 'with 带' $\sim em$]
$IncepLabor_{21}$	: *privesti* **II**.1 'bring 带来' [$N_{X\text{-}ACC} v$ 'in 在……里面' $\sim e$] [*Eë zamečanie privelo menja v vosxiščenie* 'Her remark brought me into admiration'.（她的评论将我带入了钦佩）]
$Conv_{21}Manif \rightarrow Z$	
	: [$N_{Z\text{-}NOM}$] *dyšat'* 'breathe 呼吸' [$\sim em$] | D_{II} (V.) = Λ, Z 是传递 X 情感的一种方式 [*Ego pis'mo dyšalovosxiščeniem* 'His letter breathed with admiration'. = '…exuded admiration'.（她的信中透露出钦佩之情）]

A_2Manif : *ispolenneyj* 'filled 填满', *polnyj* 'full 满的' [~*ja*] | G = 面容，笑容，手势，字母，…; D_{II} (V.) = Λ//*vosxiščënnyj2* 'rapt 专注的' [*rëv* 'roar 咆哮', *vzdox* 'gasp 喘气', …]

$SingS_0NonMagnManif$

: *notka* 'trace, suggestion 踪迹，建议' [~*ja*]

Adv_1Caus_1Manif

: *s* 'with 带有' [~*em*] | D_{II} (V.) = Λ//*vosxiščënno* (admiringly 钦佩地）

$Perm_1Manif$

: *ne skryvat'* 'no conceal 不隐藏' [（*svoego* 'one's 某人的'）~*ja*]

A_2Perm_1Manif

: *neskryvaemoe* 'unconcealed 不隐藏的'

$NonPermManifNonAble_1$

: *ne v silax skryt'* [*svoë* 'one's 某人的' ~*e*] 'unable to conceal 不能隐藏'

167 Degrad^{motor} (body) –Sympt$_{23}$

: *zameret'* 'freeze, became stock-still 冻住' [*ot* 'from 从……' ~*ja* ⟨*v* 'in 在……里面' ~*i* ⟩] | D_{II} (V.) = Λ

Excess^{fulg} (eyes) –Sympt$_{123}$

: [*u* 'at 在' N_{GEN}(*ot* 'from 从……' ~*ja*)] *svetit'sja* 'glow 发光', *sijat'* 'shine 闪光' | D_I (V.) = 人, D_{II} (V.) = Λ [*U tolpy glaza sijali otvosxiščenija* 'By the crowd, the eyes shone with admiration' = 'The eyes of the crowd…'（公众的眼神中流露出钦佩之情）]

Exclaim–Sympt$_{23}$

: *axnut'* ≈ 'gasp 喘气' [*ot* 'from 从……' ~*ja* ⟨*v* 'in 在……里面' ~*i* ⟩]

符号说明

1. 〈 〉　　　　：尖括号在 LMT 中表示变体。
2. ∩　　　　　：'交集'（近似 Syn 或 Anti）。
3. G（X）　　　：G 是 X 的句法支配词；如果 X 没有明确指明，G 便是这一表达的句法支配词，该表达的使用条件包括符号 G。
4. D_i（X）　　：X 的深层句法论元 i。
5. D_i（X）=Λ：X 的深层句法论元 i 为空，也就是不能表达。因此，当 VOSXIŠČENIE 被形容词 VSEOBŠČIJ '普遍的'修饰时，D_I（VOSXIŠČENIE）便不能表达：kovseobščemu vosxiščeniju *detej 'to the universal admiration *of the kids（*孩子们普遍的钦佩）'是不正确的，原因很明显：在这一语境中，VSEOBŠČIJ 表示 D_I（≈ 'all admire（所有的钦佩）'）。
6. G = Y 的意思是 vosxiščeniem '带有钦佩之情'的深层句法支配词 [= G] 为 Y，是敬佩的来源和对象：句子 Ivan s vosxiščeniem uznal, čto dom prodan '伊凡听说那座房子已经出售了，心里满是钦佩'说明伊凡的钦佩来自事实"伊凡听说那个房子已经出售了"。Y '心理上的'表示 vosxiščeniem 主要与表示人们心中信息处理的动词搭配，如 SLUŠAT´'听'、DUMAT´'相信'、VSPOMINAT´'记住'、RASSKAZYVAT´'告诉'等。

例子

Ix vosxiščenie dlilos´ nedolgo 'Their admiration did not last long（他们的钦佩没有持续很久）'. | Vaš postupok zasluživaet vsjačeskogo vosxiščenija 'Your act deserves all admiration（你的行为值得钦佩）'. | Vdoxnovennaja igra pianista privela vvosxiščenie ves´ zal 'The pianist's inspired performance brought the entire audience into admiration（这个钢琴家的出色表演让所有观众钦佩）'. | Pis´mo ego dyšalo glubokomvosxiščeniemi ljubov´ju 'His letter exuded deep admiration and love（他的信中流露出钦佩和爱）'. |On s neskryvaemym vosxiščeniem 〈=$Adv_1 Caus_1 Manif$=vosxiščënno〉 smotrel na *učitelja* 'He looked at his teacher with unconcealed admiration（他看着老师，不禁流露出钦佩之情）'. | *Deti svosxiščeniem* ⟨=Adv$_1$ ≠ *vosxiščënno*⟩ *uznali o priezde cirka* 'The children learned with admiration about the arrival of the circus（马戏团的到来让孩子们钦佩）'. | *Krome ruž′ja, ja dal emu nož, ot kotorogo on prišël v polnoe vosxiščenie* 'In addition to the gun, I gave him a knife, from which he came into full admiration（除了枪外，我给了他一把小刀，这让他钦佩）'. | *Tščatel′nost′ego analizane možet nevyzvat′ vosxiščenija* 'The accuracy of his analysis cannot fail to provoke admiration（他准确的分析不得不让人钦佩）'. | *Uvidev ëlku, devočka zamerla v glubokom vosxiščenii; glazki u neë zasijali* 'Seeing the Christmas tree, the little girl stood stock-still with deep admiration; her eyes shone（看到圣诞树，那个小姑娘充满了深深的钦佩，眼里泛着泪光）'.

VOSXIŠČÁIT′SJA, ~jus′, ~etsja；未完成体

定义

X vosxiščaetsja Y-om 'X admires Y（X 钦佩 Y）'：

'[α] | [perceiving Y,] | X has admiration [*vosxiščenie*] for Y, [β]or X produces utterances that express X's admiration（[α] | [了解了 Y] | ，X 对 Y 怀有钦佩之情，[β] 或 X 用言语表达钦佩）'。

- ☞ 符号《|[ ]|》表示预设是定义的一部分，参见注释19。
  符号 [α] 和 [β] 用于区分定义中两个独立的部分。
  比较 LJUBOVAT′SJA 'watch with pleasure（带着赞赏之情看）'。

支配模式

X ⇔ I [谁钦佩]	Y ⇔ II [钦佩什么]
1. N$_{NOM}$	1. N$_{INSTR}$ 2. *tem, čto* 'by the fact that' 从句 3. *tem* 'by the fact' WH 词从句 4. "从句"

1）$C_{II.4}$：$V_{\cdot[α]+[β]}$

2）如果 $V_{\cdot[α]}$，那么 Y = Λ 是不正确的

☞ 这两个限制条件是因为 VOSXIŠČAT′SJA 的定义是分离的。这个动词既可表示'怀有钦佩之情',又可表示'怀有钦佩之情并用言语表达出来'。在表示第二个意思时可以支配一个从句,即支配直接引语 $C_{II.4}$。

My vsevosxiščaemsja vašej knigoj 'We all admire your book(我们都钦佩你的书)'|*Maša gromko vosxiščalas′ tem, čto rebënok uže govoril⟨tem, kakoj rebënok soobrazitel′nyj⟩* 'Mary loudly was.admiring the.fact that the.toddler already could.talk⟨the. fact how the.toddler was.smart⟩'(玛莎非常钦佩那个姗姗学步的小孩已经会说话了⟨这一事实表示这个孩子很聪明⟩)'|*«Potrjasajušče!»—vosxitilas′ Maša* '«Brilliant!»—admired [='said admiringly'] ("太棒了!"玛莎钦佩地说)'。

错误用法: $^?$*Maša vosxiščalas′* 'Mary was.admiring(玛莎正钦佩着)'.

词汇函数

$Conv_{21}$	:	*vosxiščat′* 'cause admication 引起钦佩'
S_{0c}	:	*vosxiščenie* 'admiration 钦佩'| for $V_{\cdot[\alpha]}$
$usual.S_1$	:	*poklonnik* 'admirer 钦佩者'
$Sing$	:	//*vosxitit′sja* 'have had admiration(and have produced utterances expressing it)有钦佩之情(并用言语来表达)'
$MagnAble_1$	:	*vostoržennyj* 'prone to admire anything 倾向于钦佩所有的东西'
$Pred.too.Able_1$		
	:	*po* 'for 为……' *i*-omu(*j*-omu)*povodu* 'pretext 借口'	*i* = 'any 任何', *j* = *melkij* 'tiny 小的', *Ničtožnyj* 'insignificant 小的' [*Maša vosxiščaetsja po vsjakomu melkomu povodu* 'Masha admires [=feels admiratim] for any tiny pretext 玛莎钦佩任何小的借口'
$Able_2$	:	*vosxititel′nyj* 'admirable 钦佩的'
$PredS_1Able_2$	:	*byt′ prelest′* 'be a charm 一个有魅力的人' [*On prosto prelest′!* 'He simply is a charm 他是一个非常有魅力的人!'], **coll.** *byt′ vostorg3* 'be delight 高兴' [*On prosto vostorg′!* 'He simply is a delight 他是一个开朗的人']

Magn	: //*vostorgat´sja* 'be delighted 高兴的' <⌈*byt´ bez pamjati*⌉ 'be without memory 没有记忆'
NonMagn	: *umerenno* 'moderately 谦和地'
Ver₁	: *iskrenne* 'sincerely 真诚地'
[AntiVer+too.Magn]	
	: *neumerenno* 'exccssirely 极度地'

Speaker signals that he V.

: //*Ax!* 'Ah 啊！', *Ox!* 'Oh 哦！', *Ogogo!* ≈ 'wow 哇！', Ux ty! 'wow 哇！', **coll.**（*Kak*）*zdorovo!* '（How）gorgeous 太好了！', **coll.** *Vot èto da!* ≈ 'This is something 哇，太棒了！'

Speaker signals that He V. People Y

: //**low-register** *Vo*〈*Nu*〉*daët*〈*dajut*〉! ≈ 'He/They really give/s something 他/他们真的给了一些东西！'

☛ 符号 // 表示融合（fusion）（词汇函数的一个函数值和这个函数的关键词融合）：形成一个表示"词汇函数+关键词"的意义但不出现关键词的表达方式。

例子

Gosti počitali objazannost´ju vosxiščat´sja psarnej Kirila Petroviča – odin Dubrovskij molčali xmurilsja [A.S. Puškin] 'The guests believed it to be their obligation to admire Kiril Petrovich's kennel; Dubrovsky was alone to keep silent and frown（客人们相信赞美基里尔·彼得罗维奇的养狗场是他们的义务，只有杜布罗夫斯基一个人保持沉默、皱着眉头）' | *Ja iskrenne vosxiščalsja ego talantom* 'I was sincerely admiring his talent（我真诚地钦佩他的才能）' | *Rita gromko vosxiščalas´ kartinoj* 'Rita was loudly admiring the painting（丽塔大声赞美这幅画）' | «*Kakie u vas vsë imena udivitel´nye*», – *vosxitilsja Avrosimov, gotovyj vosxiščat´sja vsem* [B. Okudžava] '(«What amazing names you all have!»—said Avrosimov admiringly; he was ready to admire anything（"你们的名字多么奇妙呀"，阿夫罗西莫夫钦佩地说，他总是准备好赞美一切）' | *Nam ne predpisyvalos′ vosxiščat′sjaviskusstvetem ilidrugim*；*my sami delali svoj vybor* 'Nobody was requiring us to admire this or that in art；we were making our choices ourselves（没有人要求我们赞美艺术中的这个或那个；我们都是自己做选择）'。

5.5 意义-文本语言学和自然语言的依存

意义-文本方法中意义和句法表达用到的主要形式是**依存关系**（dependency relations）。

依存是一个二元关系，不具有反身性、对称性和传递性。[34] 依存用符号表示为 **D**，用箭头指示关系：X→Y 表示 'Y 依存于 X'。这里，X 是 Y 的**支配词**（governor），而 Y 是 X 的**从属词**（dependent）。语言依存将相应结构中不同的语言单位联系起来，如义素、词汇单位和语法素。

5.5.1 语言依存的三种类型

自然语言至少可以分为三种依存类型：语义、句法和形态依存。（这里不考虑语言单位间的其他组合关系，比如交际依存和复指联系。）

语义依存（Semantic dependency）[= Sem-D] 位于两个义素之间，也就是词汇单位的所指之间。'L_1'–sem→'L_2' 说明义素 'L_2' 是谓词义素 'L_1' 的论元，记作 'L_1'（'L_2'）。然而，我们通常用一个更简单的形式表示，记作 L_1–sem→L_2。比如（58）：

（58） *Then he struggled with the heart* [Yeats]（然后他和心做斗争）：

在这个句子中，

  THEN–sem → STRUGGLE, HE ← sem–STRUGGLE–sem → HEART
  和 HEART–sem → HE.

句法依存（Syntactic dependency）[=Synt-D] 位于两个词位之间。L_1–synt→L_2 表示在语言 **L** 的句法结构中，L_1 决定词组 L_1–synt→L_2 的分布。也就是说，它决定了这个词组的**负句法价**（passive syntactic valence）。

在一个从句中，L_2 的位置依据 L_1 决定：L_2 要么位于 L_1 前，要么位于其后，要么根据具体语境决定位置。在（58）中，词位的句法联系如下：

STRUGGLE$_{IND, PAST}$–synt → THEN，STRUGGLE$_{IND, PAST}$–synt → HE，STRUGGLE$_{IND, PAST}$–synt → WITH，WITH–synt → HEART$_{SG}$，HEART$_{SG}$–synt → THE

注意在（58）的一对词位 THEN 和 STRUGGLE 中，语义依存和句法依存正好相反：

THEN–sem → STRUGGLE，但 THEN ← synt–STRUGGLE

⚠ 这是因为语义依存（"谁的论元是什么？"）和句法依存（"什么控制什么的句法分布？"）本质上是不同的，所以没有理由保持一致。我们将在下文具体讨论。

形态依存（Morphological dependency）[=Morph-D] 位于语法素或词汇单位的句法特征间。[35] L_1–**morph** → L_2 表示 L_1 的语法素或句法特征支配 L_2 的部分语法素。词组 HE$_{SG}$–**morph** → BE$_{IND, PRES, 3, SG}$（*he is* [*struggling*] 他正在挣扎）中 HE 的语法素 SG（单数）决定动词的语法素 SG（单数），而代词的句法特征 «3rd person»（第三人称）决定动词的语法素 3，最后形成了 [*he*] *is*。法语短语 LE$_{FEM, SG}$ ← **morph**–PROVINCE$_{(fem) SG}$–**morph** → BEAU$_{FEM, SG}$（*la belle province* '那个美丽的省份'）中，名词 PROVINCE 的语法素 SG（单数）和句法特征 «fem»（阴性）支配定冠词 LE（⇒ *la*）以及形容词 BEAU '美丽的'（⇒ *belle*）的语法素 FEM（阴性）和 SG（单数）。

语义依存和句法依存存在于所有语言和句子中。在一个句子中，它们组成了相连结构。句子中所有的词汇单位都靠语义依存和句法依存联系起来。因此，这两种类型的依存借助语义网络和句法树，明确反映在句子的形式表达中。形态依存并不是所有语言都有，即使一种有形态依存的语言，也不一定所有句子中都会出现形态依存。而在有形态依存的句子中，也不一定会形成相连结构。[36] 因此，在句子的形式语言表达中，形态依存并不具有明确的表现。它们同样会对句子产生影响，但是以不同的方式。它们依据句法规则，在需要的时候产生合适的形态依存，形成句法结构的正确形态。

这三种依存相互独立，能以所有逻辑可能的方式结合。也就是说，一个句子中的词位 L_1 和 L_2 可以根据这三种类型14种组合方式的任意一种联系起来。我们已经在附录III中给出了所有可能的组合方式，这里只列举其中三个：

2. L_1–sem $\to L_2$：在 Mary wants to kiss John（玛丽想亲吻约翰）中，$Mary_{L2}$ 与 $kiss_{L1}$ 间没有直接的句法或形态依存关系。

9. $L_1 \begin{smallmatrix}\longrightarrow\text{synt}\longrightarrow\\ \longrightarrow\text{morph}\longrightarrow\end{smallmatrix} L_2$：在拉丁语短语 in medias res '进入事物中间' 中，词形 in_{L1} 与 res_{L2} 的关系。这里介词 IN '进入' 在句法和形态上决定名词 RES_{PL} '东西' 用宾格。同时，这两个词之间没有语义联系。（介词'进入'语义上支配'中间'，即这个短语中的形容词 MEDIUS，形成 'into-sem $\to$ medium'。medias 是形容词 MEDIUS 的阴性复数宾格形式，与阴性复数宾格名词 RES 相对应。）

13. $L_1 \begin{smallmatrix}\longleftarrow\text{sem}\longleftarrow\\ \longrightarrow\text{synt}\longrightarrow\\ \longleftarrow\text{morph}\longleftarrow\end{smallmatrix} L_2$：在库尔德语短语 mirovê nû '新人' 中，词形 $mirov+ê_{L1}$ 和 $nû_{L2}$ 的关系；形容词在句法上从属于名词，同时是其语义支配词。其他语言中的形容词也是同样的情况。然而，在这个例子中，形容词还有更多的作用：它支配了名词的形态，决定了名词的一个特殊语法素 -ê，该后缀是名词有后置从属词的标志。

5.5.2 句法依存标准

语义依存依据意义得到，形态依存（包括一致和支配）依据形式而来。而处于两者中间的句法依存则非常抽象，无法依靠感性或理性分析得知。因此，建立语言 L 中的句法依存需要**形式化的标准**。更准确地说，为阐述 L 的表层句法联系 [= SSyntRels]，需要考虑三种类型的标准：

 A ：建立 L_1 和 L_2 之间句法关系的标准：L_1–synt–L_2 或 L_1–s̶y̶n̶t̶–L_2？

 B1-3：建立 L_1 和 L_2 句法联系方向或句法支配的标准：L_1–synt $\to L_2$ 或 $L_1 \leftarrow$ synt–L_2？

 C1-3：建立 L_1 和 L_2 句法联系类型的标准：L_1–r $\to L_2$ 中的表层句法联系 r 是什么？

下面这些标准我只是简单叙述,给读者一个大概的印象,因此删去了一些重要细节。若想知道更多信息请参考马尔丘克(Mel'čuk 2009 和 2015:412—434)。

标准 A:L_1 和 L_2 的句法联系存在,或"L_1 和 L_2 在这个句子中是否存在句法联系?"

在一个句子中,两个给定词位的句法联系是建立在韵律和线性顺序基础上的:

> 在句子 **u** 中,如果同时满足以下两个条件,L_1 和 L_2 之间存在句法联系:
> 1. L_1 和 L_2 可以形成一个韵律统一体(= 短语)。
> 2. 在句子 **u** 中,词位 L_1 和 L_2 中一个词位的线性位置由另一个词位决定。

标准 B1–3:L_1 和 L_2 句法联系方向,或者"在 L_1 和 L_2 中,哪个是中心词?"

标准 B1(句法的):短语 L_1–synt–L_2 的负价。

> 短语 L_1–synt–L_2 中,如果整个短语的负价更大程度上由 L_1 的负价决定,那么词位 L_1 是 L_2 的句法支配词,即该短语的中心词。

短语 *with Mary* 的 **负价**(passive valence)由 WITH 决定,因此便是 WITH–synt → MARY。

如果 L_1 和 L_2 有相同的负价,标准 B1 便无法确定支配词,此时就要用到标准 B2。

标准 B2(形态的):短语 L_1–synt–L_2 的形态联系及其外部语境

> 在短语 L_1–synt–L_2 中,如果 L_1 决定这个短语外某些词位的语法素或某些词位决定 L_1 的某些语法素,那么词位 L_1 是 L_2 的句法支配词,即短语的中心词。

L_1 是短语 L_1–synt → L_2 的 **形态接触点**(morphological contact point)。

俄语短语 *štat* (masc) *Nebrask+a* (fem) '内布拉斯加州'无法根据标准 B1 判断,因为这两个词都是名词且拥有相同的负价。但根据标准 B2 可以判断 ŠTAT (masc) 是支配词,原因如下:

1）在 so štat+om$_{INSTR}$ Nebrask+a$_{NOM}$'随着内布拉斯加州'中，只有 ŠTAT 从"外界"获得被支配工具格这一语法素，即由介词 SO'随着'获得（NEBRASKA 仍是主格）

2）形容词和谓语动词与 ŠTAT$_{(masc)}$ 保持一致，而不是与 NEBRASKA$_{(fem)}$ 一致。如 Amerikansk+ij$_{MASC, SG, NOM}$ štat$_{SG, NOM}$ Nebrask+a$_{SG, NOM}$ byl+Ø$_{MASC, SG...}$ '……美国内布拉斯加州是'，amerikansk+omu$_{MASC, SG, DAT}$ štat+u$_{SG, DAT}$ Nebrask+a$_{SG, NOM}$ '去美国的内布拉斯加州'等。

当然，标准 B2 只能用于那些有屈折形态变化的语言。

如果标准 B2 同样不能判断出来，要么是因为语言 L 没有一致性、没有支配，要么是因为 L$_1$ 和 L$_2$ 有相同的形态特征，这时就要用到标准 B3。

标准 B3（语义的）：短语的指示性。

> 在短语 L$_1$–synt–L$_2$ 中，如果短语的指示是 L$_1$ 指示的子集，而不是 L$_2$ 的子集，那么词位 L$_1$ 是 L$_2$ 的句法支配词，即短语的中心词。

L$_1$ 决定该短语的**指示类型**（kind of the denotation）。短语 noun suffix（名词后缀）中，词组 noun suffix 指示了一种后缀类型，而不是名词类型，所以句法支配词是 SUFFIX。

标准 C1–3：L$_1$ 和 L$_2$ 的句法联系类型或"在 L$_1$–r→L$_2$ 中，r 是什么？"

在 L$_1$–r[?]→L$_2$ 中，我们必须建立一种表层句法联系 r[?]。只要标准 C1–3 中有一条没有满足，假设的表层句法联系 r[?] 就要分为两个或两个以上的表层句法联系。

标准 C1（最小对）：语义对比。

只有当假设的表层句法联系 r[?] 不会引起语义歧义时，才能成为语言 L 的表层句法联系。

> L$_1$–r[?]→L$_2$ 不能应用于这样两个短语：
> 1）语义相反，但
> 2）形式上只能通过句法表达方式区别，即只能依据词序、句法韵律或句法语法素区别。

俄语 DESJAT'←r[?]-KILO'十←r[?]-公斤'有两种表层实现方式

且意义不同：*desjat' kilo*'十公斤'与*kilo desjat'*'可能十公斤'。词组*desjat' kilo* 和 *kilo desjat'* 的形式区别仅仅体现在词序上。因此，假设的表层句法关系 **r[?]** 要变为两个：

$$\text{DESJAT'} \leftarrow \textbf{quantificative–KILO} \quad \Leftrightarrow \quad \textit{desjat' kilo}$$

和

$$\text{DESJAT'} \leftarrow \textbf{approximate-quantificative–KILO} \quad \Leftrightarrow \quad \textit{kilo desjat'}$$

标准 C1 不允许在同一表层句法联系下存在两个语义对立的结构。上面便是**最小对标准**（minimal pair criterion）的一个具体例子。

标准 C2（可代替性）：句法结构的可代替性。

☞ $\Delta_{(X)}$ 表示'表层句法树 Δ 且最高节点是句法类别 X 的一个词位'。

如果假设的表层句法关系 **r[?]** 有以下特征（=类孔泽性质（Quasi-Kunze property））便可作为 **L** 的表层句法关系：

|| 语言 **L** 有一个除代词之外的句法类别 X，在任意表层句法结构 $\tilde{S}$ 中，短语 L–**r**[?] → $\Delta_{(Y)}$ 都可以用 L–**r**[?] → $\Delta_{(X)}$ 代替（反之不一定成立）且不会影响 $\tilde{S}$ 的完整性。

换句话说，语言 **L** 的每一个表层句法关系都必须有一个**典型从属词**（prototypical dependent），能够接受任意支配词。因此，下面的词组

$$\text{HAVE-}r_1[?] \to \text{SLEEP}_{\text{PAST.PART}} \quad （已经睡过了）和$$

$$\text{BE-}r_2[?] \to \text{SLEEP}_{\text{PRES.PART}} \quad （正在睡觉）$$

假设的表层句法关系 **r[?]** 不满足类孔泽性质：

*have–r_2[?] → *sleeping* 和 *be–r_1[?] → *slept*：

没有一个依存关系可以表示这两种情况。因此，假设的表层句法关系 **r[?]** 要分为两个表层句法关系：

$$\text{HAVE-}\textbf{perfect–analytical} \to \text{SLEEP}_{\text{PAST.PART}} \quad \Leftrightarrow \quad \textit{have slept} \text{ 已经睡过了}$$

和

$$\text{BE-}\textbf{progressive–analytical} \to \text{SLEEP}_{\text{PAST.PART}} \quad \Leftrightarrow \quad \textit{be sleeping} \text{ 正在睡觉}$$

标准 C2 使得不满足类孔泽性质的两个短语的句法关系不能合为一个 **r[?]**。但下面的这些短语则不同：

SLEEP–r_1[?] → JOHN（约翰睡觉）

和

BE–r_2[?] → SMOKE$_{INF}$（吸烟 [有害]）

不定式不能作为动词 SLEEP 的主语，因此不能说 *To smoke sleeps。 178 大多数英语动词也都没有这一用法。但名词可以作为任意动词的主语： *John is harmful*（约翰有害）。这样名词便是满足标准 C2 的句法类别 X。因此，r_1[?] 和 r_2[?] 可以变为一个表层句法关系 r = subjectival（**主语的**）：

SLEEP$_{PRES}$-**subjectival** → JOHN ⇔ *John sleeps*（约翰睡觉）

和

BE$_{PRES}$-**subjectival** → SMOKE ⇔ *To smoke is [harmful]*（吸烟 [有害]）

标准 C3（重复性）：相同支配词的可重复性。

如果假设的表层句法关系 r[?] 要么不可重复，要么可以无限重复，便可作为 L 的表层句法关系。

> 如果一个标记为 r 的边只能从某一节点开始，这个表层句法关系 r 便**不可重复**（non-repeatable）；如果任意多个标记为 r 的边都可以从某一节点开始，这个表层句法关系 r 便可以**无限重复**（unlimitedly repeatable）。

我们禁止有限重复，如只有二、三个标记为 r 的边。

为证明标准 C3 的必要性，我们来看例（59）。波斯语中这种表达形式很多：

（59）*Män   name + ha + ra   post   kärd + äm*
　　　我　 信　　PL　Diro　发送　做　　1.SG
　　　'I letters sending did' = 'I sent letters（我送信）'

这里我们看到一个动词-名词搭配 *post kärd+än* '发送做' = '送' [-**än** 是不定式的标志]。这种搭配在波斯语中非常常见，如 *därs dädän* '课给' = '上课'，*däst zädän* '手碰' = '触碰'，*täbrik goftän* '恭喜道' = '恭喜' 等。这些名词（DÄRS, DÄST, TÄBRIK）看起来像一个直接宾语。然而，带有这些宾语的及物动词仍保持及物性，而且支配了一个真正的直接宾语，如（59）中的 NAMEHA '信' 便是直接宾语，后缀 **-ra** 是直接宾语的标志。假设的表层句法关系 **r[?]**（= direct-objectival）在这样的表达中只能出现两次，所以这个表层句法关系是有限可重复的，也是标准 C3 禁止的。因此，对于像（59）这样的例子，表层句法关系 **r[?]** 必须变为两个：NAMEHA ← **dir-obj**（**ectival**）–KÄRD–**quasi-dir-obj** → POST。这类搭配中的名词（= 搭配的基础）是一个类直接宾语（不同于伪直接宾语，详见附录 II 第四条）。如果将直接宾语和类直接宾语看作句子中的相同成分，会引起不必要的麻烦，因为它们的句法性质是不同的。

标准 C3 的一个特例便是巴尔干半岛语言中的**概括附着语素**（resumptive clitics）[37]，当然西班牙语中也存在：

（60）a. 巴尔干半岛语（th = /θ/, $ë$ = /ə/, j =/j/）

  （i）*Barin e thanë në furrë*
    草（ACC）它-ACC 烘干（3.PL）在……中 炉子
   '草在炉中烘干了'

  （ii）*Mos i thuaj njeriu!*
    不要 他 -DAT 告诉 没人 -DAT
   '不要告诉任何人！'

b. 西班牙语（z = /θ/, j = /χ/）

  *Al azúcar Julio **le** tiene una viva aversión*
  '朱莉欧非常厌恶糖'

在一个概括附着语素中，相应的表层句法结构只重复了两次，看起来违反了标准 C3。然而事实上并没有违反。概括附着语素不能表示独立论元，只是重复了同一论元。

用以上这些标准，研究者便可以为语言 **L** 建立一个表层句法关系列表，类似于建立格以及音位列表。英语表层句法关系的一个可能列表在附录 II 中给出。

总　　结

　　是时候和你们说再见了，希望你们以后遇到语言和语言学问题时一切好运。一些生活在北极的人有一个非常好的习惯：当有客人来家里做客或有人离开之时，主人会为他提供旅途中有用的东西。首选当然是食物，不过其他的东西也是可以的，比如衣服。*我能给本书的读者什么礼物呢？

　　这里我将本书的内容归为以下六点，这也是最重要的六点。语言描述必须：

- 是**意义-文本**对应的描述，并且是由意义到文本的。我希望我列举的例子能为语言学研究和描述提供有益的合成导向。语言是说出来的，因此说话者处于领导地位。人们通过话语来表达某种意义，所以阐释语义元语言便是语言学家的首要任务。
- 是语言或其某个部分的**功能模型**。语言现象的形式模型是学习、描写语言的唯一有效的方法。
- 包括一部**详解组合词典**，作为最重要的组成部分，该词典为每一词汇单位的正确使用提供了所需语言信息。
- 基于**强大的释义**基础上，既要依靠语义层也要依靠深层句法层。
- 基于**严格的概念装置**。定义良好的概念和相应的术语对于语言学家格外重要，特别是因为我们已经在本书开始时说过语言学家在研究语言的时候必须使用一种自然语言。
- 基于**语言元素之间的依存关系**。任何文本的词汇组织都遵循线性关系，但是这种组织关系，即表层的词汇组织都是一种语言表示联系的方式，这种联系就是不同维度的依存关系。

　　亲爱的读者，祝一切顺利，保持联系！

---

　　* 阿留特语中甚至有一个特殊的动词表示这一动作：TƏQAVIVƏK 'X offers a gift to Y who has been X's guest and is leaving X's house（在客人 Y 准备离开的时候，X 会送给 Y 一个礼物）'。

附　录

附录 I：语音表

C' palatalized consonant C 颚音化辅音
C' glottalized（=laryngalized）consonant C 喉塞辅音
C^h aspirated consonant C 送气辅音
C^w rounded（=labialized）consonant C 圆唇辅音
Ç pharyngalized（=emphatic）consonant C 强调辅音
V̄ long vowel V 长元音
Ṽ nasal vowel V 鼻音元音
ʌ back middle open unrounded vowel [*duck*]（鸭子）后中开非圆唇元音
æ front low unrounded vowel[*back*]（背部）前低非圆唇元音
β voiced bilabial fricative consonant [*Sp. lobo* '狼'] 浊双唇摩擦辅音
c voiceless alveolar affricate consonant [=t͡s] 清齿龈塞擦辅音
č voiceless palato-alveolar affricate consonant [*chin*]（下巴）清腭龈塞擦辅音
ć voiceless alveo-palatal affricate consonant 清龈腭塞擦辅音
ð voiced interdental fricative consonant [*the*]（定冠词）浊齿间摩擦辅音
e front middle closed unrounded vowel [*Fr. é*] 前中闭非圆唇元音
ɛ front middle open unrounded vowel [*Fr. è*] 前中开非圆唇元音
ə central middle unrounded vowel [所谓的中性元音"shwa"] 中非圆唇元音
ġ voiced uvular fricative consonant 浊小舌摩擦辅音

γ	voiced velar fricative consonant 浊软腭摩擦辅音	
h	voiceless laryngeal fricative consonant [*hand*]（手）清喉摩擦辅音	
ħ	voiceless pharyngeal fricative consonant 清咽摩擦辅音	
ɨ	high central unrounded vowel 高中非唇元音	
j	voiced palatal fricative consonant [*yoke*]（束缚）浊上颚摩擦音	183
	palatal glide [*Sp. pie* '脚'] 西班牙语：上颚滑音	
ɟ	voiced palatal stop consonant [如 *Would you*...] 浊上颚塞辅音	
λ	voiced palatal lateral liquid [*Sp. ll*, *It. gl*] 浊上颚边流音	
ŋ	voiced velar nasal consonant [*ng*] 浊软腭鼻辅音	
ɲ	voiced palatal nasal consonant [*Fr.*, *It.gn*；*Sp. ñ*] 浊上颚鼻辅音	
o	back middle closed rounded vowel [*Fr. eau*] 后中闭圆唇元音	
ɔ	back middle open rounded vowel [*Fr. comme*] 后中开圆唇元音	
q	voiceless uvular stop consonant 清小舌塞辅音	
r̄	voiced strong alveolar vibrant consonant [几次连续震动的 *r* 音：*Sp. perro* '狗'] 浊强齿龈震动辅音	
š	voiceless postalveolar fricative consonant [*sh*] 清后齿龈摩擦辅音	
θ	voiceless interdental fricative consonant [*think*]（思考）清齿间摩擦辅音	
u	back high rounded tense vowel [*fool*]（愚人）后高圆唇紧元音	
ʊ	back high rounded lax vowel [*full*]（满的）后高圆唇松元音	
w	voiced bilabial fricative consonant[*win*]（赢）/ 浊双唇摩擦辅音	
	labiovelar glide [*Sp.puerta*] 西班牙语：唇软腭滑音	
x	voiceless velar fricative consonant [*Ger.ch*] 清软腭摩擦辅音	
χ	voiceless uvular fricative consonant [*Sp. j*] 清小舌摩擦辅音	
ž	voiced post-alveolar fricative consonant [*Fr. jour*] 浊后齿摩擦音	
ǯ	voiced palato-alveolar affricate consonant [*John*] 浊颚龈破擦辅音	
ʔ	voiceless laryngeal [= glottal] stop consonant [=glottal stop 声门闭锁音] 清喉塞辅音	

ʕ　voiced pharyngeal stop consonant [阿拉伯语 'ayn] 浊咽塞辅音
´　rising/high tone 升调
`　falling/low tone 降调
^　rising-falling tone 升降调
ˇ　falling-rising tone 降升调
ˉ　level tone 平调

附录 II：英语中的表层句法关系

本书中英语的表层句法关系是基于马尔丘克和佩尔佐夫的研究（Mel'čuk & Pertsov 1987）提出的，并在之前的基础上进行了修正和增补（参考 Iomdin 2010），但在很多方面仍然不是很详尽且存在争议。建立一种语言的表层句法关系是一项充满挑战的任务，并非某一位学者能办到（特别是如果这位研究者不是英语说话者，甚至不精通英语句法，难度就更大了）。因此，亲爱的读者，请保持耐心。

这里的表层句法关系根据下面三个主要维度分类：

从属表层句法关系 ~ 并列表层句法关系

短语 L_1–synt–r_i → L_2 中，从属表层句法关系 r_i 表示 L_1 和 L_2 有不同句法行为，而短语 L_1–synt–r_j → L_2 中，并列表层句法关系 r_j 表示 L_1 和 L_2 有相似的句法行为。

从句层表层句法关系 ~ 短语层表层句法关系

从句层的表层句法关系 r_i 连接了一个从句内短语的句法头词，而短语层的表层句法关系 r_j 连接短语内的元素。

价控制表层句法关系 ~ 非价控制表层句法关系

短语 L_1–synt–r → L_2 中，价控制表层句法关系 r 体现在 L_1 的支配模式中，符合 L_1 的正句法价。

我们可以依据短语的类型（名词短语、介词短语等）、表层句法关系的类型（论元、描写等），将表层句法关系分为更具体的类型。

首先，这里是英语表层句法关系列表的大纲。

I 从属表层句法关系：1—54

   I.1 从句层表层句法关系：1—20

      I.1.1 价控制 = 论元表层句法关系

      I.1.2 非价控制表层句法关系

         I.1.2.1 描写结构表层句法关系

         I.1.2.2 情况描述的表层句法关系

         I.1.2.3 额外结构表层句法关系

   I.2 短语层表层句法关系：21—54

      I.2.1 任意类型短语表层句法关系，非价控制

I.2.2 名词性短语表层句法关系
I.2.2.1 价控制
I.2.2.2 价控制和非价控制
I.2.2.3 非价控制
I.2.3 介词短语表层句法关系，价控制
I.2.4 动词短语（=分析形式）表层句法关系，非价控制
I.2.5 连词短语表层句法关系，价控制
I.2.6 类单词短语表层句法关系，非价控制

II 并列表层句法关系：55—58

现在，我们来看这个列表。

I 从属表层句法关系：1—54

I.1 从句层表层句法关系：1—20
I.1.1 价控制（论元）表层句法关系：1—12

1. 主语（Subjectival）

[*As the*] ***reader*** ← **subj**–*will* [*have seen*...] | ***I*** ← **subj**–*am* [*fine.*]

That ← **subj**–[*John left*]–*amazed* [*us.*] | ***It*** ← **subj**–*amazed*–[*us that John left.*]

It ← **subj**–*was* [*dawning.*] | [*There*] *exist*–[*three*]–**subj** → *conditions.*

To ← **subj**–[*read*]–*is*[*to empower,*]*to* ← **subj**–[*empower*]–*is* [*to write,*]

to ← **subj**–[*write*]–*is*[*to in fluence.*]

Enough ← **subj**–*has* [*been said on this topic.*]

[*Which way*] ***to*** ← **subj**–[*choose*]–*must* [*be decided later.*]

[*The*] ***easiest*** ← **subj**–[*of these solutions*]–*turned* [*out to be the last one.*]

2. 伪主语（Pseudo-subjectival）

[*It*] *amazed*–[*us*]–**pseudo-subj** → *that* [*John left.*]

[*There*]–**pseudo-subj** → *exist* [*three* **conditions**].

3. 直接宾语（Direct-objectival）

see–**dir-obj** → ***John***；[*He*] *knew*–**dir-obj** → ***this***.

[He] knew–**dir-obj** → *that* [Mary was in town.]

worth–[a]–**dir-obj** → *trip*; [It is quite] like–**dir-obj** → *John*.

[Which *way* ← **dir-obj**–[to]-choose [must be decided later.]

make–[possible]–**dir-obj** → *neutralizing* [the consequences]

make–**dir-obj** → *it* [possible tone neutralize the consequences]

want–**dir-obj** → *to* [know]

[I] need–**dir-obj** → *to* know–[what]–**dir-obj** → *to* [expect.]

4. 伪直接宾语（Pseudo-direct-objectival）

make–[it possible]–**pseudo-dir-obj** → *to* [neutralize the consequences]

make–[it clear]–**pseudo-dir-obj** → *that* [we want to neutralize the consequences]

[The rumor] has–[it]–**pseudo-dir-obj** → *that* [you are looking for a job.]

5. 间接宾语（Indirect-objectival）

give–**indir-obj** → *John* ⟨ *him* ⟩ [some money]

give–[some money]–**indir-obj** → *to* [John, who needs it]

[France] offers–[Iraq]–**indir-obj** → *Christians* [asylum after Mosul threat.]

6. 斜格宾语（Oblique-objectival）

[with no]objections–**obl-obj** → *from* [the Minister]

☞ 同义短语 the Minister's objections 和 objections by the Minister 有不同的表层句法结构：
the Minister's ← **possessive**–objections（所有格）和 objections–**agentive** → *by* [the Minister]（施事格）

agreement–**obl-obj** → *between* [Stalin and Hitler]

so–[tired]–**obl-obj** → *that* [she could not eat]; too–[tired]–**obl-obj** → *to* [go out]

too–[sweet]–**obl-obj** → *to* [my taste]

Down–**obl-obj** → *with* [the Mullahs!]

help–[her]–**obl-obj** → *move* [to London]

identify–[this element]–**obl-obj** → *as* [a suffix]

7. 不定式宾语（Infinitival-objectival）

can–**inf-obj** → *read*; should–**inf-obj** → *read*

186

8. 系动词（Copular）

be–**copul** → *easy*; *become*–**copul** → *easy*; *be*–[*a*]–**copul** → *teacher*

become–[*a*]–**copul** → *teacher*

be–**copul** → *without* [*a hat*]; *be*–**copul** → *of* [*small comfort*]

turned–[*out*]–**copul** → *to* [*have departed*]

[*To read*] *is*–**copul** → *to* [*empower*.]

9. 主语补足语（Subjective-attributive-objectival）（补足语修饰主语）

[*This task*] *seems*–**subj-attr-obj** → *easy*.

[*This task was*] *found*–**subj-attr-obj** → *easy*.

10. 宾语补足语（Objective-attributive-objectival）（补足语修饰宾语）

find–[*this task*]–**obj-attr-obj** → *easy*

consider–[*him*]–**obj-attr-obj** → *happy*;

consider–[*him*]–**obj-attr-obj** → *to* [*be happy*]

believe–[*him*]–**obj-attr-obj** → *to* [*be dumb*]

make–[*it*]–**obj-attr-obj** → *possible* [*to neutralize the consequences*]

judge–[*him*]–**obj-attr-obj** → *guilty*

11. 施事格（Agentive）

written–**agent** → *by* [*McGuire*]; *arrival*–**agent** → *of* [*McGuire*]

[*a*] *translation*–**agent** → *by* [*McGuire*]; *baffled*–**agent** → *by* [*quantifiers*]

shooting–**agent** → *of* [*the hunters*: 'the hunters shoot']

[*She was*] *sent*–[*a letter*]–**agent** → *by* [*McGuire*.]

[*His thumb is too sore*] *for* ← **agent**–[*him to*]–*play* [*next week*.]

12. 比较（Comparative）

more–[*important*]–**compar** → *than* [*Peter*]; *older*–**compar** → *than* [*Peter*]

as–[*important*]–**compar** → *as* [*Peter*]

[*John loves Mary*] *more*–**compar** → *than* [*Peter*.]

I.1.2 非价控制表层句法关系：13—21

I.1.2.1 描写结构表层句法关系：13—18

13. **主语的描写结构**（Subjective-copredicative）

[*John*] *returned*–**subj-copred** → ***rich***.

[*These fighting*] *congtinued*–**subj-copred** → ***unabated***.

14. **宾语的描写结构**（Objective-copredicative）

[*They*] *sent*–[*John home*]–**obj-copred** → ***rich***.

I.1.2.2 情况描述表层句法关系：15—18

15. **描述**（Circumstantial）

walk–**circum** → ***fast***; *delve*–**circum** → ***deeply***

[*He*] *works*–**circum** → ***there***⟨*in* [*this office*]⟩. | [*He*] *works*–**circum** → ***abroad***.

[*He will*] *write*–[*next*]–**circum** → ***week***⟨*tomorrow*⟩.

[*A new store*] *opened*–[*three*]–**circum** → ***miles***–**circum** → ***West*** [*from here.*]

[*He*] *went*–[*out, his*]–**circum** → ***gun*** [*in his left hand.*]

With ← **circum**–[*her paper finished, Helen*]–*can* [*afford this trip.*]

Having ← **circum**–[*rushed off, he*]–*forgot* [*his umbrella.*]

To ← **circum**–[*simplify the procedure, Dr. Copulati*]–*has* [*recourse to the following technique.*]

When ← **circum**–[*summer approaches,*]–*start* [*preparing your car.*]

Holidays ← **circum**–[*or no holidays, I*]–*have* [*to finish my paper.*]

16. **修饰描述**[38]（Modificative-circumstantial）

[*As always*] ***elegant***, ← **mod-circum**–[*John*]–*walked* [*away.*]

17. **同位语描述**（Appositive-circumstantial）

[*An old*] ***man***, ← **appos-circum**–[*John*]–*works* [*less.*]

18. **定语描述**（Attributive-circumstantial）

Abroad, ← **attr-circum**–[*Alan*]–*works* [*less.*]

While ← **attr-circum**–[*in France, Alan*]–*works* [*less.*]

I.1.2.3 额外结构表层句法关系：19—20

19. 附加说明（Parenthetical）

Oddly, ← **parenth**–[*Alan*]–*works* [*less.*]

[*Alan,*] *naturally*, ← **parenth**–*accepted* [*the offer.*]

As ← **parenth**–[*we have known for some time, Alan*]–*works* [*less.*]

To ← **parenth**–[*give an example, I*]–*will* [*consider nominal suffixes.*]

[*It*] *was*, –[*Alan*]–**parenth** → *said*, [*a very hot day.*]

[*It*] *was*, –**parenth** → *as* [*Alan said, a very hot day.*]

20. 附加（Adjunctive）

OK, ← **adjunct**–[*I*]–*agree*. | *Mary*, ← **adjunct**–[*where*]–*are* [*you?*]

I.2 短语层面的表层句法关系：21—54

I.2.1 任意类型短语表层句法关系，非价控制：21

21. 限制（Restrictive）

still ← **restr**–*taller*; *is*–**restr** → *still* [*here*]; *most* ← **restr**–*frequent*

not ← **restr**–*here*; *not* ← **restr**–*me*

so ← **restr**–*rich*; *too* ← **restr**–*tired*; *that* ← **restr**–*far*; *boys*–**restr** → *only*

[*Alan*] *just* ← **restr**–*arrived.*

I.2.2 名词性短语表层句法关系：22—40

I.2.2.1 价控制表层句法关系：22

22. 选择（Elective）

[*the*] *poorest*–**elect** → *among* [*peasants*]

[*the*] *best*–**elect** → *of* ⟨ *from* ⟩ [*these boys*]

[*the*] *most*–[*intelligent*]–**elect** → *of* ⟨ *from* ⟩ [*these boys*]

five–**elect** → *of* [*these books*]

I.2.2.2 价控制和非价控制表层句法关系：23—28

23. 所有格（Possessive）

Alan's ← **poss**–*arrival*; *Alan's* ← **poss**–*bed*

Last year's ← **poss**–*wishes are this year's* ← **poss**–*apologies.*

24. 合成（Compositive）

man ← **compos**–[*-machine*]–*interaction*;

car ← **compos**–*repair*; *noun* ← **compos**–*phrase*

fax ← **compos**–*transmission* ← **compos**–*network* ← **compos**–*access* ← **compos**–*cost* ← **compos**–*optimization* ← **compos**–*proposal*

color ← **compos**–*blind*

road ← **compos**–*test* [*a car*]; *guest* ← **compos**–*conduct* [*an orchestra*]

25. 修饰（Modificative）

comfortable ← **modif**–*beds*; *visible* ← **modif**–*stars*; *French* ← **modif**–*production*

26. 绝对修饰（Absolute-modificative）

[*His first*] *attempt*–[*a*]–**abs-modif** → *failure*, [*John*...]

[*He went out, his*] *anger*–**abs-modif** → *gone.*

[*He went out, (with) his*] *gun*–**abs-modif** → *in* [*his left hand.*]

[*With the Central*] *Bank*–**abs-modif** → *refusing* [*to budge, there were no ruble buyers.*]

27. 定语（Attributive）

learners–**attr** → *with* [*different backgrounds*]

dress–**attr** → *of* [*a beautiful color*]

years–**attr** → *of* [*war*]; [*the*] *bed*–**attr** → *of* [*Alan*]

[*a*] *man*–[*the same*]–**attr** → *age*

[*the*] *most*–[*expensive car*]–**attr** → *in* [*France*]

☞ 但是 [*the*] *most*–[*expensive*]–**elect** → *of* [*French cars*]

man–**attr** → *of* [*courage*]; *life*–**attr** → *abroad*; *hundreds*–**attr** → *of* [*books*]

tons–**attr** → *of* [*debris*]

28. 描述定语（Descriptive-attributive）

[*Professor*] *Wanner*, –**descr-attr** → *from* [*Stuttgart, was also present.*]

I.2.2.3 非价控制表层句法关系：29—40

29. 限定（Determinative）

a ← **determ**–*bed*; *those* ← **determ**–*beds*; *my* ← **determ**–*bed*

30. 定量（Quantitative）

three ← **quant**–*beds*; [*three* ← **num-junct-**] *thousand* ← **quant**–*people*

注意：在句子 *thousands*–**attr** → *of*-[*people*] 中，THOUSAND 不是数词，而是一个名词。

31. 描述修饰（Descriptive-modificative）

[*these*] *beds*, –**descr-modif** → *comfortable* [*and not expensive*], ...

32. 关系从句（Relative）

[*the*] *paper*–[*that I*]–**relat** → *read* [*yesterday*]

[*the*] *paper*–[*I*]–**relat** → *read* [*yesterday*]; *the girl*–[*who*]–**relat** → *came* [*first*]

33. 描述性关系从句（Descriptive-relative）

[*this*] *paper*–[*which I*]–**descr-relat** → *read* [*yesterday*]

Alan, –[*who*]–**descr-relat** → *loves* [*her so much, should return.*]

34. WH 词关系从句（WH-relative）

[*He disappeared God*] *knows* ← **WH-rel**–*where*.

[*He does you*] *will* ← **WH-rel**–[*never guess*]–*what*.

35. 资格同位语（Qualifying-appositive）

Alan–[*the*]–**qual-appos** → *Powerful*

36. 命名同位语（Naming-appositive）

[*the*] *Gobi* ← **name-appos**–*desert*; [*the*] *Volga* ← **name-appos**–*river*

[*the heavy*] *cruiser*–**name-appos** → "*Saratoga*"; *Lake*–**name-appos** → *Erie*

[*the*] *town*–**name-appos** → *of Mount-Royal*

37. 识别性同位语（Identifying-appositive）

[*the*] *term*–**ident-appos** → "*suffix*"; *equation*–**ident-appos** → (*23*)

Section–**ident-appos** → ***B***

38. 描述性同位语（Descriptive-appositive）

[*This*] *term*–**descr-appos** → ("***suffix***") [*will be considered later.*]

John, –[*a professional*]–**descr-appos** → ***vet***, [*came over.*]

[*You forget about*] *me,* –[*your*]–**descr-appos** → ***mother***.

[*The sales totaled*] *$10,000,* –**descr-appos** → ***down*** [*from June.*]

39. 相继（Sequential）

man–**sequent** → ***machine*** [*interaction*]; [*flights*] *Paris*–**sequent** → ***London***

English–**sequent** → ***German*** [*dictionary*]

English–**sequent** → ***to*** [*German translation*]

40. 受事格（Patientive）

translation–**patient** → ***of*** [*this text*]

shooting–**patient** → ***of*** [*the hunters*: 'the hunters are shot']

I.2.3 介词短语表层句法关系，价控制：41—42   192

41. 介词（Prepositional）

in–**prepos** → ***bed***; *without*–[*three hundred*]–**prepos** → ***dollars***

[*The iota operator is different*] *in*–**prepos** → ***that*** [*its interpretation depends on the context.*]

to–**prepos** → ***go*** [*to bed*]

[*Do you ever do anything*] *besides*–**prepos** → ***offer*** [*your apologies?*]

42. 后置（Postpositional）

[*ten*] ***centuries*** ← **postpos**–*ago*; [*a few*] *years* ← **postpos**–*back*

[*the whole*] *month* ← **postpos**–*through*

[*The motion passed, our*] ***objection*** ← **postpos**–*notwithstanding*.

I.2.4 动词短语（=分析型）表层句法关系，非价控制：43—46

43. 完成时分析型（Perfect-analytical）

has–**perf-analyt** → ***written***; *has*–**perf-analyt** → ***been*** [*beaten*]

44. 进行时分析型（Progressive-analytical）

was–**progr-analyt** → *writing*; [*has*] *been*–**progr-analyt** → *writing*

45. 被动式分析型（Passive-analytical）

was–**pass-analyt** → *written*; [*was*] *being*–**pass-analyt** → *written*

46. **DO** 分析型（DO-analytical）

does–**do-analyt** → *write*; *does*–[*not*]–**do-analyt** → *write*

I.2.5 连词短语表层句法关系，价控制：47—50

47. 从属连词（Subordinate-conjunctional）

[*Suppose*] *that*–[*Alan*]–**subord-conj** → *comes*.

[*so*] *as*–[*not*]–**subord-conj** → *to* [*irritate Leo*]

48. 并列连词（Coordinate-conjunctional）

[*Alan*] *and*–**coord-conj** → *Helen*; [*Alan,*] *but*–[*not*]–**coord-conj** → *Helen*

[*Do you have a place for us*] *or*–[*we*]–**coord-conj** → *must* [*leave now?*]

49. 比较连词（Comparative-conjunctional）

than–**compar-conj** → *Helen*; *as*–**compar-conj** → *always*

50. 绝对连词（Absolute-conjunctional）

If–[*a*]–**abs-conj** → *pronoun*, [*the grammatical subject may* ...]

while–**abs-conj** → *in* [*bed*]; *once*–**abs-conj** → *here*

I.2.6 类单词短语表层句法关系，非价控制：51—54

51. 动词连接（Verbal-junctive）

give–**verb-junct** → *up*; *bring*–**verb-junct** → *down*; *feel*–**verb-junct** → *about*

52. 数词连接（Numeral-junctive）

fifty ← **num-junct**–*three*; *fifty* ← **num-junct**–*third*

53. 双向连接（Binary-junctive）

if–[...]–**bin-junct** → *then*...; *the* ← **bin-junct**–[*more*...]–*the* [*more*...]

either ← **bin-junct**–[...]–*or* [...]

54. 依数（Colligative）

[*is*] *dealt*–**collig** → *with* [stranded prepositions]

II 并列表层句法关系：55—58

55. 并列（Coordinative）

John, –**coord** → *Mary,* –**coord** → *Pete*; *fast,* –**coord** → *gently,* –**coord** → *skillfully*

John, –**coord** → *and* [–**coord-conj** → *Mary*]; *fast,* –**coord** → *but* [*gently*]

John was–[*reading,*]–**coord** → *and*–[[*Mary patiently*]–**coord-conj** → *waited.*]

56. 省略型并列（Elliptical-coordinative）

[*He*] *works*–[*a lot,*]–**ellipt-coord** → *but* [*only at night.*]

[*He eats*] *vegetables,* –[*however, not*]–**ellipt-coord** → *boiled*.

57. 伪并列（Pseudo-coordinative）

in–[*Siberia*]–**pseudo-coord** → *on*–[*the Ob shore, not*]–**quasi-coord** → *far from Novosibirsk*

[*six*] *dollars*–**pseudo-coord** → *and* [*80 cents*]

[*six*] *dollars*–[*80*]–**pseudo-coord** → *cents*]

[*Such are all voiced*] *consonants,* –[*in particular,*] –**pseudo-coord** → /*b*/ [*and* /*g*/.] 194

tomorrow–**pseudo-coord** → *night*; *Monday*–[*next*] –**pseudo-coord** → *week*

Saturday–**pseudo-coord** → *night*, [–**pseudo-coord** → *at a quarter to eleven*]

58. 解释型并列（Explanatory-coordinative）

[*Mary*] *gave*–[*me a smile, which*]–**explan-coord** → *was* [*nice.*]

[*Smoking*] *is*–[*harmful, which*]–**explan-coord** → *is* [*well known.*]

附录 III：一个句子中两个词位间三种依存类型的可能组合方式

记住，一个句子中任意两个词位 L_1 和 L_2 都可以由三种主要依存方式连接：语义、句法和形态。这些方式的组合有14种情况，都可以在自然语言中找到实例。

1. L_1 L_2:		L_1 和 L_2 不存在任何依存关系。如在句子 *John began to weaken after 8 miles*（8英里之后，约翰开始虚弱了）中，$JOHN_{L_2}$ 和 $AFTER_{L_1}$ 不存在依存关系。
2. L_1 −sem→ L_2:		L_1 和 L_2 有语义依存。如在句子 *John began to weaken*（约翰开始虚弱了）中，$JOHN_{L_2}$ 与 $WEAKEN_{L_1}$ 的联系（与第10种情况比较）。
3. L_1 −synt→ L_2:		L_1 和 L_2 只有句法依存。如日语 *Yoko+wa hon+o takusan yom+u* '洋子看了很多书'中, $TAKUSAN_{L_2}$ '很多'和 $YOMU_{L_1}$ '读'的关系；语义上 $TAKUSAN_{L_2}$ '很多'修饰 HON '书'，形态上，TAKUSAN 是一个无形态变化的副词。
4. L_1 −morph→ L_2:		L_1 和 L_2 只有形态依存。如在塔巴萨兰语 *Ič mudur uc^{wh}u+na hebgnu+jič* '我们的小羊逃到你那里去了'中，$IČ_{L_1}$ '我们的'和 $HEBGNU-(jič)_{L_2}$ '逃到'的关系，这里，动词 *hebgnu* 在形态上依存于代词性形容词 *ič* '我们的'，不存在语义依存或句法依存。
5. L_1 −sem→ −synt→ L_2:		L_1 和 L_2 的语义依存和句法依存方向相同，但不存在形态依存。如在 *John is reading a newspaper*（约翰正在看报纸）中，$READ_{L_1}$ '看'和 $NEWSPAPER_{L_2}$ '报纸'之间的联系。
6. L_1 −sem→ ←synt− L_2:		L_1 和 L_2 的语义依存和句法依存方向相反，但不存在形态依存。如在 *an interesting newspaper*（有趣的报纸）中，名词 NEWSPAPER '报纸'是形容词 INTERESTING '有趣的'的语义论元（也就是说名词在语义上从属于形容词），同时，却是形容词的句法支配词。
7. L_1 −sem→ −morph→ L_2:		L_1 和 L_2 的语义依存和形态依存方向相同，但不存在句法依存。如在西班牙语 *Juan le quiere dar un libro* = '胡安想给他一本书'中，附着词 LE_{DAT-L_2} '给他'在语义和形态上依存于动词 DAR_{L_1}，因为 DAR 决定了附着词的与格形式。但和动词不存在句法依存，因为从句法角度看，附着词 *le* 依存于动词 QUERER '想'，和其一起形成了一个韵律词组，而且该词在句中的位置同样由动词决定。

续表

8.	L_1	–sem → ← morph–	L_2:	L_1 和 L_2 的语义依存和形态依存方向相反，不存在句法联系。如在法语 *Marie est devenue belle* '玛丽变漂亮了'中，名词 MARIE$_{L_2}$ 在语义上从属于形容词 BEAU$_{L_1}$ '漂亮'（'Marie' 是谓词 '漂亮' 的论元），形容词 BEAU$_{L_1}$ 在形态上从属于 MARIE，与其保持性、数一致。	
9.	L_1	–synt → –morph →	L_2:	L_1 和 L_2 的句法依存和形态依存方向相同，不存在语义依存。如在拉丁语 *ab urb+e condita* '自从城市建立之日以来'中，介词 AB$_{L_1}$ '自……以来' 与 URBS$_{L_2}$ '城市' 的关系，介词决定了名词的离格。	
10.	L_1	–synt → ← morph–	L_2:	L_1 和 L_2 的句法依存和形态依存方向相反，不存在语义依存。如在 *John begins to weaken*（约翰开始虚弱了）中，在句法上，JOHN$_{L_2}$ 从属于 BEGIN$_{L_1}$ '开始'，但形态上却相反，*begins* 要与 *John* 保持人称和数的一致。而两者不存在语义依存：语义上，JOHN 从属于 WEAKEN：'begin-1→ weaken-1→ John'。对比第 2 种情况。	197
11.	L_1	–sem → –synt → –morph →	L_2:	L_1 和 L_2 的语义依存、句法依存和形态依存方向相同。如词组 see$_{L_1}$ her$_{L_2}$ '看到她'中，SHE$_{L_2}$ '她' 在语义、句法和形态上都从属于 SEE$_{L_1}$ '看到'。	
12.	L_1	–sem → –synt → ← morph–	L_2:	L_1 和 L_2 的语义依存和句法依存方向相同，但形态依存方向相反。比如一种没有格变化的语言中动词人称的变化。如阿布哈兹语 *Nadš'a$_{L_{2-1}}$ sara$_{L_{2-2}}$ i+s+əl+teit'ašwq^{w}ə$_{L_{2-3}}$* '纳得莎 [一个女人] 给了我一本书'，动词 *isəlteit'*$_{L_1}$ 与三个无格论元保持人称、数和性的一致（**i-** 是无生命单数直接宾语的前缀，**s-** 是第一人称单数间接宾语的标志，(ə) **l-** 是第三人称单数阴性主语的标志）。从语义和句法角度来看，论元从属于动词，而从形态角度来看，动词从属于论元。	
13.	L_1	–sem → ← synt– –morph →	L_2:	L_1 和 L_2 的语义依存和形态依存方向相同，但句法依存方向相反。如在波斯语修正结构 *ketab+enav* '新书'中，KETAB$_{L_2}$ 在语义和形态上都从属于形容词 NAV：'ketab' 是 'nav' 的语义论元，KETAB 依据 NAV 增加了 **-e**（"izafet" 表示依存后缀）；但句法上，名词 KETAB 是形容词 NAV 的支配词。	198
14.	L_1	← sem– –synt → –morph →	L_2:	L_1 和 L_2 的句法依存和形态依存方向相同，但语义依存方向相反。如在法语 *longues préparations* '长时间的准备'中，修饰性形容词 LONG$_{L_2}$ 在句法和形态上都从属于 PRÉPARATION$_{L_1}$，但语义上形容词是支配词（'long-1→ préparations'）。	

附录 IV: 东亚 / 东南亚语言中对应欧洲语言被动语态的结构 *

> Как все мы знаем, он таковский,
> Наш славный Виктор Эс. Храковский!
> Свой нежный шлю ему привет,
> Желаю жить сто двадцать лет![1]

1. 问题的提出

本文试图回答一个看似简单的问题：现代汉语中是否存在被动语态？很多描述性语法、参考书目、手册和论文都讨论了这一问题，这说明汉语中的被动语态与欧洲语言中的被动语态存在差异。我想简单表明一下我的观点：

‖ 现代汉语不存在被动语态。

"我们"的语言通过被动语态实现的表达效果，在汉语以及其他几种东南亚语言中有不同的表达方式。接下来我将详细说明。

如何确定汉语中是否存在被动语态？我采用的方法源于20世纪苏联一名军队医务实习生。在学校的期末考试中，他被问道："灌肠需要哪些条件？"而他也因快速作答成名："首先，需要准备灌肠剂；其次，需要肛门；最后，将灌肠剂注入肛门。"同样，首先我需要定义被动语态；其次，对相关句子进行准确描述；最后，将定义应用到描述中。完工！

因此，本文按以下顺序进行阐述：第二部分给出被动语态的定义；第三部分描述汉语中所谓的被动语态；第四部分将定义应用到具体句子中，

---

* 此文原书未收入，现经作者同意，作为中文版附录收入。

[1] "我们都知道，他就是那样，／我们光荣的维克多·赫拉科夫斯基！／我要向他表示我温柔的问候，／我希望他能长命百岁！"然而，说出这个愿望不免令人尴尬。1948年，苏联举国庆祝约瑟夫·斯大林同志70周岁生日，他不仅是人们公认的有史以来最伟大的领袖、最著名的将军、最受拥戴的科学家和运动员之父，同时也是第一个语言学家。庆典中，莫斯科外国语言研究所 Maurice Thorez 的学生依照传统为庆典准备了一份手写的壁报。这份壁报以当地诗人荷马创作的一首诗歌为主体，诗中有一句提到："希望斯大林长命百岁"。一切似乎都很完美，突然，学校的共产党局突然要求将壁报销毁，编辑也因此受到谴责。"为什么要限制伟大领袖的寿命？"多年后，我也有疑问：也许当局是正确的？也许我们真的不应该限制？

证明我们所看到的并非被动语态，而是另一种有本质差异的现象；第五部分展示了东南亚语言中存在的相似现象；第六部分进行总结。

为赫拉科夫斯基（Xrakovskij）的纪念文集撰写这篇讨论被动语态的文章绝非偶然，维克多·赫拉科夫斯基（Viktor Xrakovskij）是最早对各国语言中的语态进行透彻和广泛研究的学者之一。同时，他还有以下几个重要的、有影响的研究：[Xrakovskij, 1974, 1975, 1981]，这些研究成果经过修改和增补，已再版 [Xrakovskij 1999]；此外，还可以参见他的综述 [Xrakovskij 2004]。仅以本文向他在这一领域长久的、勤勉的、卓有成就的研究表示致敬。

2. 被动语态

对被动语态进行精确定义需要四步：2.1说明定义的原则；2.2给出特质的定义；2.3给出语态的定义；2.4给出被动语态的定义。

2.1 好定义的条件

因为本文的论述主要依据所用概念的定义，因此我们首先需要了解什么是科学的定义。接下来我将讨论**语言**概念定义的原则，尽管这些原则可能同样适用于其他领域（参见 [Mel'čuk 2006a]）。

2.1.1 实质性要求。首先，概念的定义必须满足与"应该准确定义什么"相关的三个实质性要求：

- X 的定义须以 X 的**典型例子**为导向，特殊例子需加上特殊条件。
- 现象 X 须定义为更普遍现象 Y 的一个**特例**或子集。换言之，定义必须是严格演绎的，遵循"X 是 Y 的一个组成部分，即为 Z"这样的亚里士多德式的分析定义，其中 Y 和 Z 之前已被定义过。
- 具体差异 Z（能确定 Z 为 Y 的一个子集的性质）须尽可能减少到**最简单**[2]**的**典型特征，这样才能确保系统且具层级的类包涵。比如，作格结构的一个常见定义：

---

[2] 最简单可按照字面意义理解，但简单的同时仍需保证合理的分类。

定义1：* 作格结构

作格结构 [=X] 是及物动词的表语结构 [=Y]，这样 [=Z]：
（ⅰ）其直接宾语与不及物动词的主语形式一致；
（ⅱ）其直接宾语是主格形式；
（ⅲ）其主语是区别于主格的其他格。

这一定义符合我们上文提到的第一和第二条实质性要求，却不满足第三条：Z 包含三条独立性质，每一条都可缺省。然而除去任意一条，得到的新定义是什么？新定义没有名称，不属于之前被定义概念的子集。如果及物动词的表语结构不满足条件（ⅰ），即在某些特定情况下，其直接宾语与不及物动词的主语形式**不**一致，但满足条件（ⅱ）和条件（ⅲ），会发生什么？这种情况是存在的，如在巴布亚诸语言的莫图语中 [Lister-Turner, Clark 1931：28–30]，例（1b）类型的句子非常常见：

（1a） Sisia + **na**　　vada　　 e　　+　 la
　　　 狗　 **PATH**　PERF　 3SG　　 走
　　　'这条狗已经走了。'

（1b） Sisia + **ese**　boroma + **Ø**　 vada　　e　　+
　　　 狗　 **ERG**　 猪　　 **NOM**　PERF　3SG$_{SUB}$
　　　 kori + a
　　　 咬　 3SG$_{OBJ}$
　　　'这条狗咬了那只猪。'

（1c） Sisia + **ese**　mero + **na**　　 vada　　e　　+
　　　 狗　 **ERG**　男孩　**PATH**　 PERF　　3SG$_{SUB}$
　　　 kori + a
　　　 咬　 3SG$_{OBJ}$
　　　'这条狗咬了这个男孩。'

莫图语中，除与人相关的名词使用受格（pathetive case 这一特殊格也存在于马来-波利尼西亚语系和澳大利亚语系的语言中）外，直接宾语均使用主格，参见 [Mel'čuk 1988：180—181]。莫图语中不及物动词的主语通常也使用受格（≠主格！），但及物动词的主语通常为作格。

根据定义1，(1b)不是作格结构，因为直接宾语的格与不及物动词的主语的格不一致。那么这是什么结构？显然，这一结构属于及物动词结构的一个子集，但其没有定义也没有名称。(1c)的结构类似于(1b)，却属于及物动词结构的另一子集，同样，这个子集也没有名称。更糟糕的是，这两个子集无法合并为及物动词结构的一个常见子集。为避免违反分步式连续层级分类，我提议这里将包括定义1的作格结构在内的动词表语结构中一个最普遍的子集定义为一种特殊格（参见 [Mel'čuk 1988：182，251，258；Mel'čuk 2006b：269]）。

定义2：作格结构

> **作格结构** [=X]是动词的表语结构[=Y]，其主语为除主格[=Z][3]之外的其他格。

根据定义2，可以判定(1a)为不及物动词作格结构，(1b)为及物动词作格结构且直接宾语为主格（最常见的类型），(1c)为及物动词作格结构且直接宾语为非主格。定义1所说的作格结构是及物动词作格结构，直接宾语为主格且与不及物动词主语形式一致，这是作格结构的一种特殊情况。

这种定义方式确保了各概念在相应子集中的系统包含关系，且不会错失重要的中间等级。

2.1.2　形式要求。第二，定义在形式上需满足三个要求，与"如何定义"相关：

- 定义须**形式化**，应该逐字可应用。
- 定义须**严密**，只包括先前定义过的概念或难下定义的概念。

---

[3]　主格指命名格。

- 定义须**充分**，充足且必要，包含所有且只有能归为相应概念的现象。

鉴于本文研究问题，这里不再深入探讨，但本文将上述六个条件视为基本条件。

2.1.3 典型被动。说到典型被动，这里以拉丁语、亚美尼亚语和斯瓦希里语为例：

拉丁语

（2a）i. *Serv* + *i* *reg* + *em* *porta* +
奴隶　　PL.NOM　国王　　SG.ACC　抬
Ø + *nt* + Ø
PRES.IND　3PL　　**ACT**
'奴隶正抬着国王。'

ii. *Rex* *a(b)* *serv* + *is*
国王-SG.NOM　被　　奴隶　　PL.ABL
porta + Ø + *t* + ***ur***
抬　　　PRES.IND　3SG　**PASS**
'国王正被奴隶抬着。'

亚美尼亚语

（2b）i. *Ašot* + Ø + Ø + *ə*　　*namak* + *er* + Ø + *ə*
阿什特　SG　NOM　DEF　字母　　PL　NOM　DEF
Gr + **Ø** + *ec* + Ø
写　　**ACT**　AOR　　IND.3SG
'阿什特写了那些字母。'[4]

ii. *Namak* + *er* + Ø + *ə*　*gr* + *v* + *ec* +
字母　　PL　NOM　DEF　写　**PASS**　AOR

---

[4] 注意现代亚美尼亚语中名词格系统的特点：没有宾格，因此主语和直接宾语都是主格。这种情况也存在于其他语言中，如罗马尼亚语和尼夫赫语。本句中，直接宾语的格与不及物动词的主语一致。然而，这些语言中及物动词的表语结构不能称作格结构！

　　　　in

　　　　IND.3PL

　　　　Ašot + Ø + *i* + Ø　　　　*koymic*

　　　　阿什特　SG　DAT　NON-DEF　　从旁边

　　　　'这些字母是由阿什特写的。'

斯瓦希里语

（2c）i. *Wa* + *tanzania*　　*wa* + *na* + *sem* + Ø + *a*

　　　　II　　坦桑尼亚人　　II　　PRES　说　**ACT**　DECLAR

　　　　Ki + *swahili*

　　　　VII　斯瓦希里语

　　　　'坦桑尼亚人说斯瓦希里语。'

　　　ii. *Ki* + *Swahili*　　*ki* + *na* + *sem* + *w* + *a*

　　　　VII　斯瓦希里语　　VII　PRES　说　**PASS**　DECLAR

　　　　Na　*Wa* + *tanzania*

　　　　通过　II　　坦桑尼亚人

　　　　'斯瓦希里语被坦桑尼亚人说。'

对于这些典型被动，我想说明以下几点：

1. 句子（i）和（ii）之间没有**命题语义差别**，仅有交际语义差别：句子（i）中，施事是句子的语义-主位（=主题）；句子（ii）中，受事是句子的语义-主位，使用被动语态传达交际信息。

2. 句子（i）和（ii）之间的主要**句法差别**在于：

- 句子（i）中，施事为深层句法论元 **I**/ 表层句法主语，受事为深层句法论元 **II**/ 直接宾语。
- 句子（ii）中，施事为深层句法论元 **II**/ 表层句法实施补语，受事为深层句法论元 **I**/ 主语。

尽管这里有必要讨论语义论元 [=SemA]、深层句法论元 [=DSyntA] 和表层句法论元 [=SSyntA] 这三个概念，限于篇幅无法详细解释，具体可参

见 [Mel'čuk 2004a, 2014: 第7章]。

3. 句子（i）和（ii）之间的主要**形态差别**在于主动词的形式：句子（ii）中有特殊后缀，表明交际和句法修饰，但句子（i）中并没有这样的后缀。这一后缀标记了被动语态，由此得到与主动语态相反的被动语态。动词及论元名词的其他形态差异都是由这一差异引起的。

鉴于主动～被动语态的对立，我们必须将被动语态视为语义上与主动语态相同且句法上包含以上所述转换关系的动词形式。为了形式化描述这种转换关系，首先需要了解特质这一概念。

2.2 特质

每一个表达谓词意义的词位（＝一个定义明确的单词）都有论元：语义论元 SemAs，深层句法论元 DSyntAs 和表层句法论元 SSyntAs。这里我们主要关注词位的 SemAs 和 DSyntAs 之间的对应关系。比如，名词 JOY（X 对 Y 的喜悦之情）有两个 SemAs：'X' 是感受这一心情的主体，'Y' 是原因，是这一心情的客体；JOY 同样有两个 DSyntAs：DSyntA I（借助所有格或 OF 短语实现），对应 'X'；DSyntA II（借助 OVER 介词短语实现），表示 'Y'[5]。

定义3：特质

‖ 词位 L 的**特质**是该词位的 SemAs 与 DSyntAs 之间的对应关系。

名词 JOY 的特质为：$X \Leftrightarrow I, Y \Leftrightarrow II$；也可以写作：

X	Y
I	II

在很多语言中，如拉丁语、亚美尼亚语和斯瓦希里语，动词词位（如及物动词）的特质都不止一种。其中一种特质对应动词的基本、词典形式，另一种为被动，也就是借助词缀实现基本形式的变形。后一种特质可以写

---

[5] 阐述特质和语态的文献有很多，都不容忽视。这里的论述主要是依据我自己先前的研究 [Mel'čuk 2004b] 和 [Mel'čuk 2006b: 181—262]。

为：$X \Leftrightarrow \mathbf{II}$, $Y \Leftrightarrow \mathbf{I}$, 或者

X	Y
II	I

被动由基本特质变化而来：

X	Y		X	Y
I	II	⇒	II	I

对特质的三种操作：相对 SemAs **置换** DSyntAs，**抑制** DSyntAs 和 SemAs 的**指称识别**（违反基本形式中 SemAs 与 DSyntAs 之间的对应关系），产生了包括基本形式本身在内的 12 种可能的变形（参见 [Mel'čuk 2004b：293—300, 2006a：184—191, 2006b：194—209]）。基本形式对应主动语态，对基本形式最简单的置换产生了被动语态。

2.3 语态

现在，语态的定义呼之欲出。

定义 4：语态

> 语态是动词的一种屈折类型，其语法素（= 特殊语态）表示对基本特质的修饰，并标记于动词上。

注意"标记于动词上"并不意味着一定要借助词缀实现，对基本特质的修饰可以还借助结构词实现，如助动词（如（3a））或特定小品词（如（3b））；如：

英语 / 法语 / 德语

(3a) *The letter **was written** by John himself.* ≡
 *La lettre **a été écrite** par Jean lui-même.* ≡
 *Das Brief **wurde** von Hans selbst **geschrieben***
 '这封信是约翰自己写的'

（3b）阿尔巴尼亚语（ë = /ə/）

		主动	vs.	被动	
	我打开	*hapa*	~	我正在被打开	***u** hapa*
	你打开	*hape*	~	你正在被打开	***u** hape*
	他打开	*hapi*	~	他正在被打开	***u** hap*
	我们打开	*hapëm*	~	我们正在被打开	***u** hapëm*
	你们打开	*hapët*	~	你们正在被打开	***u** hapët*
	他们打开	*hapën*	~	他们正在被打开	***u** hapën*

因此，语态同其他屈折类型一样，也可以有分析形式。

改变基本特质有没有可能不通过动词、而通过动词的论元实现？从逻辑上来说是可以实现的，而且真实语言中也确实存在，如古汉语 [Jaxontov 1965：47，1974：201]：

（4a）杀 人 '[他] 杀了一个人' ~
　　　　杀 于 人 '[他] 被一个人杀了'

（4b）城 保 民，德 保 城
　　　　'城墙保护人民，德行保护城墙' ~
　　　　民 保 于 城，城 保 于 德
　　　　'人民**被**城墙保护，城墙**被**德行保护'

（4a）和（4b）一对句子中的动词特质是不同的。然而，因为基本特质的改变不是依靠动词改变的，因此例（4）中的第二个句子不表示语态。类似这样的句子为<u>伪被动结构</u>；一个真正的被动结构需要一个被动形式的动词。

2.4 被动

定义 5：被动语态

> **被动**是一种语态，表示动词基本特质的改变，通过 DSyntA I 的置换实现。

换句话说，被动语态中 DSyntA I 必须降级。总结一下：

> 动词的被动语态是词位的合成或分析形式，表示动词基本特质的改变，至少带来动词 DSyntA I 的转置。

我们已经解决了第一个疑问。现在来看第二个。

3. 汉语中的"被动结构"

对我来说不幸的是，我不懂汉语，所以接下来所用例子都来自书本。我从 [Li, Thompson 1981; Hashimoto 1988; Ren 1993; Paris 1998; Huang 1999; Huang et al. 2008] 中选取了这些例子，并稍做变动，使其更容易理解。而且，我把其中的中文名换成了英文名。例（5）是汉语中一个所谓的"被动结构"：

（5） 玛丽**被**土匪打死了爸爸。

（在确定词汇单位"被"的意义和句法功能前，无法对其准确解释。）

与桥本 [Hashimoto 1988] 一样，黄正德 [Huang 1999] 认为被动标志词"被"是助动词且意义模糊，表示"经历"或"被影响"，发挥句法功能。一般而言，"被"之后通常是一个带有主语的完整从句。因此，例（5）字面上可以解释为"玛丽（经历了）土匪打死爸爸"。黄正德这样解释（这里，我稍做了一些改动）：

1）"被"不是介词。尽管很多传统方法认为"被"是介词 [Alleton 1973: 121—122; Li, Thompson 1981: 365; Ren 1993: 127ff; Paris 1998: 358ff][6]，但这个假定的被动语态标志词绝不是用来引出施事名词补足语的介词。如例（6a）包含由"被"引导的从句：

（6a） 玛丽昨天**被**约翰打了

我们不能说"被"与"约翰"形成了一个介词短语，主要有以下三点

---

[6] 50多年前，[Solnceva 1962: 66—67] 明确提出"被"不是介词，而是变形不全的动词。

原因:

- "被约翰"只能放在"被"与从句的主语之间,不能移到句中其他任何位置,但通常情况下介词短语应该是可以移动的,如(6c):

(6b) *被约翰玛丽昨天打了。/

　　　*玛丽被约翰昨天打了。/

　　　*玛丽昨天打了被约翰。

(6c) 在家里玛丽被约翰打了。/

　　　玛丽在家里被约翰打了。/

　　　玛丽被约翰在家里打了。/

　　　玛丽被约翰打了在家里。

但不能说"*玛丽被在家里约翰打了",具体解释见下文,主要是因为"被"引导的从句有其构成特点。

- 一般情况下,"被"后通常不是一个名词,而是一个无主语的动词:

(6d) 玛丽被打了。

该例中的名词通常省略;然而,介词和动词间省略名词的情况非常少见。而且,这里的施事也并非依据语境省略的,而是根据句法(和语义)结构省略的,因为它不能从上文语境中保存下来。

- 尽管汉语并列句中介词必须重复,但"被"不能重复使用 [Hashimoto 1988:331—332]:

(7a) 玛丽被亲人怀疑外人指责。

　　　vs.

　　　*玛丽被亲人怀疑被外人指责。

(7b) 玛丽在学校学习,在家里休息。

　　　vs.

　　　*玛丽在学校学习家里休息。

2）被从句中不能单独使用（=主语导向）的词位。

— 被从句中可以包含副词"故意"，如例（8）：

（8）玛丽**被**约翰故意打了。

因为"故意"语义上只依附句法上的主语，即"约翰"，也就是说"约翰"是被字句的句法主语。

— 被字句也可以包括反身代词"自己"，与句法主语互指：

（9）那封信**被**约翰带回**自己**的家去了。

这个例子进一步说明"约翰"是被字句的主语，而非介词"被"的补语。

3）**标准从句的句法特点**。被字句可以描摹各种句法结构，表明它是一个标准从句，包含一个主语，一个主动词，还有一个直接宾语：

— 省略的并列句，如例（10）：

（10）玛丽**被**约翰骂了两声皮特打了三下。

— 与主语指称相同的成分不直接从属于被从句中的主动词，而是通过其他一系列依存关系与主动词相联系，由此形成了"长距离依存"：

（11）玛丽**被**政府派警察抓走了。

我们可以看到，被从句中省略的直接宾语"她"从属于"抓走"，而"抓走"从属于"派"。

— 被从句中的动词可以有直接宾语（[Chappell 1986：274，277] 这篇文章中说明了该直接宾语的限制条件）：

（12a）他**被**敌人打伤了腿。

（12b）他**被**朋友开了一个玩笑。

（12c）衣服**被**烧了一个洞。

4）**被从句中的复指代词**。一个被从句可以包含一个复指代词，与句中的主语互指，作为直接宾语，至少可能出现在两种情况中[7]：

- 复指代词不位于句末，而是跟在一个词汇表达之后，如例（13a）：

（13a）玛丽**被**约翰打了她**三下**。

- 复指代词变为一个效应宾语，由介词"把"引导，并位于主动词之前，如（13b）：

（13b）玛丽被约翰**把她**打了。

如果把字句的主动词为被动形式，这种情况便不会出现[8]。

鉴于所有这些情况，我们接受桥本和黄正德的提议，从以下两方面进行总结：

- 句法上，"被"是句子的主动词，是一个二价主动词，意为"被影响"。
- 被字句有一些自己的特点，但其仍是标准的主动从句，主动词为及物动词：它可以不依据语境省略主语；从句中的直接宾语通常情况下与句子的主语互指；如果宾语位于句末，则不能使用复指代词，但其他情况下均可；被字句的主语前不能有介词短语，尽管这在其他主动句中非常常见，比较例（6c）[9]。

因此，中文的"被动"句，从字面上来看是这样的：

---

7 Yin 教授觉得例（13a-b）"听起来不自然"。
8 如果复指代词放在句末，便不能作为把字句的直接宾语（与句中的主语互指）：
  （i）玛丽**被**约翰打了 * 她。
  桥本 [Hashimoto 1988：335] 认为被字句不是被动结构，因为没有相应的主动结构。类似于（ii）这类的句子没有对应的非被字句：
  （ii）看守**被犯人**跑了。
  然而，这一观点是无效的："没有对应主动语态的被动语态"并不少见。如日语中的被动语态，更不必说古典语言中的异相动词。
9 黄正德 [Huang 1999：11]：
  （i）约翰被玛丽**在学校**打了。
  vs.
  （ii）* 约翰被**在学校**玛丽打了。

（14a）玛丽**被**打了。

（14b）玛丽**被**约翰打了。

（14c）玛丽**被**约翰打了她三下。

"被"是全句的主动词[10]；例（14c）的表层句法结构为：

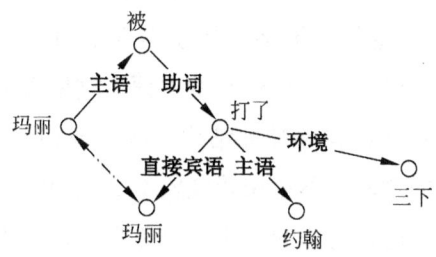

图1 例（14c）的表层句法结构

1. 双向虚线箭头表示两个词位互指。
2. 汉语中的句法关系"**助词**"与欧洲语言中对应的句法关系不同，这里的"**助词**"用来构建词位的分析形式。

我认为这句话没有其他的句法结构。

第三部分的讨论解决了第二个问题："被"字结构不表示被动，而是由助动词"被"引导的标准主动句。"被"在现代汉语中几乎没有任何语义，仅用于句法和交际目的。被字句的图解结构如下：

$$\text{'X 经历 YZ-sX'} \Leftrightarrow \text{X 被 Y Z}_{（及物动词）}[\text{X}]$$

现在需要将第一个问题与第二个问题结合。如果有某种东西走路像鸭子，但叫声不像鸭子，为什么还要称其为鸭子？可能因为它让我们想起了鸭子。但这个理由并不能令人信服。被字结构并不表示被动：它根据及物动词构建，不改变该及物动词的特质，且不改变该动词的形式。但是它与被动结构确实有相似之处，这是我们接下来要讨论的问题。

---

[10] "被"确实不具备汉语常见动词的一些特点，如它不能带有"了、过、着"等词缀。但是，诸如"使""能""要"等词位通常被认为是助动词，同样也不具备这些特点 [Li, Thompson 1981: 172ff; Hashimoto 1988: 339—340]。"被"可以与真正的动词"给""叫""让"换用。

(i) 我给/叫/让他偷了两块钱。

另外，桥本 [Hashimoto 1988: 340] 发现文本中确实有"被"与词缀"着"连用的情况，尽管很少。

4. 汉语中受影响的主语结构

当说话者想说明 X，且说明由 Y 做的 Z 发生在 X 身上或至少某种程度上影响了 X，便可使用被字结构。假设有 Y Z-ed（如 offended 冒犯）X，但说话者又想谈论 X；因为汉语中的句法主语必须是句子的主位，因此需表达为"X 被 Y Z"。这样，被字结构便实现了两个任务：交际上，将 X 变为主位；句法上，将 X 变为受影响的主语。这使得被字句与很多语言中的被动结构相似：被字结构和被动结构都能实现相同的交际和句法功能。然而，这两种相同的功能并不意味着现象本身也相同。类似地，我们是否能因为英语中的介词通常与格的功能一致（表示句法依存）而将其视作格标记词？

被字结构绝不是被动结构，我认为应该称其为受影响的主语结构。这个叫法非常明晰，同时也与汉语的另一结构形成了一对，即李讷和汤普森 [Li, Thompson 1981：463 及以下诸页] 所说的把字结构。我们首先来看一个例子：

（15）我把茶杯弄破了。

如果名词要作直接宾语，必须跟在主动词之后，所有的直接宾语都是如此。但是，如果名词与介词"把"连用，就不再是直接宾语，而且必须放在动词之前。把字结构有几个限制条件：动词表示的动作必须对名词的指示对象产生直接影响；名词必须是限定性的或通有的。这一话题与本文研究无关。由"把 + 名词"构成的成分不能称为直接宾语：首先，由介词引导的名词很难成为直接宾语[11]，其次，更重要的是，把字句可以有真正的直接宾语（例 16 中的方框所示）：

---

[11] 少数情况下介词可以标记直接宾语。比如，希伯来语中的介词 ET，只表示限定性直接宾语；古迪美尼亚语中的介词 Z-（如同）也标记直接宾语；或者西班牙语中的介词 A、罗马尼亚语中的介词 PE，在某些指称和特征条件下，必须用来标记有生命的直接宾语。然而，无论哪种情况下，介词标记直接宾语都无法与句中的另一直接宾语共存。

（16a）我把句子剥了皮。

（16b）我把约翰绑了两只脚。

因此，必须赋予"把+名词"短语一个特别的名称；这里我称其为受影响的宾语。将这个短语与主动词联系起来的句法关系不是**直接宾语**，而是**受影响的宾语**。

受影响的宾语结构同受影响的主语结构一样，将名词变为句子的主位，这是两者之间的相似之处。黄正德等人 [Huang et al. 2008: 155—162] 从几个方面强调了这两种结构的平行关系。但是这种平行不是绝对的：首先，把字结构中的"把"是一个介词，但是被字结构中的"被"是一个动词；"把"没有任何命题意义，而"被"却有（尽管不是很多）；两者之间还存在其他差异。但这已超出我们的讨论范围。

5. 东南亚语言中的受影响主语结构

为了更透彻理解这一问题，我将基于 [Trương 1970] 和 [Tam 1976] 考察越南语中的被动语态。这里是从 [Tam 1976] 中摘录的例子：

（17a） *Nga đánh Nam*　　　　'Nga 打了 Nam'. ~

　　　 Nam bị[12] *Nga đánh*　 'Nam 被 Nga 打了'.

（17b） *Nga khen Nam*　　　　'Nga 祝贺 Nam'. ~

　　　 Nam được Nga khen　　'Nam 被 Nga 祝贺'.

BỊ 和 ĐƯỢC 是有意义的助动词，分别表示"经受"和"从……中受益"；相应地，它们对应的句子带有贬义或褒义/中性意义。

老挝语、高棉语和泰语 [Tam 1976: 442] 也有类似的情况：

老挝语

（18a）　**Khacaw　　khaa　　muu　　khoi**

　　　　他们　　　杀了　　朋友　　我

　　　　'他们杀了我的朋友'。~

---

[12] 助动词 BỊ 对应汉语中的"被"，是从汉语借代过来的。

	Muu	khoi	**thyyk**	khacaw	khaa
	朋友	我	**经受**	他们	杀了

'我的朋友被他们杀了'。

高棉语

（18b） Kee   bɔmbaek   kbaal   kñom
　　　 他们   打破   头   我

'他们打破了我的头'。~

　　　 Kñom   trəw   kee   bɔmbaek   kbaal   (kñom)
　　　 我   经受   他们   打破   头   我

'我的头被他们打破了'。

泰语

（18c） Dɛk   tii   maa
　　　 孩子   打   狗

'孩子打了狗'。~

　　　 Maa   **thuuk**   dɛk   tii
　　　 狗   **经受**   孩子   打

'狗被孩子打了'。

缅甸语中也有相似的情况：

（19） Cuŋdɔ   yaiʻ +   ði   ðu +   go
　　　 我   打   DECLAR   他   DirO

'我打了他'。~

　　　 Đu   cuŋdɔi   əyaiʻ +   go   **khang** +   ya +   ði
　　　 他   我的   打   DirO   经历   接受   DECLAR

'他经历接受我的打' = '他被我打了'。

缅甸语与前述三种语言的差别在于被字句中的成分被名词化了："我打" ⇒ "我的打"；然而，这与本文所说话题无关。

6. 问题解决

综上所述，汉语中的被字结构不是被动结构；汉语中没有语态。被字结构可以称为受影响的主语结构。这对越南语、泰语、老挝语、高棉语和缅甸语同样适用。

声明

本文初稿由 L. Iordanskaja 审阅；随后交由 M. Alonso Ramos, D. Beck, L. Iordanskaja, S. Kahane, P. Magistry, J. Milićević, A. Polguère, A. Tremblay, Y. L. Wang 和 H. Yin 审阅。感谢他们为本文所提出的修改意见。

参考文献

Alleton 1973—V. Alleton. *Grammaire du chinois*. Paris: Presses Universitaires de France, 1973.

Chappell 1986—H. Chappell. The passive of bodily effect in Chinese // *Studies in Language* 10, 1, 1986. P. 271-296.

Hashimoto 1988—M. Hashimoto. The structure and typology of the Chinese passive construction // M. Shibatani (ed.). *Passive and Voice*, Amsterdam—Philadelphia: John Benjamins, 1988. P. 329-354.

Huang 1999—C.-T. J. Huang. Chinese passive in comparative perspective // *Tsing Hua Journal of Chinese Studies* 29, 1999. P. 423-509.

Huang et al. 2008—C.-T. J. Huang, Y.-H. A. Li, Y. Li. *The Syntax of Chinese*. Cambridge: Cambridge University Press, 2008.

Iordanskaja, Mel'čuk 2007—L. Iordanskaja, I. Mel'čuk. *Smysl i sočetaemost' v slovare* (Meaning and Cooccurrence in the Lexicon). Moskva: Jazyki russkoj kul'tury, 2007.

Jaxontov 1965—S. Jaxontov. *Drevnekitajskij jazyk* (Ancient Chinese). Moskva: Nauka, 1965.

Jaxontov 1974—S. Jaxontov. Nekotorye passivnye konstrukcii v kitajskom jazyke (Some passive constructions in Chinese) // A. Xolodovič (ed.). *Tipologija passivnyx konstrukcij. Diatezy i zalogi*, Leningrad: Nauka, 1974. P. 195-202.

Li, Thompson 1981—Ch. Li, S. Thompson. Mandarin Chinese. A Functional Reference Grammar. Berkeley: University of California Press, 1981.

Lister-Turner, Clark 1931—R. Lister-Turner, J. B. Clark. *A Grammar of the Motu Language of Papua*. Sydney: Pettifer, 1931.

Mel'čuk 1988—I. Mel'čuk. *Dependency Syntax. Theory and Practice.* Albany, N.Y.: The State University of New York Press, 1988.

Mel'čuk 2004a—I. Mel'čuk. Actants in semantics and syntax. I-II // *Linguistics* 42, 1, 2004. P. 1-66; 42, 2, 2004. P. 247-291. (See a Russian translation in [Iordanskaja, Mel'čuk 2007: 39-184].)

Mel'čuk 2004b—I. Mel'čuk. Opredelenie kategorii zaloga i isčislenie vozmožnyx zalogov: 30 let spustja (Definition of the category of grammatical voice and a calculus of possible voices: 30 years later) // V. Xrakovskij, A. Mal'čukov, S. Dmitrenko (eds.). *40 let Sankt-Peterburgskoj tipologičeskoj škole.* Moskva: Znak, 2004. P. 286-314. (See also in [Iordanskaja, Mel'čuk 2007: 184-210].)

Mel'čuk 2006a—I. Mel'čuk. Calculus of possibilities as a technique in linguistic typology // F. Ameka, A. Dench, N. Evans (eds.). *Catching Language. The Standing Challenge of Grammar Writing*, Berlin—New York: Mouton de Gruyter, 2006. P. 171-205. (See also: http: //olst.ling. umontreal.ca/pdf/Melcuk2006_DixonPaper.pdf)

Mel'čuk 2006b—I. Mel'čuk. *Aspects of the Theory of Morphology.* Berlin—New York: Mouton de Gruyter, 2006.

Mel'čuk 2014—I. Mel'čuk. *Semantics: From Meaning to Text.* Vol. 3. Amsterdam—Philadelphia: John Benjamins, 2014.

Paris 1998—M.-C. Paris. Syntaxe et sémantique de quatre marqueurs de transitivité en chinois standard: BA, BEI, JIAO et RANG // A. Rousseau (ed.). *La transitivité, Villeneuve d'Ascq*: Presses Universitaires de Septentrion, 1998. P. 357-370.

Ren 1993—X. Ren. *Syntaxe des constructions passives en chinois.* Paris: Langages Croisés, 1993.

Solnceva 1962—N. Solnceva. *Stradatel'nyj zalog v kitajskom jazyke (Problemy morfologii)* (The Passive Voice in Chinese (Morphological Problems)). Moskva: Izdatel'stvo vostočnoj literatury, 1962.

Tam 1976—Duy Le Tam. Vietnamese passive. Papers from the 12th Regional Meeting of the Chicago Linguistics Society, 1976. P. 438-449.

Trương 1970—Văn Chình Trương. *Structure de la langue vietnamienne.* Paris: Paul Geuthner, 1970.

Xrakovskij 1974—V. Xrakovskij. Passivnye konstrukcii (Passive constructions) // A. Xolodovič (ed.). *Tipologija passivnyx konstrukcij. Diatezy i zalogi.* Leningrad: Nauka, 1974. P. 5-45.

Xrakovskij 1975—V. Xrakovskij. Isčislenie diatez (Diathesis calculus) // *Diatezy i zalogi.* Leningrad: Leningradskoe otdelenie Instituta jazykoznanija AN SSSR, 1975. P. 34-51.

Xrakovskij 1981—V. Xrakovskij. Diateza i referentnost' (Diathesis and referentiality) // V. Xrakovskij (ed.). *Zalogovye konstrukcii v raznostrukturnyx jazykax.* Leningrad: Nauka, 1981. P. 5-38.

Xrakovskij 1999—V. Xrakovskij. *Teorija jazykoznanija. Russistika. Arabistika* (Linguistic Theory. Russianistics. Arabistics). Sankt-Peterburg: Nauka, 1999.

Xrakovskij 2004—V. Xrakovskij. Koncepcija diatez i zalogov (isxodnye gipotezy—ispytanie vremenem) (Concepts of diathesis and grammatical voice (starting hypotheses and test of time)) // V. Xrakovskij, A. Mal'čukov, S. Dmitrenko (eds.). *40 let Sankt-Peterburgskoj tipologičeskoj škole*. Moskva: Znak, 2004. P. 505-519.

注　释

（括号中页码为英文原书页码，即本书边码）

199　1　（前言，p.x）**死语言**。根据"死"的程度，死语言可分为两种主要类型：第一种如拉丁语，虽然不再用于交际，但并没有完全消失，它们已经演变为一些现今仍在使用的"更年轻的"语言。拉丁语演变为多种罗曼语（法语、西班牙语、意大利语、葡萄牙语等），而古教会斯拉夫语变成了现代保加利亚语。第二种则完全消失了，没有在任何语言中留下踪迹，如伊特鲁里亚语和闪族语。

　　2　（1.1，p.3）**对应**。从数学角度来看，对应指一系列可以将 A 中的每个元素和 B 中的几个元素联系起来的规则，或相反的过程。这里，**A** 指一系列意义，而 **B** 则指一系列文本；对应将一个元素 $a \in A$（即一种意义）和几个元素 $b_i \in B$（即所有能表达此意义的文本）或一个元素 $b \in B$（即一个文本）和几个元素 $a_j \in A$（即这个文本所能传达的所有意思）联系起来。

　　　　对应有三种主要类型：

- 一对一，元素 $a \in A$ 仅与一个元素 $b \in B$ 对应，或者相反。
- 一对多，元素 $a \in A$ 与几个元素 $b_i \in B$ 都有对应关系，但反之不然。
- 多对多，元素 $a \in A$ 可以与几个元素 $b_i \in B$ 对应，反之亦然。

　　　　意义-文本理论中的对应是多对多的：一种意义可以有多种表达方式（**同义词**），而一个文本也可以表达很多种意思（**歧义**）。

200　3　（1.1，p.5）**语言中的词汇单位数量**。因为词汇单位及其意义在意义-文本方法中占据非常重要的地位，所以需要估计词汇单位的数目。

　　　　以德语为例。德语词典中的词条大约为 85 000 到 170 000 个，平均为 130 000 个，这些只是词目。平均每个词目约有 5 种意思，这样可得到 650 000 个词条。再加上习语，便可得到约 1 000 000 个词典意义——也就是说有 10^5—10^6 个词汇单位。《新英俄词典》（Apresyan, Yu. & Mednikova, È., 2002, Moscow, Russkij Jazyk Publishers）包含 250 000 个词条；如果我们按照上述平均数计算每个词目的意义，得到的词汇单位便会超过 1 000 000 个。西班牙词典中的词条少一点：*Diccionario de la Real Academia Española*，2014，edición 23a（http://buscon.rae.es/drae）大约有 100 000 个词目；但是西班牙语的多义词远远超过德语或英语，每个词目大约有 8 种意思，再加上习语，我们大约也可以得到 1 000 000 个词法单位。法语 *Le Petit Robert*（2009）有 60 000 个词条和 300 000 种意思；辨别意义再加上习语，我们也可以得到约 1 000 000 个词汇单位。

　　　　当然，我们还需要进一步研究才能更精确地确定一种语言中词汇单位的数目，但可以肯定任意一种语言的词汇单位都在一百万左右。当然这只是最大估计，实际上一种语言的词汇单位可能远远小于一百万，甚至可能只有一半。然而，这一估计可以告诉我们一个约数。

4 （1.2，p.13）**意义-文本模型的程序成分**。当然，MTM 并不排除程序子模型以完成文本到意义或意义到文本的转换。但是这一对应过程并不是语言学要研究的内容，我也没有能力完成这一任务。因此，本书不讨论程序问题。

5 （2.1，p.19）**形式语法**。语言学中，形式语法通常指一种逻辑系统，可以产生一系列称为形式语言的表达式。这里是形式语言的一个简单例子，S 表示'句子'，NP 表示'名词短语'，VP 表示'动词短语'，N 表示名词，V 表示动词：

$S \Rightarrow NP + VP$

$NP \Rightarrow NP + of + NP$

$NP \Rightarrow N$

$VP \Rightarrow V + NP$

这一语法表示了下列无穷字符串（=形式语言）

$N+V, N+V+N, N+of+N+V, N+V+N+of+N, N+of+N+V+N+of+N, \ldots$

然而，将形式语法和形式语言应用到自然语言中非常不便。首先，语言学要解释的并不是语言表达式，而是产生表达式的系统——也就是我们上文提到的形式语法。第二，语言 L 的形式语法包括词库和语法，但是和我们平时提到的这两个词的意义并不相同。由于术语的混淆，这里我更倾向用模型这个词。

6 （2.2，p.20）**对立词义**。名词模型（MODEL）两个"相反的"意思解释了何为对立词义。对立词义是多义词所拥有的特性，这个多义词有一种指明关系 **R** 的意义，同时还拥有一种指明相反关系 **R^{-1}** 的意义。在我们的例子中，名词模型的一个意思是'模型 Y 是表达 X 的一个来源'（比如 *She was his model for this picture* 她是他这幅画的模特），但同时还可以表示'模型 X 是来源 Y 的一种表达'（如 *a model of a train* 火车模型）。

对立词义在自然语言中并不少见。如动词 [to] RENT 可表示'让某人暂时有钱' [*X rents Y to Z*] 或者'某人从现在起暂时有钱' [*Z rents Y from X*]。法语 HÔTE 既可表示'主人'也可表示'客人'，北印度语中的副词 KAL 意为'昨天'和'明天'。俄语名词 GOST' '客人'与拉丁语 HOSTIS 同源：均来自印欧词源 *ghosti-* '陌生人'，但 HOSTIS 的意思是'敌人'，比较 HOSTILE（敌意的）。（顺便提一句，英语 GUEST 也与拉丁语 HOSTIS 以及俄语 GOST' 同源；拉丁语 HOSTIS 表示'一群敌人' '部队'时，还是法语 OTAGE 和英语 HOSTAGE 及 HOST 之源。）俄语 ZAPOMNIT' '记住'在语源上与波兰语 ZAPOMNIEĆ '忘记'一致。形容词 DUBIOUS 表示'某人怀疑 Y'（*I am dubious about wine competitions* 我怀疑酿酒大赛），或者"Y 让人怀疑"（*This wine competition seems dubious to me* 这个酿酒大赛让我怀疑）。

当一个拥有空泛、模糊意义 'σ' 的单词不断发展最后变为两个单词时，对立词义也就随之出现了，即更具体的意义 '$σ_1$' 和 '$σ_2$'，这两种意义都是意义 'σ' 的一部分。这一变化通常出现在一种语言内部或两种相关语言之间。

对立词义是反义词的一种特殊类型。

7 （2.3.2，p.27）我们比较 CHINK 和 POETASTER。POETASTER 表示'劣等诗人，我鄙视所有**坏诗人**'（并不是所有诗人！）；它表达了说话者对某一类诗人的感情，他认为这种诗人不好——也就是说 POETASTER 并没有传达普遍的攻击，因此它不是一个宣传词。（当然，对于那些被称为 POETASTER 的人而言是不敬的，但是这种不敬源于表达的观点，而不是单词本身。）

8 （2.3.2，p.27）**积极宣传词**。语言中也有表达说话者对 X 积极态度的宣传词。这些词的数目要远远少于消极词。语言会区分消极的等级并详细描述，但积极词却不然。因此，诽谤和冒犯类的词语比表示亲昵的词多很多。有趣的是，英语的宣传词比法语和俄语要少很多。

9 （2.3.2，p.29）这个日语例子需要以下两条语法注解。

- *watasi+wa* 是句子的交际**主题**（Theme）；前缀 *-wa* 是主题的标志词，相当于英语中的 'as for... 关于，至于'。从句法角度来看，*watasi* 既不是主语，也不是斜格宾语，而是所谓的预设：句子的这个成分放在句子开头，和句子的其他成分联系非常松散（预设通常可以删去且不影响句子的语法）。'我爸爸是一名医生'用日语表达为'我（预设）父亲医生是'。
- *kowa+i*, *samu+i* 和 *hosi+i* 是现在时同源形容词，类似于英语的 'afraid.is 害怕的是' 'cold.is 冷' 'needing.is 需要的是'。日语形容词也有过去式：*kowa+katta*, *samu+katta* 和 *hosi+katta*。

10 （2.3.1，p.42）**声音**（phonic）vs. **音子**（phonetic）vs. **音位**（phonemic）。"声音"用来指与声音有关的任意语言学现象（=发音），既可以是语音的，也可以是音素的。"音子"和"音位"概念在语言学中有重要区别。

语言 **L** 的**音子**是一系列具体的**发音**，由 L 说话者产生，并识别为 **L** 中的发音；研究和描述音子的学问便是**语音学**。根据音子标记一个文本便是**音子标记法**，用方括号表示如 [tʰék] take, [sték] steak, [kʰɪt] kit 或 [lɪtl] little。音子根据语音特征区别。因此在英语中，[tʰ] 和 [t] 的区别体现在语音特征"送气"上。

语言 **L** 的**音位**由一组音子构成，故而一对音子无法区分两个单词。换句话来说，同一音位不能区分两个语言符号的所指，即无法完成语义区分；它们根据语音语境分布，且分布规律可以预测。如英语中的 [tʰ] 和 [t]（如 take vs. steak）无法区分不同英语单词；两者属于同一音位 /t/ 且依据一定规则分布：[tʰ] 出现在重读元音前，前面没有其他辅音，而 [t] 可以出现在任意地方。研究和描述音位的学问称为**音位学**。标记一个文本的音位便是**音位标记法**，用斜杠表示：/ték/ take, /sték/ steak, /kɪt/ kit 或 /lɪtl/ little。音位根据其特征进行定义和区分。因此在英语中，/t/ 是一个爆破齿音，/s/ 是一个摩擦齿音；它们的区别便是音位特征的区别"爆破音~摩擦音"。

语音特征既可以是音位特征也可以不是，这取决于具体的语言。在英语中，送气并不是一种语音特征，但韩语中却是，如：*tap* '回答' ~ *tʰap* '塔'，*ki* '旗子' ~ *kʰi* '高'。在俄语中，元音的长度不是音位特征，如 'V：V̄'（短元音 vs. 长元音）不能区分单词的意义；因此，呼格 [mám] *Mam!* ~ [mā́m] *Ma-am!*（妈妈）都必须写为

/mám/。但是在德语中，元音的长度可以区分单词：[kám] *Kamm*（梳子）~ [kăm] *kam*（他/她来了）、[ófen] *offen*（打开）~ [ôfen] *Ofen*（炉子）、[íren] *irren*（错了）~ [íren] *Iren*（爱尔兰人）。因此，在德语中，这些对应的单词必须通过不同的音位表示：/kám/ ~ /kăm/ 等。

11 （3.2.2，p.49）**释义**。通过例（19）可以看出释义的数量可以有很多。

一个句子的意义可以分为几个语块，这样每一个语块便可通过一个词汇表达来实现。句子（19）可分为七个语块；下表中每一个语块用一栏表示，每一栏包括几种表达给定语块意义的方式（每一栏下的数目显示了变体的数目）。这些词汇变体可以借助多种可能的方式组合，从而形成完整的句子。比如，选择粗体部分，我们可以得到：

（i）*As Orwell is convinced, his political engagement causes an improvement of the quality of his works.*（正如奥维尔确信的那样，他的政治参与提高了他工作的质量。）

所有可能的组合方式就是各栏中的变体数目相乘，这里，我们得到：1×9×4×3×32×9=31 104。

① Orwell	② sure certain convinced conviction **as...is convinced** does not doubt has no doubts believes without a shadow of a doubt there are no doubts	③ active activity activism **engagement**	④ politics **political** politically
1	9	4	3
⑤ thanks to due to **cause** make ensure as a result positive impact beneficial impact positive influence beneficial influence to impact positively to influence positively to have a positive impact to have a positive influence	⑥ become better get better improve **improvement**	⑦ work works writings creation (literary) production quality of his works **quality of his works** quality of his writings quality of his (literary) production	
32		9	

图10：英语句子的可能词汇变体示例

当然，不是所有的组合都符合语法，但变体的数目还可以不断增加。释义并不总是完全同义的，我们接受类同义释义，只要最后在某些情境下可以替代就行。

12. （3.2.3，p.54）**语义派生**。词汇单位 L 的**语义派生**是另一包含 L 意义的词汇单位 L'，两者间的意义差异 'δ' 是有规律的，某些情况下，'δ' 由一个词缀来表示。因此，THIEF（小偷）是 STEAL（偷窃）的语义派生，因为在英语中两者间的意义差异 "……的人"是有规律的：如 MURDER（谋杀）~MURDER+ER（谋杀者）等。一般来说，语义派生用**聚合关系词汇函数**表示。

搭配。**搭配**是一个二元组合词组，其中一个词语（**基础**）根据说话者的意愿选择，实现其意义（和句法特征），另一个词语（**搭配词**）则根据基础选择：比如 *sleep*[基础]*like a log*[搭配词]（睡得沉）或 *fight*[基础]*tooth and nail*[搭配词]（激烈争斗）。搭配是借助组合词汇函数描述的，参见4.2。

13. （3.2.5，p.55）**虚拟词位**。这里是俄语中的一个虚拟词位，其意义与任何一个真实词位都不同：《PRIMERNO》 NUM 即 '大概是多少' ≈ '说话者不确定某个数目是否正确'（俄语副词 primerno 表示 '大约'。）《PRIMERNO》 表示约数，在表层上应把数字放在修饰的名词之后。正常情况下，俄语的数字应该位于名字之前，和英语一样：

DESJAT´ ← **ATTR**–STUDENT$_{PL}$ ⇔ *desjat´ studentov* '十名学生'

vs.

《PRIMERNO》 ← **ATTR**–DESJAT´ ← **ATTR**–STUDENT$_{PL}$ ⇔ *studentov desjat´* '大约十名学生'

但《PRIMERNO》≠ PRIMERNO！因此，那些受邀参加约翰生日派对的人可以这样回答约翰的年纪 "I don't know, *let sorok*" '我不知道，大概40岁吧'，但不能说 *"I don't know, primerno sorok"*。同样的情况 *raza dva* 意为 '两倍' vs. **primerno dva raza* '大约两倍'。这一结构比数字的约数特征更可以表达说话者的不确定性。

14. （3.2.6，p.65）词形深层形态结构和表层形态结构的差异。英语的形态非常贫乏；因此，这里举的例子都来自其他语言。我们展示三个典型的"语法素与词素"区别，并用方框圈出。

- 表层形态结构中多个语法素可以**一起表示**（比较一下注释18）：两个或以上的语法素由一个形态素表示。

  俄语 DOM $_{PL,GEN}$ '房子的' ⇔ {DOM-} ⊕ {PL.GEN} ⇔ dom+ ov

  vs.

  土耳其语 EV$_{PL, GEN}$ '房子的' ⇔ {EV-} ⊕ {PL} ⊕ {GEN} ⇔ ev+ler+in

  在俄语中，几个语法素可以通过一个词素表达（相应地，用一个语素表示）。

- 在表层形态结构中出现的**空词素**没有任何意义，也不对应任何语法素，比如**主题元素**（thematic elements）[= THEM.EL]。

  俄语 ČITAT´$_{IMPERF, IND, PAST, SG, FEM}$ '读' ⇔
  ⇔ {ČIT-} ⊕ {IMPERF} ⊕ {THEM.EL} ⊕ {PAST} ⊕ {SG.FEM} ⇔ čit+ aj +l+a ⇔
  ⇔ *čitala* '她正在阅读'

西班牙语 CANTAR$_{\text{IND, IMPF, 3, SG}}$ '唱歌' ⇔
⇔ {CANT-} ⊕ [THEM.EL] ⊕ {IND.IMPF} ⊕ {3.SG}
⇔ **cant**+ [a] +**ba**+Ø ⇔ *cantaba* '他 / 她正在唱歌'

☞ 1. 俄语中：
- IMPERF 表示未完成体。
- 动词 ČITAT′ 的未完成体依附于词干表示，和词汇意义一起，表示为 *čit*-。
- 根据形态规则，在一个辅音前，主题元素的 /j/ 要省略。
- 陈述语气通过省略小品词 **by** [= бы] 表示，因为小品词用来表示虚拟语气，这是语法素 / 词素的又一个差异。
- 语法素 SG 和 FEM 则通过一个词素表示（这是两者的又一个差异）。

2. 在西班牙语中：
- IMPF 指 *imperfecto*，表示过去式，指持续或重复状态。
- 语法素 IND 和 IMPF 连同 3 和 SG 一起表示，这是语法素和词素的又一差异。

• 表层形态结构中一个语法素的**多次表达**：
希伯来语 LEJLA$_{\text{PL, 1SG}}$ '我的夜晚' ⇔ {LEJL-} ⊕ [PL] ⊕ {PL} ⊕ {1.SG} ⇔ **lejl+ot+a+j**
非部分形态符号——元音变换、叠词和转化，让深层形态结构（语法结构）和表层形态结构（形态结构）的对应关系变得更为复杂。

15 （3.3，p.73）这一规则可以借助规则**图解**以更抽象的形式来呈现，如：

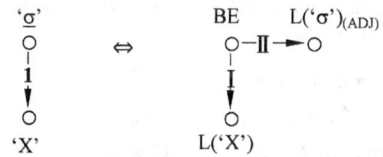

出于简单化考虑，我这里并没有这样做。

16 （3.3，p.73）一个**语义负载句法结构**表示一种词汇类型的意义。因此，俄语结构 N$_{\text{NOM}}$ + KAK + N$_{\text{NOM}}$ 'N as N' 表示 '一个最普通的物品'（*stol kak stol* '一张最普通的桌子'）。另一俄语结构 N + NUM，数词后置表示 '大约'（*kilo dvadcat′* '大约 20 公斤'）。这一结构通过一个虚拟词位呈现在句子的深层句法结构中，参见 3.2.3 和 Mel'čuk 2013：37。

17 （3.3，p.84）**深层形态规则的其他类型**
"语法素 ~ 重复" 规则
拉丁语完成式
完成式 ⇔ {**Red**$_{\text{PERF}}$} [现在式 *cad*+o '我摔倒了' ~ 完成式 *ce-cid*+ī；
　　　　　　　　　　　　现在式 *mord*+e+o '我咬' ~ 完成式 *mo-mord*+ī]
"语法素 ~ 元音变换" 规则
英语过去式
过去式 ⇔ {**A**$_{\text{PAST}}$} [现在式 *sing* ~ 过去式 *sang* 唱歌；现在式 *lead* ~ 过去式 *led* 带领]
"语法素 ~ 转换" 规则
斯瓦希里语的名词复数

复数 ⇔ {Conv$_{PL}$}

[单数 *m+tu*[一个]'人类' ~ 复数 *wa+tu*；单数 *ji+cho* '眼睛' ~ 复数 *ma+cho*；单数 *ki+faru* '犀牛' ~ 复数 *vi+faru*]

和其他班图语系的语言一样，斯瓦希里语对名词类型的划分类似拉丁语和俄语中性的划分；每种名词类型都有与形容词及动词保持一致的方式，并通过前缀来标记其类型。斯瓦希里语中的名词复数通过将其改变为不同的名词类别实现。

18 (3.3，p.84）**累积表达**。语法素的**累积表达**即用一个语素来表示几个语法素。比较俄语和格鲁吉亚语的名词 GORA/MTA '山脉'：

gor + *á*	~mta + *Ø* + *Ø*	gore + *é*	~ mta + *Ø* + *s*
SG.NOM	SG NOM	SG.DAT	SG DAT
gór + *y*	~ *mt* + *eb* + *i*	gor + *ám*	~ *mt* + *eb* + *s*
PL.NOM	PL NOM	PL.DAT	PL DAT

俄语用一个语素表示数和格。格鲁吉亚语则通过不同的语素表示数和格两种语法素：一个数语法素有其对应的语素，一个格语法素由另一个语素表示。

19 (4.1，p.89）**预设**。一个陈述句中意义 'σ' 的**预设**是该意义的组成部分。当整个句子都被否定时，'σ' 仍保持肯定意义。换句话说，预设不会受到否定的影响。比如（预设在特殊括号"|[…]|"中表示）：

(i) a. *This film,* | [*shot by Zefirelli,*] | *plays tomorrow.* ~（这部 |[由泽菲雷拍摄]| 的电影将在明天上映）

It is not true that this film, | [*shot by Zefirelli,*] | *plays tomorrow.* ~（这部 |[由泽菲雷拍摄]| 的电影不是明天上映。）

在第二个句子中，"电影明天上映"这一意义被否定，但保留了这部电影是由泽菲雷拍摄的这一信息。

b. *This film,* | [*which plays tomorrow,*] | *was shot by Zefirelli.* ~（这部 |[明天上映]| 的电影是由泽菲雷拍摄的。）

It is not true that this film, | [*which plays tomorrow,*] | *was shot by Zefirelli.* ~（这部 |[明天上映]| 的电影不是由泽菲雷拍摄的。）

第二个句子只否定了"这部电影由泽菲雷拍摄"这一意义，却仍表达出电影明天上映这一信息。

这些例子解释了预设在句子意义中的作用。预设同样可以出现在表语义谓词的词位的意义中。

(ii) 'X helps Y to do Z with X's W' = ' | [Y doing Z,] | X adds X's resources W to Y's efforts with the goal to facilitate Z for Y' (| [Y 在做 Z] | , X 用 W 帮助 Y 做 Z。)

20 (4.1，p.89）句子（27d—ii）包括一个**短语化否定**。尽管自由否定不影响预设（参见注释19），但是在 DO NOT DOUBT 中，DOUBT$_{(v)}$ 的预设 'not believing that P（不要相信 P）' 应取其否定：'not not believing that P（不要不相信 P）' ⇒ 'believing that P（相信 P）'。换句话说，短语 DO NOT DOUBT 是一个短语素——是 DOUBT$_{(v)}$ 的一个非标准搭配。否定的这一性质（参见 Iordanskaja 1986：355—356）必须明

确体现在 DOUBT$_{(v)}$ 的词项中。

21　（4.2，p.102）**词汇函数**。词汇函数于1961年初夏被发现，那时我在南哈萨克斯坦半荒漠、丘陵地区的一个地质勘察队工作。我的任务就是长时间一动不动地拿着测量杆，或者拿着测量杆到地质学家指示的地点。那段时期，我总想着机器翻译中的几个问题，这是我那段时间语言研究的重点。而且，我致力于寻找一种有效的技术，避免计算机在不同的语境下进行上千次检测才能找到多义英语词汇中对应的俄语译文。如 HEAVY 在不同的情况下有不同的意思：

　　如果修饰 RAIN［雨］，意为 SIL′NYJ（大）（*heavy rain*≡*sil′nyj dožd*）；

　　如果修饰 LOSSES［军事上的损失］，意为 TJAŽËLYJ（重大）（*heavy losses* ≡ *tjažëlye poteri*）；

　　如果修饰 LOSSES［经济上的损失］，意为 ZNAČITEL′NYJ（严重的）（*heavy losses* ≡ *značitel′nye poteri*）；

　　如果修饰 PRISON TERM（刑期），意为 DLITEL′NYJ（长）（*heavy prison terms* ≡ *dlitel′nye sroki tjuremnogo zaključenija*）；

　　如果修饰 PRICE［比喻的］（价格），意为 VYSOKIJ（高）（*heavy price* ≡ *vysokaja cena*）；

　　如果修饰 CROP（农作物），意为 BOGATYJ（丰富）或 XOROŠIJ（好），这时 *heavy crop* ≡ *bogatyj/xorošij urožaj*。

　　类似的词位充斥语言中：EXTENSIVE、HIGH、IMPORTANT……，还有 DO、MAKE、GIVE、GET、HAVE……这些词在机器翻译中都要经过数百乃至上千次的检测。但是就在这个时候，我突然有了一个简单的想法：以 HEAVY 为例，这个形容词扮演增强语气的功能（从这个词的广义上来看），为什么不为每一个俄语名词标记出能与其连用并表达加强语气的形容词呢？在一种语言中进行这样的操作比寻找不同语言的对等词更快速、更有趣。于是最初的两个函数便产生了：Magn 和 Oper$_1$。回到莫斯科，我把这一想法展示给 A. Žolkovskij 看，他不仅马上抓住了这一方法的潜在价值，还指出了不同词汇函数的语义差别。这是之后十年合作的开端：Žolkovskij & Mel′čuk 1965，1966，1967。

22　（5.2.2，p.125）**词根**（radical）。词根是共时的现代的，区别于历时的 *root*。一个词根 R 是一个语素，其句构表明了包含 R 的词形和句中其他词形的词汇共现信息。词根和词缀相对，词缀的句构指明了该词缀和其他语素的词内共现信息。词形 **talked** 的词根为 **talk-**，其句构说明了该动词的论元（*talk* to/with whom，*talk* about what）及词汇函数信息：*talk face to face* '面对面交流'，*talk blue streak* '快速而激动地交流'，*talk*（*cold*）*turkey* '坦率地交流' 等。而后缀 **-ed** 的句构只包含一种信息，即该后缀可以与何种类型的动词词根连用。

23　**子句**（clausative）是语言表达的一种修辞，句法上等同于一个独立从句。如 YES，NO；WOW!，YUCK!；HO!，GIDDY UP!；SEE YOU LATE；等等。

24　（5.2.2，p.125）**符号的句构与所指／能指之间的联系**。严格意义上来说，符号的句构可以与其能指和／或所指相联系。

一方面，符号的共现在某种程度上是由其能指和／或所指决定的。一般来说，德语中各种酒的名称都是阳性的：[der] SLIWOWITZ$_{(masc)}$，[der] WODKA$_{(masc)}$，[der] TEQUILA$_{(masc)}$ 等，而法语中能指以元音开头的名词单数与定冠词 l' 连用：*la eau /o/ '水' ⇒ l'eau，*le arc '弧' ⇒ l'arc。但情况也有例外：德语 [die] SPIRITUOSE$_{(fem)}$ '烈酒' 是阴性的，而 [das] BIER$_{(neu)}$ '啤酒' 是中性的；法语中，很多元音名词要求使用冠词的完整形式：la hauteur /laotoer/ '高度'，但是 l'auteur /lotoer/ '作者'。

　　另一方面，这种情形或多或少具有系统性。如句法特征《生命性》、《情态》、《可数》/《不可数》等都可以从相应词位的词典定义中推知。但是因为这些特征表示词位的句法特征（≈它们参与句法构造的能力），语义信息的复制也变得更为简单。

25　(5.2.2，p.127) **形象性**（iconicity）。这三种词根很好地展示了语言符号的**形象性**，它们展现了能指与所指的逻辑联系：说话者与形容词所修饰物体的距离越远，该形容词的能指也就越长。形象性的另一个例子是迪尔巴尔语在表示意义 '太多' 时的重复，参见 **5.2.2**，例（42）。关于语言符号的形象性可参见雅各布森（Jakobson 1965 [1971：350 及以下诸页]）和海曼（Haiman 1980）。

26　(5.2.2，p.128) **主语脱落语言**。如果句子中的代词不具有特别的交际强调功能，主语脱落语言 [= 代词脱落] 倾向于省略该人称代词，特别是当人称代词作句子主语的时候。比较波兰语句子（i-a）和对应的俄语翻译（i-b），都表示 "我以前坚信写作会成为我的职业"：

　　(i) a. *Zawsze myślałem, że pisanie jest moim powołaniem*
　　　　b. *Ja vsegda dumal, čto pisat'-èto moë prizvanie*

(i-a) 不需要 '我'，因为波兰语是主语脱落语；相反，(i-b) 若没有 ja（我）听起来会很奇怪。这是因为俄语不是主语脱落语。在陀思妥耶夫斯基的一篇故事《鳄鱼》中，叙述者说："他的自负激怒了我——这种自负在他停止使用人称代词中达到了顶峰。"在波兰语中，情况正好相反。过于频繁使用 ja（我）会被视为炫耀。

27　(5.2.3，p.132) **附着词素**。附着词素是一种词形，也就是说它属于词位，但不包含词形的韵律特征，即没有重读或音调。因其不具备 "韵律" 特征，附着词素通常无法单独出现，在语音上要依附于一个完整的词形，这个词形便是该附着词素的**主体**。英语有几个附着词素，表示助动词的缩略形式：*I'm, I've, I'd, I'll*。罗曼语和巴尔干半岛语中的附着词素非常常见，如法语 *Je te l'envoie* 字面义为 'I you it send'，或塞尔维亚语 *Jovan ga je video* 字面义为 'John him is having.seen' = '约翰看见他'。

28　(5.2.3，p.133) **不一致 "词形"**。这里，我们列举一些例子，说明不一致词形并不是词形，而是词缀或短语。

* 英语中的所有格后缀 -'s 满足弱自治的三种情况：它可分离、不加选择、可变性。如 *the guy I am working with's bookcase*。然而，它不是英语的一个词形，因为：1）英语中没有一个词形只由一个辅音构成；2）英语中没有词形有类

似于 /z/，/s/，/ɪz/ 的变体。注意：英语口语的词形可以只有一个辅音，如 *He's*，*I'm*，*you'd* 及 *you've* 等词中的粗体部分，然而这些都是依据缩写规则由 *is*，*am*，*had* 和 *have* 得到的，表所有格的 *-'s* 没有对应的完整形式。

- 西班牙语中的 **Escríbemelo** 字面义为 'write me it（写给我它）'，也不是一个词形，而是一个短语。这是因为它的重音在倒数第四个音节，但是西班牙语中没有词形允许重音位于倒数第三个音节之前。比如名词 RÉGIMEN 和 ESPÉCIMEN 的复数形式本来应该是 **régimenes*、**espécimenes*，但实际构成时应该将重音移到右边，形成 *regímenes*、*especímenes* 的正确形式。这一点对确定附着词素 **me** 和 **lo** 的词形地位非常关键。

29　（5.3.3，p.139）**作格结构**。在一种有格的语言中，当且仅当句法主语由除主格之外的格标记时，谓词结构"主语←主动词"才称为作格。（如果句子的主语由主格表示，如德语、斯拉夫语、罗曼语，该结构叫作<u>主格结构</u>。）

30　（5.3.3，p.141）**马赛语的被动语态**。最近（20世纪后期）关于马赛语的描述指出施事格不能使用被动语态。因此，这一形式便失去了被动形式。现在，马赛语 -i 形式的动词的特质为：

X	Y
—	II

这是典型的无主语抑制，类似的情况还可以在波兰语中看到：

（i）*Nie przeczytano twoją książkę*_{ACC} '没看你的书' = '你的书还没有看'。

波兰语中的抑制是不变的，无情态、无时态、无人称、无数的变化；甚至不允许虚拟主语的存在。

　　更多关于格和语态的信息参见 Mel'čuk 2006a：110—286。

31　（5.3，p.146）**语义元语的不可分性**。语义元语在任何情况下都是不可分的，也就是说，它不能分解为更小的义素。但原则上来说可以根据一些非语言学概念，如逻辑学、数学和物理学等进行定义。如义素 'no/not'（= 否定）是英语中的一个语义元语，词位 NO 和 NOT 不能通过语义更简单的英语词位来定义。然而，否定 "¬"（= 'no'）可以用逻辑学进行定义：

　　　　否定 ¬：如果命题 A 为真，那么 ¬A 为假，反之亦然。

这个定义绝对正确，但不是词典定义。它说明了否定如何实现，却未定义相应单词。WATER ≡ H₂O；LIGHT ≡ 频率为 φ 的电磁波；CAT ≡ 猫属，这三个定义同样正确，却无法被词典编纂者接受。因为这些定义都没有给出相应单词的意义，而只解释了科学概念。词汇意义，即义素，如 '水'、'光' 和 '猫' 都不是语义元语。在一部 ECD 词典中，必须对它们进行分解。

32　（5.4.1，p.152）**安德烈·萨哈罗夫（Andréy Sákharov）和谢尔盖·科瓦利夫（Sergéy Kovalyóv）**。这里我想提醒一下读者，特别是年轻的读者，你们没有经历过我们这个时代的动荡，可能不知道这两位卓越的学者。他们都是物理学家，同时也是最早反对苏联政权、主张人权的积极分子，他们为共产主义政权在苏联的衰落做出了卓越贡献。

33 （5.4.2.1，p.157）朗文当代高级词典在线（*LDOCE Online*）在这一方面也有欠缺。形容词 ASHAMED 的定义为 'feeling embarrassed and guilty because of something you have done（因为自己做的事情感到尴尬和内疚）'，这一定义当然是错的，一个人也可能因为长得难看感到尴尬和内疚。而且，该词的定义中也没有指明与动词 'shame（羞愧）'的联系！

34 （5.4.2.1，p.170）**二元关系的逻辑类型**。
- 当且仅当 $x\mathbf{R}x$，$\mathbf{R}$ 是反身的。也就是说，任何满足这一关系的元素都对应自身。如果条件不满足，$\mathbf{R}$ 便不具有反身性。
- 如果由 $x\mathbf{R}y$ 可以得到 $y\mathbf{R}x$，那么 $\mathbf{R}$ 便是对称的。如果条件不满足，$\mathbf{R}$ 便不具有对称性。
- 如果由 $x\mathbf{R}y$ 和 $y\mathbf{R}z$ 可以得到 $x\mathbf{R}z$，那么 $\mathbf{R}$ 便是可传递的。如果条件不满足，$\mathbf{R}$ 便不具有对称性；如果有时可以，有时不可以，便是不可传递的。

比如，$\mathbf{R}$ = '在相同的房间里'便具有反身性、对称性和传递性。

35 （5.5.1，p.172）**句法特征**。**词位 L 的句法特征**反映了其特殊性质，表示 L 可以用于某个特定的句法结构中。如：

«adadj»：表示副词可从属于形容词、分词或副词，如 VERY [*broad*]（非常宽），RATHER [*distinguished*]（相当突出），QUITE [*rapidly*]（特别快）；

«attr!»：表示形容词只能用作修饰语，即只能作为名词的修饰词，如 FORMER（先前的），PREVIOUS（以前的），SUBSEQUENT（后来的），UPPER（上面的）等；

«rel»：表示代词可引导一个关系从句，同时做从句的某个成分，如 WHICH（哪一个），WHO（谁），THAT4（那个），WHERE（哪里），WHEN（何时）[*the day when I met her*（我见到她的那天）] 等。

36 （5.5.2，p.172）**形态依存**。在一个句子中，**形态依存**无需形成相连结构。即使在一个屈折变化较多的语言中，如俄语，很多句子也没有体现出连贯的形态结构。这里是一个典型例子，箭头表示形态依存，双向箭头表示相互的形态依存，符号 ▌表示形态结构中的缺口：

（i）*Ja*↔*lovlju* ▌ *v dalëkom* ← *otgoloske* '我正试着抓住远方的回音'

▌*Čto*↔*slučitsja* ▌ *na moëm* ← *veku* '在我的生命中将会发生什么'

[B. Pasternak].

通过这个例子我们可以看出，介词（还有其他没有词形变化的词）在形态上不依存于任何词，印欧语系中的从句也是如此。

37 （5.5.2，p.179）**巴尔干语系**。巴尔干语系包括不同分支的几种印欧语言，均在巴尔干半岛附近使用，如罗曼语（罗马尼亚语）、斯拉夫语（保加利亚语、马其顿语、塞尔维亚语、克罗地亚语、波斯尼亚语)、现代希腊语和阿尔巴尼亚语等。这些语言因其长期接触,有几种相似的结构特征:后置冠词、不使用或较少使用不定式、很多附着词等。这些语言形成了一个'语言联盟'。

38　(附录 II,No. 16,p.188)表层句法关系16—18都表示条件,因为这些情况下,支配词都必须是动词。他们之间细小的区别在于修饰名词的表层句法关系:修饰 **modificative**(*elegantly solve ~ an elegant*←**modif**-*solution* 一个优雅的解决方式),同位语 **appositive**(*An old man*,*the officer told us... ~ The officer*,*-[an old]-***appos**→*man*,*told us...* 那个警官,那位老人告诉我们)和定语 **attributive**(*Abroad*,*an American is always preoccupied... ~ An American-***attrib**→*abroad is always preoccupied...* 一位在国外的美国人总是心事重重的)。

参考文献

Ahlsén, E. (2006). *Introduction to Neurolinguistics*. John Benjamins: Amsterdam/Philadelphia.

Alonso Ramos, M. 2004. Elaboración del Diccionario de colocaciones del español y sus aplicaciones. In:P. Bataner & J. de Cesaris (eds), *De Lexicografia. Actes del I Simposium internacional de Lexicografía*, Barcelona: IULA y Edicions Petició, pp. 149–162.

Alonso Ramos, M. 2005. Semantic Description of Collocations in a Lexical Database. In: Kiefer, F. *et al*. (eds),*Papers in Computational Lexicography COMPLEX 2005*, Budapest: Linguistics Institute and Hungarian Academy of Sciences, 17–27.

Apresjan, Ju. D. 1969a. Tolkovanie leksičeskix značenij kak problema teoretičeskoj semantiki [Defining Lexical Meanings as a Problem of Theoretical Semantics]. *Izvestija AN SSSR, Serija literatury i jazyka*, 28: 1, 11–23.

Apresjan, Ju. D. 1969b. O jazyke dlja opisanija značenij slov [On a Language for the Description of Lexical Meanings]. *Izvestija AN SSSR, Serija literatury i jazyka*, 28: 5, 415–428.

Apresjan,Ju. D.1974. *Leksičeskaja semantika.Sinonimičeskie sredstva jazyka [Lexical Semantics. Synonymical Means of the Language]*. Moskva: Nauka.

Apresjan, Ju. D. 1980. *Tipy informacii dlja poverxnostno-sintaksičeskogo komponenta modeli"Smysl ⇔ Tekst" [Types of Information Needed for the Surface-Syntax Component of the Meaning-Text Model]*. Wien: Wiener Slawistischer Almanach. [Reprinted in:Apresjan 1995: 8–101.]

Apresjan, Ju. D. 1995. *Izbrannye trudy. Tom II. Integral'noe opisanie jazyka i sistemnaja leksikografija [Selected Writings. Vol. II. An Integral Description of Language and Systematic Lexicography]*. Moskva: Jazyki russkoj kul'tury.

Apresjan, Ju. D. 2010. Trëxurovnevaja teorija upravlenija: leksikografičeskij aspekt [A Three-Level Government Theory: Its Lexicographic Aspect].In: Apresjan *et al*. 2010: 281–377.

Apresjan, Ju. D., Boguslavskij,I. M., Iomdin, L. L. &Sannikov, V. Z. 2010. *Teoretičeskie problemy russkogo sintaksisa. Vzaimodejstvie grammatiki i slovarja [Theoretical Problems of Russian Syntax. Interaction of Grammar and Lexicon]*. Moskva: Jazyki slavjanskix kul'tur.

Apresjan, Ju. D., Žolkovskij, A. K., Mel'čuk, I. A. 1968. O sisteme semantičeskogo sinteza. III. Obrazcy slovarnyx statej [On a System for Semantic Synthesis. III.Samples of

Dictionary Entries].*Naučno-texničeskaja informacija,* Serija 2, No 11, 8–21.

Apresjan, Ju. D. *et al.* 2004. *Novyj ob''jasnitel'nyj slovar'sinonimov russkogo jazyka [New Explanatory Dictionary of Russian Synonyms].* 2nd edition, corrected and enlarged. Moskva/Wien: Jazyki slavjanskoj kul'tury/Wiener Slawistischer Almanach.

Apresjan, Ju. D., ed. 2010. *Prospekt aktivnogo slovarja russkogo jazyka [A Project: An Active Dictionary of Russian Language].* Moskva: Jazyki slavjanskix kul'tur.

Apresjan, Ju. D., ed. 2014. *Aktivnyjslovar' russ kogo jazyka [Active Pictionary of Russian Languge].* Vols 1-2 (A-B, V-G). Moskva: Jazyk; s lavjanskoj kul'tury.

Apresyan, Ju., Mel'čuk, I. & Žolkovsky, A. 1969. Semantics and Lexicography: Towards a New Type of Unilingual Dictionary. In: F. Kiefer (ed.), *Studies in Syntax and Semantics*, Dordrecht: Reidel, 1–33.

Auger, P. 1965. Les modèles dans la science. *Diogène*, No 52, 3–15.

Bierwisch, M. 2011. Semantic Features and Primes. In: C. Maienborn, K. von Heusinger & P. Portner (eds), *Semantics. An International Handbook of Natural Language Meaning*, Vol. 1, Berlin: de Gruyter/Mouton, 322–357.

Chao, Y.-R. 1962. Models in Linguistics and Models in General. In: Nagel *et al.* (eds) 1962: 558–566.

Frege, G. 1892. Sinn und Bedeutung [Meaning and Denotation]. In: G. Frege, *Funktion, Begriff, Bedeutung*, 1962, Göttingen: Vandenhoeck & Ruprecht, 38–63.

Goddard, C. & Wierzbicka, A. 2014. *Words and Meanings*. Oxford: Oxford University Press.

Goddard, C. & Wierzbicka, A. (eds.) 2002. *Meaning and Universal Grammar. Theory and Empirical Findings*. Vols I - II. Amsterdam/Philadelphia: John Benjamins.

Haiman, J. 1980. The Iconicity of Grammar: Isomorphism and Motivation. *Language*, 56: 4, 515–540.

Halmos, P. 1957. Nicolas Bourbaki. *Scientific American*, No. 5, 88–99.

Iomdin, L.2010. O modeli russkogo sintaksisa [On a Model of Russian Syntax]. In: Apresjan *et al.* 2010: 21–43.

Iordanskaja, L. 1986. Propriétés sémantiques des verbes promoteurs de la négation en français. *Lingvisticæ Investigationes*, 10: 2, 345–380.

Iordanskaja, L. 2007. Lexicographic Definition and Lexical Cooccurrence: Presuppositions as a'No-go' Zone for the Meaning of Modifiers.In: K. Gerdes, T. Reuther& L. Wanner (eds), *Proceedings of the Third International Conference on Meaning-Text Theory* [MTT'07]. München/Wien: WSA [Sonderband 69], 209–218. See also: http://meaningtext.net/mtt2007/proceedings/19IordanskajaFinal.pdf.

Iordanskaja, L. & Mel'čuk, I. 1997. Le corps humain en russe et en français: Vers un Dictionnaire explicatif et combinatoire bilingue. In: *Hommage à Yves Gentilhomme* [= *Cahiers de lexicologie*, 70: 1], 103–135.

Iordanskaja, L. & Mel'čuk, I. 2009. Connotation (in Linguistic Semantics). In: S. Kempgen, P.

Kosta, T. Berger & K. Gutschmidt (eds), *The Slavic Languages. An International Handbook of their Structure, their History and their Investigation*, Berlin/New York: Mouton de Gruyter, 875–882.

Iordanskaja, L. & Paperno, S. 1996. *A Russian-English Collocational Dictionary of the Human Body*. Columbus, OH: Slavica Publishers.

Jakobson, R. 1965. Quest for the Essence of Language. In: R. Jakobson, *Selected Writings*, Vol. II, 1971, The Hague/Paris: Mouton, 345–359.

Keenan, E. 1976. Towards a Universal Definition of Subject. In: Ch. Li (ed.), *Subject and Topic*, New York, etc.: Academic Press, 303–333.

Krifka, M. 2011. Varieties of Semantic Evidence. In: C. Maienborn, K. von Heusinger & P. Portner (eds.), *Semantics. An International Handbook of Natural Language Meaning*, Vol. 1, Berlin: de Gruyter/Mouton, 242–268.

Lux-Pogodalla, V. & Polguère, A. 2011. Construction of a French Lexical Network: Methodological Issues. In: *Proceedings of the First International Workshop on Lexical Resources, WoLeR 2011*. An ESSLLI 2011 Workshop, Ljubljana, Slovenia, 54–61.

Mackenzie, I. 2015. *Dictionary of Eastern Penan (incorporating principles of a lexicographic model known as the Explanatory Combinatorial Dictionary and Including a grammar and an English-Penan index)*. Available on the WWW.

Mel'čuk, I. 1973. Towards a Linguistic «Meaning ⇔ Text» Model. In: F. Kiefer (ed.), *Trends in Soviet Theoretical Linguistics*, Dordrecht: Reidel, 33–57.

Mel'čuk, I. A. 1974. *Opyt teorii lingvističeskix modelej "Smysl ⇔ Tekst". Semantika, sintaksis [AnOutline of aTheory of Meaning-Text Linguistic Models. Semantics and Syntax]*. Moskva: Nauka.

Mel'čuk, I. A. 1975. Opyt razrabotki fragmenta sistemy ponjatij i terminov dlja morfologii(k formalizacii jazyka lingvistiki) [Towards Elaboration of a Fragment of a System of Notions and Terms for Morphology (Formalization of the Language of Linguistics]. *Semiotika i informatika*, 6 (= *Semantičeskie i grammatičeskie problemy*), 6–50.

Mel'čuk, I. 1976. *Das Wort. Zwischen Ausdruck und Bedeutung*. München: Wilhelm Fink.

Mel'čuk, I. A. 1978. Formalizacija jazyka lingvistiki (k postanovke voprosa) [Formalization of the Language of Linguistics (The Problem Stated)]. *International Review of Slavic Linguistics*, 3: 3, 313–331.

Mel'čuk, I. 1981. Meaning-Text Models: A Recent Trend in Soviet Linguistics. *Annual Review of Anthropology*, 10, 27–62.

Mel'čuk, I. 1982. *Towards the Language of Linguistics*. München: Wilhelm Fink.

Mel'čuk, I. 1988. *Dependency Syntax: Theory and Practice*. Albany (NY): The SUNY Press.

Mel'čuk, I. 1989. Semantic Primitives from the Viewpoint of the Meaning-Text Linguistic Theory. *Cuaderni di semantica*, 10: 65–102.

Mel'čuk, I. 1992. Towards a Logical Analysis of the Notion 'Ergative Construction'. *Studies in Language*, 16: 1, 91–138.

Mel'čuk, I. 1993-2000. *Cours de morphologie générale. Vol. 1–5.* Montréal/Paris: Presses de l'Université de Montréal/Éditions du C.N.R.S.

Mel'čuk, I. 1996. Lexical Functions: A Tool for the Description of Lexical Relations in the Lexicon. In: Wanner (ed.) 1996: 37–102.

Mel'čuk, I. 1997. Grammatical Cases, Basic Verbal Construction, and Voice in Maasai: Towards a Better Analysis of the Concepts. In: W. Dressler *et al.* (eds.), *Towards Progress in Morphology*, Amsterdam/Philadelphia: John Benjamins, 131–170.

Mel'čuk, I. 2001. *Communicative Organization of Sentences in Natural Language.* Amsterdam/Philadelphia: John Benjamins.

Mel'čuk, I. 2004. Actants in Semantics and Syntax I/II:Actants in Semantics/Actants in Syntax. *Linguistics*, 42: 1, 1–66; 42: 2, 247–291.

Mel'čuk, I. 2006a. *Aspects of the Theory of Morphology.* Berlin: Mouton de Gruyter.

Mel'čuk,I. 2006b. Calculus of Possibilities as a Technique in Linguistic Typology. In: F. Ameka, A. Dench & N. Evans (eds.), *Catching Language. The Standing Challenge of Grammar Writing*, Berlin/New York: Mouton de Gruyter, 171–205.

Mel'čuk, I. 2009. Dependency in Natural Language. In: A. Polguère & I. Mel'čuk (eds.), *Dependency in Linguistic Description*, Amsterdam/Philadelphia: John Benjamins, 1–110.

Mel'čuk, I. 2011. Word Order in Russian. In: I. Boguslavskij, L. Iomdin & L. Krysin (eds.), *Slovo i jazyk (Sbornikstatej k vos'midesjatiletiju akademika Ju.D. Apresjana)*, Moskva: Jazyki slavjanskix kul'tur, 499–525.

Mel'čuk, I. 2012. *Semantics: From Meaning to Text.* [Vol. 1.] Amsterdam/Philadelphia: John Benjamins.

Mel'čuk, I. 2013. *Semantics: From Meaning to Text.* Vol. 2. Amsterdam/Philadelphia: John Benjamins.

Mel'čuk, I. 2015. *Semantics: From Meaning to Text.* Vol. 3. Amsterdam/Philadelphia: John Benjamins.

Mel'čuk, I. *et al.* 1984–1999. *Dictionnaire explicatif et combinatoire du français contemporain :Recherches lexico-sémantiques.*I–IV. Montréal :Les Presses del'Université de Montréal.

Mel'čuk, I., Clas, A. & Polguère, A. 1995. *Introduction à la lexicologie explicative et combinatoire.* Louvain-la-Neuve: Duculot.

Mel'čuk, I. & Pertsov, N. 1987. *Surface Syntax of English. A Formal Model Within the Meaning-Text Framework.* Amsterdam/Philadelphia: John Benjamins.

Mel'čuk, I. & Polguère, A. 2007. *Lexique actif du français. L'apprentissage du vocabulaire fondé sur 20000 dérivations sémantiques et collocations du français.*Bruxelles :De Boeck.

Mel'čuk, I. & Wanner, L. 2001. Towards a Lexicographic Approach to Lexical Transfer in

Machine Translation (Illustrated by the German-Russian Pair). *Machine Translation*, 16, 21–87.

Mel'čuk, I. & Wanner, L. 2006. Syntactic Mismatches in Machine Translation. *Machine Translation*, 20, 81–138.

Mel'čuk, I. & Wanner, L. 2008. Morphological Mismatches in Machine Translation. Machine Translation, 22: 3,101–152.

Mel'čuk, I. & Zholkovsky, A. 1984. *Explanatory Combinatorial Dictionary of Modern Russian*. Wiener Slawistischer Almanach: Wien. [See also http://olst.ling.umontreal.ca/pdf/Melcuk_Zholkovsky_1984.pdf]

Milićević, J. 2007. *La paraphrase. Modélisation de la paraphrase langagière*. Bern: Peter Lang.

Molino, J. 1985. Où en est la morphologie? *Langages*, 78, 5–40.

MPiPL 8. 1964. *Mašinnyj perevod i prikladnaja lingvistika [Machine Translation and Applied Linguistics]*, 8. Moslva: 1-yjMoskovskij gosudarstvennyjinstitut inostrannyx jazykov imeni M. Toreza.

Nagel, E.,Suppes, P. & Tarski, A.(eds.). 1962. *Logic, Methodology and Philosophy of Science*. Stanford, CA: Stanford University Press.

Padučeva, E. V. 1985. *Vyskazyvanie u ego sootnesënnost' s dejstvitel'nost'ju [The Proposition and Its Relation to Reality]*. Moskva: Nauka.

Padučeva, E. V. & Uspenskij, V. A. 1979. Podležaščee ili skazuemoe? [A Subject or a Copula's Attribute?] *Izvestija AN SSSR, serija lit-ry i jazyka*, 38: 4, 349–360. [Reprinted in: Padučeva, E. V., 2009, *Stat'i raznyx let*. Moskva: Jazyki slavjanskix kul'tur, 119–133.]

Polguère, A. 1990. *Structuration et mise en jeu procédurale d'un modèle linguistique déclaratif dans un cadre de génération de texte*. Montréal: Univ e rsité de Montréal, Dép. de linguistique et de traduction [thèse de doctorat].

Polguère, A. 1992. Remarques sur les réseaux sémantiques Sens ⟺ Texte. In: A. Clas (réd.), *Le mot, les mots, les bons mots*, Montréal: Les Presses de l'Université de Montréal, 109–148.

Polguère, A. 2009. Lexical Systems: Graph Models of Natural Language Lexicons, *Language Resources and Evaluation*, 43(1): 41–55.

Queneau, R. 1963. *Bords: mathématiciens, précurseurs, encyclopédistes*. Paris: Hermann.

Rosenblueth, A. & Wiener, N. 1945. The Role of Models in Science. *Philosophy of Science*, 12: 4, 316–321.

Saussure, de, Ferdinand. 1916[1962]. *Cours de linguistique générale*. Paris: Payot.

Tesnière, L. 1959. *Éléments de syntaxe structurale*. Paris: Klincksieck.

Thompson, S., Park, J. & Li, Ch. 2006. *A Reference Frammar of Wappo*. Berkeley/Los Angeles/London: University of California Press; see also: http://escholarship.org/uc/item/0dv86220.

Tucker, A. & Tompo ole Mpaayei, J.1955. *A Maasai Grammar with Vocabulary*. London:

Longmans, Green and Cº.

Vincze, O., Mosqueira, E. & Alonso Ramos, M. 2011. An Online Collocation Dictionary of Spanish. In: I. Boguslavsky & L. Wanner (eds.), *Proceedings of the 5th International Conference on the Meaning-Text Theory*, Barcelona, Sept.8–9 2011, 275–286.

Wanner, L. (ed.). 1996. *Lexical Functions in Lexicography and Natural Language Processing*. Amsterdam/Philadelphia: John Benjamins.

Wierzbicka, A. 1969. *Dociekania semantyczne[Semantic Explorations]*. Wrocław/Warszawa/Kraków: Wydawnictwo PAN.

Wierzbicka, A. 1972. *Semantic Primitives*. Frankfurt am Main: Athenäum.

Wierzbicka, A. 1980. *Lingua Mentalis. The Semantics of Natural Language*. Sydney etc.: Academic Press.

Wierzbicka, A. 1987.*English Speech Verbs: A Semantic Dictionary*. Sydney etc.: Academic Press.

Wierzbicka, A. 1991. *Cross-Cultural Pragmatics. The Semantics of Human Interaction*. Berlin/New York: Mouton de Gruyter.

Wierzbicka, A. 1996. *Semantics. Primes and Universals*. Oxford/New York: Oxford University Press.

Wierzbicka, A. 1999. *Emotions across Languages and Cultures.Diversity and Universals*. Cambridge—Paris: Cambridge University Press—Éditions de la Maison des Sciences de l'Homme.

Wierzbicka, A. 2006. *English: Meaning and Culture*. New York: Oxford University Press.

Žolkovskij, A. K. 1964a. Predislovie [Foreword]. *MPiPL*, 8, 3–16.

Žolkovskij, A. K. 1964b. O pravilax semantičeskogo analiza [Rules for Semantic Analysis]. *MPiPL*, 8, 17–32.

Žolkovskij, A. K. 1964c. Leksika celesoobraznoj dejatel'nosti [Vocabulary of Teleological Activity]. *MPiPL*, 8, 67–103.

Žolkovskij, A. K., Leont'eva, N. N. & Martem'janov, Ju. N. 1961. O principial'nom ispol'zovanii smysla pri mašinnom perevode [On an Essential Use of Meaning in Machine Translation]. In: *Mašinnyj perevod*, vol. 2, Moskva: Institut točnoj mexaniki i vyčislitel'nojtexniki AN SSSR, 17–46.

Žolkovskij, A. K. & Mel'čuk, I. A. 1965.O vozmožnom metode i instrumentax semantičeskogo sinteza [On a Possible Method and Some Tools of Semantic Synthesis]. *Naučno-texničeskaja informacija*, No 5, 23–28.

Žolkovskij, A. K. & Mel'čuk, I. A. 1966.O sisteme semantičeskogo sinteza. I. Stroenie slovarja [A System for Semantic Synthesis. I. The Structure of the Dictionary]. *Naučno-texničeskaja informacija*, No 11, 48–55.

Žolkovskij, A. K. & Mel'čuk, I. A. 1967. O semantičeskom sinteze [On Semantic Synthesis]. *Problemy kibernetiki*, 19, 177–238.

缩写词和符号对应表

-A	:	论元
ACC	:	宾格
ACT	:	主动语态
Adj	:	形容词
/C/	:	辅音
Comm-	:	交际的
D-	:	深层
DAT	:	与格
ECD	:	详解-组合词典
FEM	:	阴性的（语法素）
(fem)	:	阴性的（句法特征）
GEN	:	属格的
iff	:	当且仅当
L	:	给定词汇单位
L('σ')	:	表示意义为'σ'的词汇单位
L	:	某种语言
LDOCE	:	朗文现代英语词典
LF	:	词汇函数
LMT	:	语言：从意义到文本（本书）
lit.	:	字面翻译
LU	:	词汇单位
$\ulcorner L_1 + L_2 + ... + L_n \urcorner$	:	习语
MASC	:	阳性的（语法素）
(masc)	:	阳性的（句法特征）
Morph-	:	形态的
MTM	:	意义-文本模型
MTT	:	意义-文本理论
N	:	名词
NOM	:	主格的
NUM	:	数字的

PART	:	分词
PASS	:	被动的
Phon-	:	声音的
Phonem-	:	音位的
Phonet-	:	音子的
PL	:	复数
-R	:	表达
-Rel	:	关系
s	:	给定符号
S	:	给定句子
S-	:	表层
Sem-	:	语义的
SG	:	单数的
Synt-	:	句法的
'σ'	:	给定意义
T	:	给定文本
V	:	动词
/V/	:	元音
Λ	:	空集
Ø	:	零语言符号
*X	:	不正确的表达 X
#X	:	不能接受的表达 X
$m_1 + m_2$	:	"+"分隔了一个单词的两个语素,并明确了它们的位置
$x \in X$	:	元素 x 属于集合 X
$X \subset Y$	:	集合 Y 包含集合 X
$X \equiv Y$	:	X 和 Y 相等
$X \cong Y$	:	X 和 Y 近似相等
$X \not\equiv Y$	:	X 和 Y 不相等
$X \Leftrightarrow Y$	:	两个相邻层级的表达 X 和 Y 相对应
xyz	:	一条规则的语境
/xyz/	:	音位标注
[xyz]	:	音子标注
{X}	:	集合 X
X⟨Y⟩	:	Y 是 X 的一个变体
⊕	:	语言合成
☞	:	进一步解释说明
⚠	:	警示

词汇表（主题和人名索引）

（表中页码为英文原书页码，即本书边码）

无对应页码的术语，表示不出现在正文中，为了使索引有更好的连贯性，故收录了这些术语。

ablative construction 离格结构 　　参见 construction, ablative

actant, semantic (of a semanteme 'σ'/lexeme L ('σ')) 语义论元
10, 47, 158

义素 'σ' 或词位 L ('σ') 的语义从属词，即谓词 'σ' 的论元；如 *John is reading a book*（约翰正在看书），'约翰' 和 '书' 都是谓词 '看' 的论元：
　　'看（约翰，书）' ≡ '约翰←1−看−2→书'

actant, syntactic (of lexeme L) 句法论元
8, 11, 56, 159

词位 L 的句法从属词，要么对应语义论元，要么说明其句法特征与这样一个从属词的句法特征相同或相似。如 *John is reading a book*，词位 JOHN 和 BOOK 是 READ 的句法论元：
　　JOHN ← **subject**–READ–**direct-object** → BOOK
词位的句法论元可以是深层句法的，也可以是表层句法的。

affix 词缀
125, 129, 211

非自由语素，如 *answer+ed* 中的 **-ed** 和 *re+write* 中的 **re-**。

agreement 一致
61, 112, 124, 128, 137, 173

形态依存的一种类型（另一种是支配）。名词决定形容词或动词的语法素，与自己的语法素或一致类型对应。如 *I* 决定动词 BE 的形式为 *am*；西班牙语 *calles* '街道' 决定形容词 ANCHO '宽' 的形式为 *anchas*。

agreement class 一致类型

一组名词将相同的语法素施加于形容词和动词。有两种一致类型：**名词类型** vs. **性**。

alternation 变换
31, 33, 85, 123

一种形态操作，用于修饰一个语言符号的部分能指，要么表达某些意义，如语法素 *sing ~ sang*（一

	般现在时变为过去时）；要么将这一符号应用到具体的语境，如 *wife+∅ ~ wive+s*。第一种类型的变换是有意义的，而第二种类型没有。
analysis, linguistic 语言分析 3–4，25–26，43，70	由说话者或语言模型完成的由文本到意义的过程，出现在句子层面（更确切地说，出现在语音或图形表达层面）： $S \Rightarrow \text{Synt/SemR}(S)$ 相反的过程称为**语言合成**。
analytical form（of an LU L）（词汇单位 L 的）分析形式 129，135，192	由两个或两个以上词形组成的词组，是词汇单位 L 的屈折变化形式，是屈折类型的一种。如 *have been singing*（一直在唱歌）是 SING 的一个分析形式，表示完成式和正在进行时。
antecedent（of a substitute pronoun PRON）代词的先行词 60	话语中的一个词位，是代词的指示对象。如 *Girls like it when you think of them*（女孩们喜欢你想着她们），这里 GIRLS（女孩们）是代词 **them**（她们）的先行词。
apophony [= A] 元音变换 123	一种非部分语言符号，能指要么是音位变换，要么是超音质音位变换；音位变换如 *sing*（现在时）通过元音变换变成过去时 *sang*；重音变换如动词 *conflict* 通过元音变换变成了名词 *cónflict*。
Apresjan, Jurij 阿普列相 23，88，142，152，163	俄国语言学家（出生于1930年），意义-文本方法的一个创立人，因俄国学、普通语言学、语义学、词汇学、词典学和计算语言学著作而出名。
argument（of a predicate）论元 6–7，47–48，92，171	填补谓词缺口的意义（= 论元位置）；如谓词 'ask 231 (X,Y,Z)' 有三个论元位置，对应三个论元：X，谁邀请；Y，邀请谁；Z，Y 被邀请做什么。如句子 *John asked Mary to dance*。
argument position（of a predicate）论元位置 6–7	谓词 'σ' 的缺口，需填补意义（= 'σ' 的论元）。如谓词 'ask 有三个论元位置：'_ ask _ to _'.
autonomy（of a linguistic expression）自治	参见定义 4，p.130。

base（of a collocation）基础 76，78，92–93，99，179，205	搭配的一个元素，说话者可根据意义自由选择，另一个元素是**搭配词**。
black box 黑匣子 21	一个假想装置，其输入和输出可观测，但内部结构不可知，需要根据不同的输入得到的不同结果推断。
Cantor, Georg 格奥尔格·康托	德国数学家（1845—1918），集合论的创立者。
case 格 7–8，82，112，136–141，209	名词的一种屈折变化类型，其语法素标记了该名词的不同句法功能。如英语的人称代词有两种格：主格 *I*，*he*，... ~ 斜格 *me*，*him*，...
case, ergative 作格 139	格的一种，其主要作用在于标记一个名词为及物动词的句法主语。
case, accusative 宾格 136–138	格的一种，其主要作用在于标记一个名词为及物动词的直接宾语。
case, nominative 主格 8，113，136–140，158，175，213	格的一种，其主要作用在于标记一个名词为用于命名事实和实体。
case, subjective 主语格 8，140	格的一种，其主要作用在于标记一个名词为动词的句法主语；不能用于命名。
'cause1' 引起 106，145	一个英语义素，表示非施事格（≈无意识）原因。'X causes1 Y' = 'X 引起 Y'，如 *Poverty causes hunger*（贫穷引起饥饿）。
'cause2' 导致 106，145	一个英语义素，表示施事格（≈有意识）原因。'X causes2 Y' = 'X 导致了 Y'，如 *You caused it all by telling lies*（因为你撒谎导致了这一切）。
Chomsky, Noam 乔姆斯基 19	美国语言学家（出生于1927年），生成语法和普遍语法理论的创立者。
cliché 陈词滥调	语义组合词组，作为一个整体使用。如 *Speedy recovery!*（早日康复）*You must be joking*（一定在开玩笑吧），*Wet paint*（油漆未干），*killer whale*（虎鲸）。
clitic 附着词素 132，212，216	一种无重音、无音调的词形，不能单独存在，韵律上依靠特定的重读词形（也就是其**主体**）。如法语中的 *je*，*te* 和 *la* в *Je te la donne* 'I you$_{SG}$ it give' = '我把它给你'。

collocate（in a collocation）搭配词 　76，92–93，205	搭配中的一个元素，由说话者为表达某一意义选择，作为基础的函数。搭配词由**组合词汇函数**描述。
collocation 搭配 　54，76，78，91–94，99，104–105，167，178，205，210	组合词组，其中一个元素（= 基础）由说话者自己选择，意义上独立于其他元素（= 搭配词），后者作为前者的函数。
communicate，to 交流	产生话语的一种方式（另一种是发**信号**），以一种可商量、可否定的方式向某人传递事情的状态。如交流 *I admire this!*（我钦佩这个）vs. 信号 *Wow!*（哇）
communicatively dominant node（of a SemS 'S'）（语义结构 'S'）交流中的支配节点 　11，48，71–75	一种意义，整个语义结构 'S' 可以删减到只剩该节点且不会影响信息表达（但是会造成信息缺失）。因此： '太阳←1–闪耀' ⇔ 太阳闪耀着光芒 　　　　　　　　太阳闪耀的光芒 vs. '太阳←1–闪耀' ⇔ 闪耀的太阳 交流中的支配节点已经用下划线标出。
compositional（a complex sign s_1s_2）（复杂符号 s_1s_2）组合 　54，120，130，205	一种复杂的语言符号 s_1s_2，由简单符号 s_1 和 s_2 根据 L 的一般规则构成，形式上记为 $s_1s_2 = s_1 \oplus s_2$。参见定义3，p.120。
compounding 合成	构词法的一种（另一种是派生）：将两个及以上的词根组合起来。如 **road+test**（路考）或德语中的 **München+ reise**（'Munich trip' = '去慕尼黑'）。
congruence 匹配 　173	一致（agreement）的一种子类型，表示代词和其指代物保持一致，代替指代物在从句中的位置。如西班牙语 *Toma* **las** *revistas y pon***las** *aquí* '拿上这个剧本，把它们放到这里'，这里 **las** 是代词 ÉL '它' 的复数阴性宾格形式，与 REVISTAS 的阴性复数一致。
conjunction 连接 　86，147	与 '和' 相对应的逻辑操作，用 ∧ 表示。当且仅当 **A** 和 **B** 都为真时，**A** ∧ **B** 为真。
connotation，lexical（of an LU L）（词汇单位 L）词汇内涵 　157	一种意义，与词汇单位 L 表示的指示物相关，但不包含在 L 的定义中。如 TIGRESS '母老虎' 的一个词汇内涵为《对某一过错有过激的反应》，如 *Jean is a real tigress!*（简直是一只母老虎！）

	construction, ablative absolute (in Latin)(拉丁语中的)离格结构 87	"$N_{ABL} + V_{PARTICIPLE}$"结构 ≈ '当某某怎么样了';如拉丁语 testamento facto = '当证明已经做了'或 mortuo Alexandro = '当亚历山大死了'。
234	construction, ergative 作格结构 139–141, 213	一种谓词结构（主语←主动词），主语不是主格。
	construction, nominative 主格结构 213	一种谓词结构（主语←主动词），主语是主格。
	context (of a rule)（规则的）语境 11, 70	规则的某个部分会制约规则的使用范围，但该部分不受规则影响。语境用阴影表示。
	conversion^1 (morphological)（形态）转换 121–123	一种形态操作，改变句构中的要素以表达一种意义。如 $BOMB_{(N)} \Rightarrow BOMB_{(V)}$ 的转变，从名词转变为动词，该转换表示'应用于 Y'。
	conversion^2 (syntactic)（句法）转换 96	一种句法操作，改变语义论元与深层句法论元的对应关系，使得 L 的支配类型满足交流和/或语言条件。比如 $KILL_{ACT} \Rightarrow KILL_{PASS}$，例句 $John_X \Leftrightarrow_I killed the wolf_Y \Leftrightarrow_{II} \sim The wolf_Y \Leftrightarrow_I was killed by John_X \Leftrightarrow_{II}$（约翰杀了那只狼～那只狼被约翰杀了）。这个例句中，主动变为被动，通过被动语态实现句法转换。
	cumulative expression 累积表达 29, 84, 206–207, 209	用一个词素表达几个语法素。如拉丁语 puell+as '女孩'，这里 -as 表示复数和宾格。
	decomposition of meaning 意义分解 71, 88–90, 103, 142–151, 156	用几个更简单的意义代替某一意义。如 'X assassinates Y' = 'X murders Y for political reasons'（X 暗杀了 Y=X 因为政治原因杀了 Y）
	definiendum 被定义词 156	被下定义的部分。
	definiens 定义	用于定义被定义词的部分。
	denotation (of sign s)（符号 s）指称对象 27, 47, 128–129, 175	符号 s 的所指可以指示的实体或事实的无限集。
235	dependency 依存 13–14, 40, 48, 53, 61, 63, 72, 123, 196	一种非自反的、不对称的二元关系，用来描述自然语言的语义、句法和形态组织方式，参见 5.5, p.170 及以下诸页。

dependency, deep-syntactic 深层句法依存 16	语言学的一种通用句法关系，用来连接深层句法结构中的词汇单位。一种深层句法关系能概括所有语言中的某一种句法结构。
dependency, morphological 形态依存	连接话语中词位的形态关系。形态关系表示一个词位对另一个词位的语法素的影响。
dependency, semantic 语义依存 61，172–173	一种语义关系，连接语义结构中的义素。语义关系都是不同的，用来辨别谓词的论元，但本身并不带有任何意义。
dependency, surface-syntactic 表层句法依存 60，176–179	特定语言的句法关系，连接表层句法结构中的词位。一种表层句法关系代表语言 L 的一类句法结构。
dependency tree, syntactic 句法依存树 53，63，78，177	一种表示句法结构的形式。在一个依存树中 1) 除了节点 n，每个节点只有一个进入弧；且 2) 有且仅有节点 n 没有进入弧；n 是这棵树的<u>最高节点</u>。
dependent, prototypical (of a SSyntRel) 典型从属词 177–178	表层句法关系中的从属词，可受任意支配词支配。
derivation 派生	一种构词法（另一种是**合成**）。通过改变词根的形态结构，如添加词缀、元音变换、重复、变换等方式实现。如 work+*er*（工人）、read+*er*（读者）、march+*er*（游行者）、*mini*+*bar*（迷你吧）、*mini*+*skirt*（迷你裙）、*mini*+*war*（小规模战争）、*oil* ~ [to] *oil*、*salt* ~ [to] *salt*、[a] *saw* ~ [to] *saw* 等。
derivative, semantic 语义派生	参见 semantic derivative。
diathesis (of an LU L)（词位单位 L 的）特质 140，213	L 的语义论元和深层句法论元的对应关系。如 GIVE, *X gives Y to Z*（X 把 Y 给了 Z）有如下特质：$X \Leftrightarrow \text{I}, Y \Leftrightarrow \text{II}, Z \Leftrightarrow \text{III}$；而 BE GIVEN, *Z is given Y by X*（Z 被 X 给了 Y）的特质是 $X \Leftrightarrow \text{III}, Y \Leftrightarrow \text{II}, Z \Leftrightarrow \text{I}$。L 的特质由 L 的<u>支配类型</u>决定。
diathesis, basic 基本特质 140	L 的词典项中描述的词汇单位 L 的特质。

	dictionary, active 主动词典 153–154	旨在帮助产生文本的词典。
	dictionary, passive 被动词典 153	旨在帮助理解文本的词典。
	disjunction, exclusive (= strict) 排外 86	一种逻辑操作,表示"要么……要么……",用 $\triangledown$ 表示。当且仅当 A、B 中一者为真,A$\triangledown$B 为真。
	disjunction, inclusive 包含 147, 169	一种逻辑操作,表示'或',用 $\vee$ 表示。当且仅当 A 和 B 中至少一者为真,A $\vee$ B 为真。
	distribution, complementary (of elements A and B)(元素 A 和 B 的)互补分布 65, 110	当且仅当元素 A 和 B 出现的语境不同时,两者才是互补分布关系。如 A 只在 X_1AX_2 中出现,而 B 只在 Y_1BY_2 中出现,且 X $\neq$ Y。
	DSyntA, DSynt–actant 深层句法论元	参见 actant, deep-syntactic
	egocentricity (of natural language)(自然语言的)自我中心 28	自然语言的一种性质,表示说话者在任何语言的词汇和语法中扮演中心地位。如很多词、语法素和句法结构都以 'I' 为参照:'here' = 'place where I utter *here*'(我说话时的位置)或 'L $_{(V)\,PRES\,(ent)}$' = 'fact denoted by L $_{(V)}$ takes place when I utter the verb form L $_{(V)\,PRES}$'(L 表示的事实在我说出 L 这个词时正好发生)。
237	enantiosemy 对立词义 201	多义词(相同纯音词的两个词位)的两种意义间的语义联系,或两个同源词(可以为同一种语言,也可以是不同语言)之间的语义联系,且这两个词的语义相反。如 HOST(主人)与 GUEST(客人),两个名词都来源于相同的印欧语系词根。
	ergative case 作格	参见 case, ergative。
	ergative construction 作格结构	参见 construction, ergative。
	expletive pronoun 虚位代词	参见 pronoun, expletive。
	factive verb 叙实动词	参见 verb, factive。

feature, syntactic (of a lexical unit L) (词汇单位 L 的) 句法特征 124, 172, 211, 215	词法单位 L 的一种性质（体现其句构上），说明 L 用于某一结构的能力。如 «(postpos)» 表示形容词可以放到被修饰的名词后，无须添加任何从属词，如 *alone*（单独的），*available*（可获得的），*imaginable*（可想象的），*possible*（可能的）等。
formal grammar 形式语法 19, 24, 200	一种包含一系列规则的逻辑系统，亦可称作特殊规则系统。
Frege, Gotlob 戈特洛布·弗雷格 68, 129	德国数学家和逻辑学家（1848—1925），谓词逻辑的创立者，对符号的意义（所指）和指示物进行了严格区别。
fusion 融合 170	一种以单个词汇表达作为以 L 为关键词的词汇函数 **f** 函数值的现象，从而将 L 的意义和 **f** 的意义结合：如 Magn(*fog*)=//*pea-soup* '浓雾' 或 Labreal$_{12}$(*bomb*$_{(N)}$) = //*bomb*$_{(V)}$ '轰炸'（这里 *pea-soup* 和 *bomb*$_{(V)}$ 是相应词汇函数融合的结果）。
gender 性 123, 125	一种**一致类型**，另一种是名词类别。这种一致类型仅有两三种分类，与性直接相关，是非累积的。如法语和西班牙语中有两种性，拉丁语和俄语中有三种性。 238
generic component (of a meaning 'σ')（意义 'σ' 的）通指成分 103	意义 'σ' 的组成部分 'σ$_1$'，该意义的指称对象 D('σ$_1$') 与 D('σ') 最相似；而 'σ' 剩下的部分，也就是 'σ$_2$' = 'σ' - 'σ$_1$' 表示**具体**成分；如 'murder'（谋杀）的通指成分是 'kill'（杀），而 'assassinate'（暗杀）的通指成分是 'murder'（谋杀）。
glide 滑音 112	一种既不是元音也不是辅音的语音。如西班牙语 *rueda*[r̄wéda] '车轮' 中的 [w]。
government 支配 61, 80	形态依存的一种类型（另一种是**一致**）。词位 L 的特征决定从属词的语法素。动词 SEE 要求宾语使用斜格：*John sees me/him/us*。
government pattern [= GP] (of an LU L) （词汇单位 L 的）支配类型 80, 93, 125, 158, 159, 164, 168	一种用于说明 L 基本特质的形式。它是一个长方形矩阵，列表示 L 的语义和深层句法论元，行表示这些论元不同的实现方式。

grammar 语法 5, 10, 12, 28, 151	语言 **L** 的一种主要组成部分（另一种是**词库**），包括所有根据词汇单位的类别指明该单位性质的规则。
grammar, formal 形式语法	参见 formal grammar
grammeme 语法素 12, 53, 55, 61, 64–65, 74–75, 79–80, 84, 120, 128, 135, 172, 175–176, 206–208	屈折类型的一种元素（＝屈折值）。如时态语法素：PRES, PAST 和 FUT（现在，过去和将来）(*I write* 我写现在时 ~ *I wrote* 我写过去时 ~*I will write* 我写将来时)，人称语法素：1，2，3（第一、第二、第三人称）(*I am* 我是 ~ *you are* 你是 ~*he is* 他是)，数语法素：SG 和 PL（单数和复数）(*step* 台阶单数 ~ *steps* 台阶复数)。
239 iconicity 形象性 212	语言符号的一种性质，包括能指和所指之间的逻辑联系，即能指从形式上反映了所指。如 MEOW! 就是非常形象的，因为它的能指 /mɪáʊ/ 在听觉上很像猫的叫声。
idiom 习语 5, 54, 61, 78, 155, 200	一种非组合性短语素，如 'KICK THE BUCKET' ≈ 'die'（死）。
inflection 屈折变化 80, 135	一种形态的机制，可以产生独立词形（另一种是**构词法**）。
inflectional category 屈折类型 12, 53, 61, 129, 135	一套相互对立的含义，用来区分相同词位的不同形式。它们叫作语法素，如数 NUMBER= {SG, PL} 或时态 TENSE = {PRES, PAST, FUT}。
interface 交界 10, 33	一个系统的两个部分的交界。如在 MTM 中，意义-句法交界是深层句法结构：深层句法结构根据语义规则产生，由句法规则处理，以变成一个真实的句子。
isolating language 孤立语 131, 135	一种没有屈折变化和派生的语言，如汉语和越南语。
isomorphic 同形 36	当且仅当集合 **A** 和 **B** 中 1) 所有元素一一对应，2) 一个集合中任意两个元素之间存在关系 **r**，另一个集合中对应的元素之间同样存在关系 **r**，那么这两个集合就是同形的。

词汇表（主题和人名索引）

izafet 名词后缀 173, 198	伊朗语中的一个名词后缀，表示这个名词被后置形容词、名词、介词短语或关系从句修饰。如 *ketab* '书' ~ *ketab+e män* 表示 '书 –IZAFET 我' = 我的书'。
Jakobson, Roman 罗曼·雅各布森 27, 86	俄国文献学家和语言学家（1896—1982），生活在捷克斯洛伐克和美国，因记号语言学和斯拉夫语言学研究而出名，特别是其对音韵学和形态学的研究。
keyword（of a lexical function **f**） （词汇函数 **f** 的）关键词 61, 78, 92, 94–96, 98, 102, 170	**f** 的参数 L，是（函数 **f** 描述的）搭配的基础。该搭配由 L 和 **f**(L) 一个函数值构成，如在 Magn($rain_{(N)}$) 中，RAIN$_{(N)}$ 是词汇函数 Magn 的关键词。
laryngeal（phone; same as glottal phone）喉音 183	喉咙里产生的音。
lexeme 词位 5, 54, 64, 73, 89, 102, 103 及以下诸页, 129, 130, 135, 158	一个有完整定义的单词。更确切地说，一组只存在屈折变化差别的词形和分析形式的词组，参见定义10, p.135。一个词位可以只包含一种词形：JUST, ABROAD, WHERE。
lexeme, fictitious 虚拟词位 54–55, 61, 79, 206	出现在深层句法结构中的符号，表示一种带有词汇类型意义的句法结构。
lexical 词汇的	和词汇单位相关。
lexical cooccurrence, restricted 严格词汇共现 39, 90 及以下诸页, 105, 107, 160	组合词汇单位 L_1 和 L_2 以表达某种意义的可能性，该可能性由 L_1 和／或 L_2 的性质决定。
lexical unit [= LU] 词汇单位 5, 53, 54, 156, 200	词位或习语
lexical unit, full (= semantically loaded) 完整词汇单位 47, 53–54, 77	一个包含话语意义的词汇单位，即与语义表达中的某一部分对应。
lexical unit, empty 空词汇单位 97, 160	一个不包含任何意义的词汇单位，也就是说不与语义表达的任何成分对应。

240

241	lexical function [= LF] 词汇函数 8, 39, 53–54, 78, 91–94, 160, 210	一个词汇函数 **f**，将词汇单位 L（**f** 的**关键词**）和一组 **f**(L)（**f** 的**函数值**）联系起来表示某一给定意义 'σ'（**f**）。
	lexical function, paradigmatic 聚合关系词汇函数 94, 96–97, 160, 205	一种联系了关键词 L 和函数值 f(L) 的词汇函数 **f**。这些函数值 f(L) 是 L 的**语义派生**，取代 L 出现在文本中。如词汇函数 S_1 描述了施动者名词：S_1（*speak* 说话）= *speaker*（说话者），S_1（*stunt* 绝技）= *stuntman*（特技人），S_1（*steal* 偷）= *thief*（小偷）。
	lexical function, syntagmatic 组合关系词汇函数 94, 97–102, 160–161, 206	一种联系了关键词 L 和函数值 f(L) 的词汇函数 **f**。其中这些函数值 f(L) 是 L 的搭配。L 的搭配在文本中和 L 一起使用。如词汇函数 Magn 描述了加强词：Magn（*appetite* 食欲）= *ravenous* 贪婪的，Magn（*sleep* 睡觉）= *like a log* 像木头一样不动，Magn（*clear* 清晰）= *crystal-* 透明的。
	lexicographic number 词典编辑编号 5, 148	编码，通常是数字或字母数字混合，用来表示一个多义词的意思。如 $BOX_{I.a}$ '盒子'，$BOX_{I.b}$ '盒子里装的东西'，BOX_{II} '方格'，BOX_{III}（包厢）等。
	lexicon 词库 5, 10, 27, 134, 151 及以下诸页， 163	语言 L 的一个主要成分（另一个是语法）。包括 L 的词汇单位以及保证词汇单位正确使用的信息。
	linguistic union 语言合成	参见 union, linguistic。
	linguistics 语言学 x–xi, 18, 37, 39, 42	自然语言的科学。
	linguistics, diachronic 历时语言学 xi	语言学的一个分支，研究语言的历史发展。
	linguistics, neuro- 神经语言学 xi	语言学的一个分支，研究语言在人脑中的处理过程。
	linguistics, psycho- 心理语言学 xi	语言学的一个分支，研究语言在人们心理的处理过程。
242	linguistics, socio- 社会语言学 xi	语言学的一个分支，研究语言在社会中的运作过程。

linguistics, synchronic 共时语言学 14, 18	语言学的一个分支，研究语言在某一时期的情况。
logical (= vicious) circle 逻辑循环 144–145, 156	在一个词的定义中出现被定义词。如在表达式 X = Y + Z + **X** + W 的右边出现了 X。定义中出现逻辑循环会导致荒谬。
meaning, linguistic 语言意义 2, 3–4, 6, 24–25, 32, 34–36, 41, 46, 50, 67, 142 及以下诸页	一系列同义句的不变量。
meaning, (linguistic) communicative 交际意义 44	关于命题意义的交际组织方式的信息。如 Rheme ~ Theme（主位 ~ 述位），Given ~ New（已知 ~ 未知），Focalized ~ Non-focalized（聚焦的 ~ 非聚焦的）等
meaning, (linguistic) propositional 命题意义 44	句子意义中最重要的部分，可以通过逻辑命题表达。比较**交际意义**和**修辞意义**。
meaning, (linguistic) rhetorical 修辞意义 44	一种表示说话者想传递的修辞效果的信息，如**正式的**、**通俗的**、**诗意的**，等等。
Meaning-Text approach 意义-文本方法 xii, 34 及以下诸页, 109, 117, 120, 151, 170	研究自然语言的一种方法，这种方法认为语言是一个系统，连接了意义和能表达该意义的所有文本（反之亦然）。
Meaning-Text linguistic model 意义-文本语言模型 23 及以下诸页, 41 及以下诸页	语言的一个模型，包含一系列形式规则，保证由某个意义可以得到相应文本（反之亦然）。
metalanguage 元语言 85, 207	一种用于描述语言的语言。
metalanguage, linguistic 语言元语言 37, 117, 119, 147	由语言学家建立的一套概念的形式系统，用于描述自然语言。
minimal X 最小 X 30, 132–133	不包含其他相同性质 X 的 X。参见定义 6, p.132。243
model, functional 功能模型	参见定义 1, p.3。

module（of a Meaning-Text model）模块	意义-文本模型六种主要成分的一种。
mood 语态 2，3–4，6，24–25，32，34–36，41，46，50，67，142及以下诸页	动词的一种屈折变化类型，其语法素表示话语和说话者所建立的真实世界的关系。如 *He reads.*（他阅读）~ *Read!*（读！）~ *that he read*（他读了）~ *If he were reading*（如果他在阅读）~ *He would read*（他会读的）。
mood 语态 28，55，207	动词的屈折类型，其语法素标记说话者所建立的话语与真实世界之间的联系。
morph 语素 7，84，85，120–121，124，129，209，211	基本片段符号，如 **head-**，**-s**，**anti-**，**for**，**where**，**Wow!**
morpheme 词素 65，84–85，206–207	一系列语素，这些语素1）有相同的所指2）在一个词形中按即时语境的函数分布。如 leaf- 和 leav-（在 *leaves* 中出现）同属词素 {LEAF}；/s/，/z/ 和 /ɪz/ 属于词素 {PL}。一个词素当然也可以只包括一个语素，如 {FOR} 或 {WOW!}。
morphology 形态学 5，31，42，117	用于构建：1）新词位（<u>构词法</u>）和2）某一词位的独立词形（<u>屈折变化</u>），是语言学的一个分支。
nominative case 主格	参见 case, nominative。
nominative construction 主格结构	参见 construction, nominative。
noun class 名词类别 29，125，127，208	<u>一致类型</u>的一种（另一种是<u>性</u>），有很多种不同类型（4种到大约100种），和性及非累积标记词的出现等没有直接联系。如班图语中大约有20种名词类别。
paradigmatic axis 聚合关系轴 38，87	两个虚拟轴中的一个（另一个是组合关系轴）。在这个轴上意义相近的语言单位是相互排斥的。这个轴对应说话者选择记忆中的语言单位。
paraphrase（of sentence *S*）（句子 *S* 的）释义 25，33–36，204–205	句子 *S* 的同义句 *S'*。

paraphrasing (of sentence S)（句子 S 的）释义过程 33，50，71，76–77，93，180	产生句子 S 的同义句 $\{S'_i\}$。
passive 被动 75，97，137，140，213	一种语态语法素，表示改变动词基本特质，这样深层句法论元 I 与语义论元的对应关系发生改变。
passive, demotional 降级被动 140–141	一种被动语态，表示动词深层句法论元的简单降级，其他深层句法论元不升级（通常，由 I 降级到 III）。
passive, partial 部分被动 140–141	一种被动语态，只会影响动词几个深层句法论元中的一个。
performative verb 行为动词	参见 verb, performative。
pharyngeal (phone) 咽音 183	从咽中发出的音，也就是从喉咙深处发出的。
phone (of **L**) 音子 42，110–111，203	语言 **L** 的声音，可以为说话者识别和重复。音子通常用方括号表示，如 [æ]、[l]、[ɫ]、[k]、[kʰ] 都是英语的音子。
phoneme (of **L**) 音位 110–112，203	一个音位包含 **L** 的一系列音子，因此无法区分 **L** 的两个符号。音位通常用斜线表示；如 /æ/、/l/、/k/ 都是英语音位。一个音位可以只包含一个语音，如英语中的 /b/、/z/、/r/。
phraseme (lexical) 短语素 54，91，117–118，207	非自由短语，不能由说话者自己构建，必须是储存在他记忆中的，作为整体出现。短语素可分为非组合短语素，即**习语**（*kick the bucket* 去世），和组合短语素，即**搭配**（*pay attention* 集中注意力，*dense traffic* 繁忙运输）及**陈词滥调**（*What time is it?* 现在几点了；**语用素**也是一种陈词滥调（pragmatemes），如 *No parking* 或 *Wet paint*）。
phraseologized expression 短语化表达	参见 phraseme。
plurale tantum（*Lat.* 'plural only'）只有复数 79	一个只有复数形式的名词。如 OATS（燕麦），GLASSES（眼镜）和 PANTS（裤子）。

245

pragmateme 语用素	一种陈词滥调，受到使用情况的限制。如 *Wrong way* [on a road sign]（错路：是一种路标）或 *Hold the line* [on the phone]（稍等：用于打电话的时候）。
predicate, semantic 语义术语	参见 semantic predicate。
prefix 前缀 28–29, 127, 134, 208	位于词根前面的一种词缀，如 *re+write*（重写）或 *mini+bar*（小酒吧）。
presupposition 预设 71, 89, 90, 106–107, 168, 209	即使整个意义 'σ' 都被否定了，意义 'σ' 的这个部分仍表示肯定。因此，意义 'X helps Y to do Z'（X 帮助 Y 做 Z）由预设 '│[Y does Z]│'（Y 做 Z）和陈述 'X adds his efforts to those of Y's'（X 尽其努力帮助 Y）构成。当一个人说 *John did not help Mary prepare the dinner*（约翰没有帮助玛丽准备晚餐），他只是否定了陈述 'John added his efforts to those of Mary's'（约翰没有尽其努力帮助玛丽），但 'Mary was preparing the dinner'（玛丽准备晚餐）仍然成立。
«PRIMERNO» '大约' 206	一种虚拟词位，表示俄语的一种大约结构 *knig desjat'* 即 'books ten' = '大约十本书'。
primitive, semantic 语义元语 51, 144, 146–147, 156, 214	无法用同一种语言分解的语言意义语块。
prolepsis 预期的叙述 114, 136, 202	从句的一部分，位于整个句子的句首，和句中其他部分没有紧密联系。如 *This movie, it is simply gorgeous*（这部电影，它太棒了）。
pronominalization 代词化 52, 54, 61	向句子的表层句法结构中引入代词，如 HE（他）、IT（它）或 WHICH（哪一个），代替指称相同的名词。
pronoun, meteorological 气象代词 128	代词 IT2（法语 IL2，德语 ES2 等）用作虚拟主语，一般和表示气象的动词及言语表达连用。如 *It rains*（下雨了），*It hails*（下冰雹了），*It dawns*（天亮了）。
pronoun, expletive 虚位代词 128	代词 IT3（法语 IL3，德语 ES3）用作虚位主语，一般与不定式或 THAT 从句连用。如 *It is useful to sleep*（睡觉很有用），*It seems that John has left*（看起来约翰已经离开了）。

pronoun, substitute 替代代词 52, 54, 60–64	第三人称代词，替代句中的某个名词：如 HE（他）、SHE（她）、IT（它）、THEY（他们）、WHO (rel)（谁）、WHICH (rel)（哪一个）……
propaganda word 宣传词 27, 202	这类单词的意义表示'I hating and/or despising the whole class of Xs'（我憎恶所有的 X）。如人种歧视：KRAUT（德国佬）或 RUSSKY（俄国佬）。
proposition, logical 逻辑命题	一种可判断真假的表达。因此，句子 *Two plus three is five*（二加三等于五）是真命题，而 *Man is immortal*（人类是不死的）是假命题，而 *Come to me and be my love!*（来我身边做我的爱人）则不是一个命题。
propositional meaning 命题意义	参见 meaning, propositional。
prosodeme (of **L**) 超音质音位 52, 121	一组不能区分 **L** 中两个符号的韵律。超音质音位用斜杠表示。
prosody 韵律 81, 174	韵律是自然语言的一种表现手段，如停顿、音调升降和节奏。（自然语言中还有其他表现手段，如**虚词**、**词序**和**句法形态**等）。
prosody, semantic 语义韵律 52	一种带有意义的韵律：疑问或感叹语调、讽刺或恳求表达。 247
prosody, syntactic 句法韵律 59, 176	一种用于表示句法结构的韵律。首先，构成由停顿分割的音韵词组；其次，携带特定的语调。
prototypical 典型的	参见 dependent, prototypical。
quasi-predicate 类谓词 47–48	一种用来指明实体的意义（类似于意义名称），但和谓词一样拥有论元。如'letter from X to Y about Z'（X 给 Y 的关于 Z 的信）或'minister of Y of country Z'（Z 国 Y 部门的主管）。
radical 词根 112, 124–127, 129, 211	一种语素，在包含该语素的词形 **w** 的句构中占据最多的信息。这一信息主要表示了 **w** 的词内共现。词根包括 **belong-**、**phenomen-**、**foot-**、**through**。参见 affix。
referent (of the sign **s**)（符号 **s** 的）指示物 44–46, 113, 129, 157	现实世界的实体或事实，即句中符号 **s** 的所指。如在 *Give me this book!*（给我那本书）中，名词 BOOK（书）的指示物是说话者想要的一本特殊的书。**s** 的特定所指是 **s** 所**指示**的一个元素。

| referential status（of a semanteme）（义素的）指示状态 45, 129 | 句中义素'σ'的一种性质，由'σ'表示的指示物类型决定。如，这一指示物可以是单个的（即'σ'指一种具体的实体/事实）；也可以是一类（即'σ'指一类特殊实体/事实）；说话者和听话者根据句子可以/不可以辨认出指示物。 |

representation, conceptual 概念表达
36, 45, 50, 66–69

一种符号表达，表示现实的精神反映。

representation, linguistic（of utterance **U**）语言表达
14, 30–32, 38, 41及以下诸页, 68

句子 **U** 基本部分的符号表达。

representation linguistic, phonetic（of utterance **U**）语音表达
24

句子 **U** 表示为一串带有必要韵律的语音 [= **U** 的语音标记]。

representation（linguistic）, semantic（of utterance **U**）语义表达
6, 24, 38, 46

依据**义素**及其联系确定的一组或多或少意义相近的句子的意义表达。

resumptive clitic 概括附着词
179

重复一个表层句法论元的附着词。

Rheme, semantic 语义述位
44

句子意义中说话者想交流的部分，如'Mary [left for Jamaica]$_{Rheme}$'（玛丽去了牙买加）。比较 Theme, semantic。

rhetorical meaning 修辞意义

参见 meaning, rhetorical。

rhetorical relation 修辞联系

一个文本中两个部分之间的关系，反映说话者的态度或意图。如副词 FOR EXAMPLE 表示举例。

Saussure, de, Ferdinand 索绪尔
86, 118–119

瑞士语言学家（1857—1913），奠定了现代语言学的基础。他引入了**语言符号**概念。

segment（of **L**）分段
121

L 的一组音素，可作为能指。

segmental（sign of **L**）片段
7, 84–85, 120–121, 133

L 的一个符号，其能指是分段。

semanteme（of **L**）义素 47，72，129，143，146及以下诸页	语言 **L** 的语义单位，是完整词汇单位的意义。
SemA，Sem-actant	参见 actant，semantic。
semantic decomposition 语义分解	参见 decomposition of meaning。
semantic derivative（of an LU L）（词汇单位 L 的）语义派生 54，205	包含词汇单位 L 意义的词汇单位 L′，L 和 L′ 的 249 语义差异是有规律的，且可以通过形态方式表示，即借助词缀实现。如 THIEF 是 STEAL（偷）的语义派生词，还有 WORK（工作）~ WORKER（工人），STUNT（表演特技）~ STUNTMAN（特技演员）等。语义派生由聚合关系词汇函数描述。
semantic name 语义名称 47	指示实体的意义，该实体不一定出现在一种情境中：一种存在、一种物品、一种物质等。如 'boy'（男孩），'tiger'（老虎），'[a] rock'（岩石），'tree'（树），'Sun'（太阳），'sand'（沙），'air'（空气）。
semantic network 语义网络	参见 structure，semantic。
semantic predicate 语义谓词 7，47，209	一种意义 'σ'，指明了事实，而且因为 'σ' 有空位，必须和其他意义 '$σ_i$' 连用保证语义完整；'$σ_i$' 是 'σ' 的论元；如述语 'convinced' 可以有两个论元 X 和 Y： *X is.convinced.that Y.*（X 确信 Y）
semantic structure 语义结构	参见 structure，semantic。
semantics 语义学 31，42	语言的组成部分，用于根据语义结构构建句子深层句法结构，是语言学的一个分支。
sentence 句子 30–31	文本的最大组成部分，运用 **L** 的规则在这一范围内得到应用，可以出现在两个完整的停顿之间，携带句子的韵律特征。
shifter 指示词 237	一个语言符号，其所指要参照 '我' 即说话者。如 'now' = 'moment in which the Speaker utters *now*'（说话者说话的时刻）。参见 egocentricity of natural language。

	sign, linguistic 语言符号 118及以下诸页	顺序排列的三个成分〈所指，能指，句构〉，参见定义3，p.120。
250	sign, linguistic, empty 空语言符号 126–129, 141, 207	一个所指为空的语言符号。如英语中的IT：*It is true that John is in London*（约翰确实在伦敦）。
	sign, linguistic, zero [= Ø] 零符号 7, 127–128	一个能指为空的语言符号，如 -Ø$_{SG}$ 表示英语名词的单数形式，与表示复数的 -s 相对，**boy+Ø** 与 **boy+s**。
	signal, to 发信号 170	产生话语的一种主要方式（另一种是**交流**），表示言语行为或说话者的内心状态，且不允许别人的否认或质问。如发信号 *Ouch!*（啊！）vs. 交流 *It hurt!*（疼！）
	signalative, a 信号 28, 30	一种靠发信号而不是**交流**的**语言表达**。更多参见 Mel'čuk 2012：134。
	source of a pronoun 代词的先行词 54, 60	由代词代指的名词，如在短语 *the novel*$_1$ *the author of which* [WHICH ⇐ NOVEL$_2$]（那部小说，那部小说的作者）中，名词 NOVEL$_1$ 是代词 WHICH 的先行词，NOVEL$_2$ 出现在句法结构中，但没有出现在该短语中，而是由 WHICH 代替。
	Speaker [with a capital "S"] 说话者 2	产生话语的人，也就是言语行为的第一个参与者。
	specific components（of a meaning 'σ'）具体成分	意义'σ'中区别于通用部分的其他部分。
	Sprachbund（德语，即'语言联合'） 216	因为语言之间的长期接触而产生相同特征。
	SSyntA, SSynt-actant 表层句法论元	参见 actant, surface-syntactic。
	structure, deep-syntactic 深层句法结构 9, 33, 52及以下诸页	句子深层句法组织的形式表达。依存树的节点为出现在句子中的语义完整的词汇单位，边表示通用的深层句法关系。
251	structure, semantic 语义结构 6, 33, 44, 46及以下诸页	一组同义句命题意义的形式表达。在这个网络中，节点为义素，边带有表示谓词-论元关系的数字。

词汇表（主题和人名索引）

structure, surface-syntactic 表层句法结构 59及以下诸页	句子表层句法组织的形式表达。依存树的节点由出现在句子中的所有词位表示，边表示各语言具体的表层句法关系。
subject, syntactic 句法主语 8, 59, 62, 112及以下诸页, 128, 137及以下诸页, 185, 212	主动词（在句法上享有优先地位）的表层句法论元。
subjective case 主格	参见 case, subjective。
suffix 后缀 7–8, 28, 120, 123, 126–132, 173, 178, 213	位于词根之后的词缀，如 *John's* 或 *suppli+er+s*。
suprafix 超音段词缀 121–122	一个基本符号，其能指是某个音节上的超音质音位（语调或重读）。
suppressive 抑制的 213	一种声音语法素，表示动词的一个深层句法论元，不能表达。
syntactic group, simple[=SSG] 简单句法组 82–83	根据词性确定的最大短语，该短语内不包含其他短语，且可以用线性关系表示，这种线性关系用数字标记了各成分在短语中的位置。名词、动词、形容词、副词都有各种各样的SSG。
syntactics 句构 72, 80, 85, 119, 120, 124–126, 128–129, 211	语言符号 s 的一个组成部分，表示 s 与其他符号的共现，且不能从 s 的所指或能指推断出来。
syntagmatic axis 组合关系轴 39, 87	两种想象坐标轴其中的一个（另一个是**聚合关系轴**），语言单位在这条轴上实现组合。这条轴对应说话者进行的**组合**活动，说话者从聚合关系轴上选择合适的词进行组合。
syntax 句法 31, 42, 43, 129, 184	语言中从句法结构上构建句子的部分，是语言学的一个分支。
synthesis, linguistic 语言合成 2–4, 25–26, 39, 70, 76	由说话者或语言模型完成的从意义到文本的过程，根据句子 S 的句法或语义表达实现： $$\text{Synt/SemR}(S) \Rightarrow S$$ 相反的过程称为**语言分析**。
thematic element 主位成分 126, 207	出现在词干后语义为空的语素。拉丁语中的四种动词主位成分把动词分成了四个词形变化组：

	-ā- (*compar*+*ā*+*re* '比较')
	-ē- (*noc* +*ē*+*re* '伤害')
	-ĕ- (*bib* +*ĕ*+*re* '喝')
	-ī- (*dorm* +*ī*+*re* '睡觉')
Theme, semantic 语义主位 44，75，95，114，195，202	说话者想传达的关于该部分的信息，传递的信息为述位。如 '[**Mary**]_{主位} [left for Jamaica]_{述位}'。比较 Rheme, semantic。
'«they»' 他们 140–141，179	非限定人称代词，其意义与法语中的 ON 或德语中的 MAN 相似，英语中的 THEY 也可以有这种用法：*As they say in Maine, we have nine months of winter and three months of poor sledding*（正如人们说得那样，在缅因州，一年有九个月都是冬天，其中三个月都可以乘雪橇）。
transcription, phonemic 音位标记 203	根据音位符号（斜杠）标记文本：/kóld/ *cold*, /kóral/ *coral*, /kɔrǽl/ *corral*。
transcription, phonetic 音子标记 24，203	根据音子（方括号）标记文本，如 [kʰóɫd] *cold*。标音法在不同的语境中会有不同。如英语中在合适的位置标记了无声停顿时的送气：[kʰóɫd] 与 [skóɫd]，[kʰórəɫ] 与 [kɔrǽɫ]。
"transcription, semantic" 语义标记 24，51	一种用来形式化表示语言意义的比喻性指示，如意义-文本的语义网络。
union, linguistic（⊕）语言联合 65，129，142	根据语法和语言单位的性质将语言 L 中的单位组合起来。
valence, syntactic active（of a lexical unit L）句法正价 184	一组句法单位与 L 结合使用，成为 L 的论元。如英语名词 OBEDIENCE（顺从）有如下正句法价： X⇔ I⇔N's/A _(poss)（N）[*John's/his obedience*]（约翰 / 他的顺从） Y ⇔ II⇔*to* N [*obedience to Mary*]（顺从玛丽） L 的正句法价取决于 L 的**支配类型**。
valence, syntactic passive（of a lexical expression L）（词汇表达 L 的）句法负价 171，174–175	L 能以某种句法角色结合的句法单位类型，且不影响原有表达的状态和完整性。如，英语名词的句法负价包括：1）谓语动词的主语，2）动词的直接宾语，3）介词的宾语，4）连系动词的表语等。L 的负句法价由 L 的词性和句法特征决定。

253

verb, factive 叙实动词 87	暗示其后从句为真的动词。如在 *John knows that Mary is at home*（约翰知道玛丽在家）中，'Mary is at home' 必须为真，不能在这句后面加上……*but this is not true*（但是这不是真的）。
verb, performative 施为动词 28	用作第一人称单数、现在时陈述句的动词，表明该动词表示的动作。如为了表示发誓，说话者要说 *I swear*（我发誓），为了表示感谢要说 *Thank you*（谢谢你）。
verb, qualificative 品质动词 140	一个表示品质的动词，也就是该动词拥有形容词的含义。如汉语中的胖'be.fat'，空'be.empty'等，既可以作为修饰词（修饰名词），也可以作为谓语。
voice 语态 137，140–141	动词的一种屈折变化类型，其语法素标志动词基本特质的改变。要么语义论元保持不变而深层句法论元发生变化，要么语义论元变为指示词而一些深层句法论元受到抑制。 254
Wierzbicka, Anna 安娜·韦日比茨卡 51，88，142，146–147	波兰语言学家，现居澳大利亚（出生于1938年），是现代语义学创立者之一，著有语义分解方法和语义基元理论。
word formation 构词法	形态学的一种机制，产生新的词位（另一种机制是**屈折变化**）。构词法又分为**合成**和**派生**。
word, structural 结构词 61，79	一种词位，要么用来表示句法结构，如连词 THAT 及 *fight against* N 和 *insist on* N 中的介词 AGAINST 和 ON，要么用来表示一种语法素，如助动词 BE 和 HAVE 及冠词。
wordform 词形 30，64，130，133–135，212–213	定义完整、语法形式清晰的单词。如 **pencils**（铅笔），**sprang**（跳跃），**my**（我的），**went**（走），**given**（给），**with**（和），**to**（到）等。参见定义7–9，p.133。
zero, linguistic 零符号	参见 sign linguistic, zero。
Zholkovsky, Alexander 亚历山大·佐尔科夫斯基 88，142，152	俄国语言学家、文学研究专家（出生于1937年），现居美国，是意义–文本方法的创立者之一。主要研究语义学和索马里语，同时也研究结构诗学、文学理论和历史。

语言索引

Albanian 阿尔巴尼亚语
179
    印欧语系，阿尔巴尼亚语支；阿尔巴尼亚。

Alutor 阿留特语
28，121，180
    楚克奇-堪察加语系；堪察加半岛，俄罗斯。

Arabic 阿拉伯语
100
    亚非语系，闪米特语支。

Bantu 班图语
29，208
    刚果-科尔多凡尼语系、沃尔特-刚果语支的一个分支，包含522种语言。*bantu*一词由词根 *-ntu*（人）和二类名词前缀 *ba-* 构成；这里，*ba-* 表示复数（*muntu* 表示单数）。因此，*bantu* 本身表示"人们"。

Chinantec 南特克语
121
    曼吉语系；墨西哥。

Chinese [Mandarin] 汉语，普通话
100
    汉藏语系（8.4亿本族语者）

Dutch 荷兰语
99
    印欧语系，日耳曼语支。

Dyirbal 迪尔巴尔语
122，212
    澳大利亚语系（264种亲属语言）；澳大利亚。

English 英语
7–13，34，54–55，67，83，99，147，184及以下诸页，200，202，203，205，208，212，213
    印欧语系，日耳曼语支。

语言索引

Eskimo 爱斯基摩语
126

至少包括三种紧密相关的语言：尤皮克语（西伯利亚的爱斯基摩语）、因纽特语（加拿大的爱斯基摩语）和格陵兰语；爱斯基摩-阿留申语系。

French 法语
9, 26, 99, 134, 211

印欧语系，意大利语支，罗曼语分支。 256

Georgian 格鲁吉亚语
209

南高加索语系；格鲁吉亚。

German 德语
9, 99, 100, 121, 134, 200, 203–204, 211

印欧语系，日耳曼语支。

Hebrew 希伯来语
207

亚非语系，闪米特语支。

Hungarian 匈牙利语
101

乌拉尔语系，乌戈尔语支。（这一分支还包括在西伯利亚北部、鄂毕河下游使用的两个小众语言：汉特语和曼西语）

Japanese 日语
29, 202

日本语系。

Kirundi 基隆迪语
127

刚果-科尔多凡尼语系，沃尔特-刚果语支，班图语分支（参见班图语）；布隆迪。词根 **-rundi** 表示一个特定民族，**ki-** 为七类名词前缀，表示语言（如 *Ki+kongo*, *Ki+nyarwanda*, *Ki + swahili* 等）。

Korean 韩语
7–14, 99, 203

孤立语言；很多学者认为它是阿尔泰语族一员。

Latin 拉丁语
84, 173, 199, 208

印欧语系，意大利语支；死语言，古罗马。

Maasai 马赛语
136–141, 213

尼罗-撒哈拉语系，尼罗特语支；肯尼亚。

Magrelian 明格列尔语
139

南高加索语族；格鲁吉亚。

Penan, Eastern 东本南语
163

南岛语族，婆罗洲语支；马来西亚，沙捞越，婆罗洲。

Persian 波斯语
178, 198

257 Polish 波兰语 印欧语系，斯拉夫语支。
135, 212, 213

Russian 俄语 印欧语系，斯拉夫语支。
7–14, 45–46, 84, 101, 103–108,
112及以下诸页, 124, 131, 132,
138, 145, 157–158, 164, 175,
206–207, 208, 209, 212, 215

Spanish 西班牙语 印欧语系，意大利语支，罗曼语分支。
123, 128, 132, 179, 200, 207,
213

Swahili 斯瓦希里语 刚果-科尔多凡尼语系，沃尔特-刚果语支，班
29, 208 图语分支（参见班图语）；坦桑尼亚和几个东非
国家使用。

Tabassaran 塔巴萨兰语 北高加索语系，列兹金语支；北高加索，俄罗斯。
195

Turkish 土耳其语 阿尔泰语系，突厥语支；土耳其。
206

Wappo 瓦波语 死语言（最后一个本族语者于1990年去世）；尤
139–140 基语系，美国加利福尼亚。

Yiddish 意地绪语 印欧语系，日耳曼语支（阿肯纳西犹太人使用）。
123

图书在版编目（CIP）数据

语言：从意义到文本 /（加）伊戈尔·马尔丘克著；方昱译．—北京：商务印书馆，2020（2025.10 重印）
（应用语言学译丛）
书名原文：LANGUAGE: From Meaning to Text
ISBN 978-7-100-18782-4

Ⅰ．①语…　Ⅱ．①伊…②方…　Ⅲ．①语言学　Ⅳ．① H0

中国版本图书馆 CIP 数据核字（2020）第 128125 号

权利保留，侵权必究。

应用语言学译丛
语言：从意义到文本
〔加〕伊戈尔·马尔丘克　著
方昱　译
刘海涛　审校

商 务 印 书 馆 出 版
（北京王府井大街36号　邮政编码100710）
商 务 印 书 馆 发 行
北京虎彩文化传播有限公司印刷
ISBN 978-7-100-18782-4

2020 年 11 月第 1 版　　开本 710×1000　1/16
2025 年 10 月北京第 3 次印刷　印张 16½
定价：118.00 元